文化
政治与民生

周文彰 著

大有书局
DA YOU BOOK COMPANY (BEIJING)

·北京·

图书在版编目（CIP）数据

文化：政治与民生 / 周文彰著 . —北京：大有书局，
2021.9
ISBN 978-7-80772-041-6

Ⅰ.①文… Ⅱ.①周… Ⅲ.①文化管理—文集 Ⅳ.
① G132-53

中国版本图书馆 CIP 数据核字（2021）第 152876 号

书　　名	文化：政治与民生	
	WENHUA：ZHENGZHI YU MINSHENG	
作　　者	周文彰　著	
统筹策划	张作珍	
特约编辑	刘韫劼　陈　科	
责任编辑	张媛媛　李盛博	
出版发行	大有书局	
	（北京市海淀区长春桥路 6 号　100089）	
综 合 办	（010）68929273	
发 行 部	（010）68922366	
经　　销	新华书店	
印　　刷	北京盛通印刷股份有限公司	
版　　次	2021 年 9 月北京第 1 版	
印　　次	2021 年 9 月北京第 1 次印刷	
开　　本	170 毫米 ×240 毫米　16 开	
印　　张	26.5	
字　　数	318 千字	
定　　价	68.00 元	

本书如有印装问题，可联系调换，联系电话：（010）68929022

自　序

　　谈论文化，就要明确这里所说的"文化"指的是什么。

　　1998年7月我初到中共海南省委宣传部工作，一位老同志对我说，宣传部的工作归结起来，就是"两论两文"——理论、舆论、文化、文明，宣传工作的任务就是要做好"两篇论文"。这句话给我留下了深刻印象。

　　对于什么是文化，人们谈论的角度和目的不同，定义就不同，所指的范围亦不同。

　　最广义的文化，是指与"自然"相对的东西：凡是天然的，就是"自然"；凡是人类行为的产物，就是"文化"。比如，人类行为未及之处的石头是"自然"，石刀、石斧就是文化。这是"一分法"。

　　在人类行为的产物中，有物质形态的，如桌椅板凳；也有精神形态的，如思想理论。于是便有了物质文化和精神文化的区分。这可看作是"二分法"。物质文化和精神文化的总和，被看作是"广义的文化"；而"狭义的文化"单指精神文化。在这两种文化之间，有人还提出既不单纯是物质也不单纯是精神，而是兼有物质和精神的制度文化和行为文化。关于文化，人们给出了各种各样的定义或说法，到底有多少种定义或说法，说不清。

马克思把社会看作是一个有机体，这个有机体有三个组成部分：经济、政治、文化。这是"三分法"。

党的十八大提出了社会主义现代化建设"五位一体"的总体布局，这就是经济建设、政治建设、文化建设、社会建设和生态文明建设。这是"五分法"。没有列入生态文明建设之前，当然就是"四分法"了。

最初听到"几分法"之说，我感到十分新鲜，其实它们的"分法"不在一个序列，用的不是一把尺子，但却有利于理解和记忆，所以我在讲课中就沿用了。在本文中，"一分法"到"二分法"是一个序列，是对"文化结构"的划分；"三分法"到"五分法"则属于另一个序列，是对"社会结构"的划分。

"五位一体"总体布局中的文化建设包含什么内容呢？习近平总书记在党的十九大报告里作了精准论述。报告既对以前五年的文化建设成就作了概要总结，也对今后五年文化建设作出了详细部署。现把总结部分完整地引录于下：

思想文化建设取得重大进展。加强党对意识形态工作的领导，党的理论创新全面推进，马克思主义在意识形态领域的指导地位更加鲜明，中国特色社会主义和中国梦深入人心，社会主义核心价值观和中华优秀传统文化广泛弘扬，群众性精神文明创建活动扎实开展。公共文化服务水平不断提高，文艺创作持续繁荣，文化事业和文化产业蓬勃发展，互联网建设管理运用不断完善，全民健身和竞技体育全面发展。主旋律更加响亮，正能量更加强劲，文化自信得到彰显，国家文化软实力和中华文化影响力大幅提升，全党全社会思想上的团结统一更加巩固。

本书所讲的文化，就是"五位一体"总体布局中的文化。前面所说的"两论两文"中的"文化"，含义要窄一些，实际上是指以往文化广电出版部门加上文联所负责的文化。

在"五位一体"总体布局中，文化建设是与政治建设并列的，但却与政治密不可分。因为，非常明显，文化包含意识形态工作，包含理论武装和理论创新，包含社会主义核心价值观培育和道德建设，包含舆论宣传和互联网的管理和利用，包含文艺创作，这些都是政治性极强、政治要求极高的领域，有的本身就是政治。此外，文化关乎"三个代表"重要思想的落实，关乎能不能实现科学发展，关乎中国特色社会主义伟大事业是不是全面推进，这都是政治上的大事。特别是，文化建设是提高国家文化软实力、增强文化自信，从而提高国家综合国力的必然要求。因此，从以上所有这些方面综合来看，文化也是政治。我们要站在政治高度来认识和对待文化和文化建设，切实担负起抓好文化建设的政治责任。

文化不仅是政治，文化也是民生。文化从来都是人类生活的组成部分，只是由于时代不同，文化在生活中的含量有多有少、质量有高有低罢了。一部人类生活发展的历史，就是文化含量不断增加、文化质量不断提高的历史。人类社会发展到今天，文化在生活中的含量、文化消费占全部生活消费的比重，已经成为衡量生活水平高低的重要指标。新中国成立以后，我们党就把人民对文化的需要提上了议事日程，并于 1956 年指出了"人民对于经济文化迅速发展的需要同当前经济文化不能满足人民需要的状况之间的矛盾"。改革开放以来，随着经济的持续发展，我们党越来越强调文化对于保障改善民生的意义，持续加强公共文化服务，实施"文化惠民工程"。2018 年习近平总书记在全国宣传思想工作会议重要讲话中将"兴文化"作为宣传思想工作的重要使命和任务，提出"更好满足人民精神文化生活新期待"的要求，为新时代文化建设提供了行动指南。

当然，文化不仅仅是政治和民生，从价值角度看，文化还是形象、是环境、是经济等。鉴于文化地位如此之高，意义如此之大，习近平总书记在党的十九大报告中，把中国特色社会主义的构成，丰富和发展成四个方面：中国特色社会主义道路、中国特色社会主义理论体系、中国特色社会主义制度、中国特色社会主义文化。在道路自信、理论自信、制度自信、文化自信"四个自信"中，强调文化自信是"更基础、更广泛、更深厚的自信"。2020 年 10 月召开的党的十九届五中全会把建成社会主义文化强国的时间节点定在2035 年。

推动文化繁荣发展，建设文化强国，是党和国家的一项战略工程，需要各级党委和政府带领社会各界勠力同心，加大力度，绝不仅仅是宣传文化部门的事。

我多年从事宣传思想工作。无论是党的文献阐释还是我的工作实践，都使我感受到，宣传思想工作内在地包含文化建设，文化建设内在地包含宣传思想工作。甚至可以说，它们是同一项工作的不同表述。对文化建设的具体工作，宣传文化系统各单位，例如文旅、网管、文联、作协、社科联、文明办、报社、广电、出版社等，各自承担的职责有所不同，但对在党委政府工作的同志，以及对党委宣传部门的同志来说，认识到党的宣传工作和文化建设的一致性尤为重要。

　　这本书，就是以这种认识为基础的。

周文彰

2021 年 9 月 5 日
于北京寓所

文 化
政治与民生

目 录

五 生机勃发的新华书店 /279

六 小镇上的文化品牌 /311

七 村庄里的生态文明 /339

后 记 /409

改治与民生

一 宣传思想战线的战略任务

让党的百年成功经验在新征程上闪光

社会主义核心价值观关键在"落地"

用制度力量培育社会主义核心价值观

百善"信"为先

"以我们正在做的事情为中心"创新马克思主义

发挥哲学在现代化国家建设进程中的作用

📖 建设具有强大凝聚力和引领力的社会主义意识形态，是全党特别是宣传思想战线必须担负起的一个战略任务。要做好做强马克思主义宣传教育工作，特别是要在学懂弄通做实新时代中国特色社会主义思想上下功夫。

《习近平谈治国理政》（第 3 卷），外文出版社
2020 年版，第 312 页

📖 要强化教育引导、实践养成、制度保障，把社会主义核心价值观融入社会发展各方面，引导全体人民自觉践行。

《习近平谈治国理政》（第 3 卷），外文出版社
2020 年版，第 313 页

让党的百年成功经验在新征程上闪光 *

——学习领会习近平总书记在庆祝中国共产党成立 100 周年大会上的重要讲话精神

今年 7 月 1 日，我们在喜庆的气氛中盼来了庆祝中国共产党成立 100 周年大会，盼来了习近平总书记的重要讲话。庆祝党的生日大会第一次安排在天安门广场举行，宏伟壮阔，气势恢宏，意义非凡。这里谈谈我学习《在庆祝中国共产党成立 100 周年大会上的讲话》（以下简称《讲话》）的粗浅理解和体会，希望对大家学习有所帮助。

《讲话》的显著特点

《讲话》首先宣告了党的"两个一百年"奋斗目标的衔接和转换，回顾总结了党的百年奋斗历程、丰功伟绩、成功经验和重大意义，对实现第二个百年奋斗目标提出了战略原则和要求。

统揽全文，《讲话》有以下四个显著特点。

＊ 本文原载于《人民政协报》，2021 年 8 月 8 日第 11 版。

一是文字虽少，但内容博大精深。庆祝中国共产党成立 95 周年时，习近平总书记的讲话全文是 11700 多字，而这次百年庆典讲话全文只有 7300 余字，文字简明扼要，但内涵丰富、思想深邃、高屋建瓴、意义深远，是我们全面建设社会主义现代化国家、实现中华民族伟大复兴的纲领性文献，也是深化党史学习教育、引领党的建设的纲领性文献。《讲话》本身就是习近平新时代中国特色社会主义思想丰富发展的最新成果，是马克思主义中国化的又一篇光辉文献。

二是以"实现中华民族伟大复兴"10 个字作为统领和贯穿全文的主题。用这 10 个字总结过去、部署未来。特别是，《讲话》明确指出，整个一部党的历史，就是为了实现中华民族伟大复兴的奋斗史；实现中华民族伟大复兴，不仅是过去一百年我们党带领全体中国人民团结奋斗的主题，也是我们今后一切奋斗所要围绕的主题。

三是第一次提出并阐发了"伟大建党精神"。这就是"坚持真理、坚守理想，践行初心、担当使命，不怕牺牲、英勇斗争，对党忠诚、不负人民"。伟大建党精神是中国共产党的精神之源。

四是用历史映照现实、远观未来。以史为鉴、开创未来，并把过去经验和未来方略对应阐述，从而引领我们从党的百年奋斗中看清楚过去我们为什么能够成功、弄明白未来我们怎样继续成功。这是方法上的重要特点。

《讲话》以九个"同志们、朋友们"为标志，分为九个部分。第一部分宣告党的第一个百年奋斗目标实现，奔向第二个百年奋斗目标的新征程已经开启。最后一部分是结语，表达我们全面建成社会主义现代化强国、中华民族伟大复兴的中国梦一定能够实现的坚定信心。对中间七个部分，我们要重点领会《讲话》的三大主体内容。

《讲话》的主体内容

第一个主体内容

阐述党的百年奋斗历程、伟大成就、成功经验和重大意义。

在这一部分，《讲话》都以"为了实现中华民族伟大复兴"作为目标引领，概述了党的百年奋斗的四个历史时期的奋斗特点、伟大成就，以四个"庄严宣告"阐述了四个时期的重大意义！《讲话》运用排比句式，整齐、有力，让人形成强烈震撼、留下深刻印象！

在这一部分，《讲话》以四对各不相同又相互衔接的词组，描述党和人民在不同历史时期的不同奋斗特点：在新民主主义革命时期，"浴血奋战、百折不挠"；在社会主义革命和建设阶段，"自力更生、发愤图强"；在改革开放和社会主义现代化建设阶段，"解放思想、锐意进取"；在中国特色社会主义新时代，"自信自强、守正创新"。这些词组，经过认真推敲、千锤百炼，描述了四个不同历史时期的斗争特点，精练而又准确。

在这一部分，《讲话》以极其简洁的语言，分别概述了四个历史时期的伟大成就。新民主主义革命，以武装的革命反对武装的反革命，推翻了三座大山，建立了新中国，实现了民族独立、人民解放。社会主义革命和建设，确立了社会主义基本制度，推进社会主义建设，实现了中华民族有史以来最为广泛而深刻的社会变革，实现了一穷二白、人口众多的东方大国大步迈进社会主义社会的伟大飞跃。改革开放和社会主义现代化建设，开创、坚持、捍卫、发展了中国特色社会主义，实现了从计划经济体制到社会主义市场经济体制、从封闭半封闭到全方位开放的历史性转变，实现了从生产力相对落后的状况到经济总量跃居世界第二的历史性突破，实现了人民生活从温饱不足到总体小康、奔向全面小康的历史性跨越。新时代中国特色社会主义，统筹推进"五位一体"总体布局、协调推进"四个全面"战略布局，推进国家治理体系和治理能力现代化，实现第一个百年奋斗目标，明确实现第二个百年奋斗目标的战略安排，党和国家事业取得历史性成就、发生历史性变革。

在这一部分，《讲话》紧扣"为了实现中华民族伟大复兴"这个主题，分别阐述了四个历史时期对"实现中华民族伟大复兴"的重大贡献：新民主主义革命的伟大成就，为实现中华民族伟大复兴创造了根本社会条件；社会主义革命和建设的伟大成就，为实现中华民族伟大复兴奠定了根本政治前提和制度基础；改革开放和社会主义现代化建设的伟大成就，为实现中华民族伟大复兴提供了充满新的活力的体制保证和快速发展的物质条件；新时代中国特色社会主义的伟大成就，为实现中华民族伟大复兴提供了更为完善的制度保证、更为坚实的物质基础、更为主动的精神力量。

在这一部分，《讲话》以"庄严宣告"的语气，阐明了四个历史时期顽强奋斗的伟大意义。新民主主义革命的伟大胜利庄严宣告，中国人民站起来了，中华民族任人宰割、饱受欺凌的时代一去不复返了！社会主义革命和建设的伟大成就庄严宣告，中国人民不但善于破坏一个旧世界、也善于建设一个新世界，只有社会主义才能救中国，只有社会主义才能发展中国！改革开放和社会主义现代化建设的伟大成就庄严宣告，改革开放是决定当代中国前途命运的关键一招，中国大踏步赶上了时代！新时代中国特色社会主义的伟大成就庄严宣告，中华民族迎来了从站起来、富起来到强起来的伟大飞跃，实现中华民族伟大复兴进入了不可逆转的历史进程！

第二个主体内容

提出并阐述了伟大建党精神：坚持真理、坚守理想，践行初心、担当使命，不怕牺牲、英勇斗争，对党忠诚、不负人民。这是中国共产党成立 100 年来的第一次。这是《讲话》最突出的理论创新。

首先，开创了党史研究的新思路和新境界。100 年前中国产生了共产党，这是开天辟地的大事变，她深刻改变了近代以后中华民族发展的方向和进程，深刻改变了中国人民和中华民族的前途和命运，深刻改变了世界发展的趋势和格局。这个伟大事变的发生本身，就值得深入研究。对这个大事变中外历史背景、主客观条件、必然趋势和偶发因素等，人们已作了很多研究，但《讲话》提炼出"伟大建党精神"并推上党的精神谱系之源的崇高地位，一下子就开创了党史研究的新思路和新境界。循着伟大建党精神研究下去，一定会有很多新发现和新成果。

其次，指出了党的精神谱系的源头。在革命战争年代，毛泽东同志豪迈地表示，"这个军队具有一往无前的精神，它要压倒一切敌人，而决不被敌人所屈服"。2021 年 2 月 20 日在党史学习教育动员大会上，习近平总书记指出："我们党之所以历经百年而风华正茂、饱经磨难而生生不息，就是凭着那么一股革命加拼命的强大精神。"如井冈山精神、长征精神、遵义会议精神、延安精神、西柏坡精神、红岩精神、抗美援朝精神、"两弹一星"精神、特区精神、抗洪精神、抗震救灾精神、抗疫精神、右玉精神、钉钉子精神、艰苦奋斗精神、劳模精神和工匠精神、女排精神、雷锋精神、焦裕禄精神等，构筑起了中国共产党人的精神谱系。《讲话》告诉我们，这些精神都是"流"，而"源"是伟大建党精神，都是伟大建党精神派生的。

再次，阐明了党的鲜明政治品格的内在根据。我们党具有很多可贵的政治品格，例如忠诚、干净、担当，坚定、英勇、顽强，无私、公平、公正，等等，这都是在长期奋斗中弘扬伟大建党精神锤炼而成的结果。

最后，要求把伟大建党精神代代相传。《讲话》指出，历史川流不息，精神代代相传。我们要继续弘扬光荣传统、赓续红色血脉，永远把伟大建党精神继承下去、发扬光大！

第三个主体内容

以史为鉴、开创未来，阐述怎样继续成功。从党的百年奋斗中看清楚过去我们为什么能够成功、弄明白未来我们怎样才能继续成功，这是《讲话》的最核心的内容，是《讲话》的根本目的所在。为此，《讲话》提出了"九个必须"。这"九个必须"，既是过去百年成功的经验，也是今后继续成功必须坚持的原则和纲领。

以史为鉴、开创未来，必须坚持中国共产党坚强领导，增强"四个意识"、坚定"四个自信"、做到"两个维护"，牢记"国之大者"，不断提高党科学执政、民主执政、依法执政水平，充分发挥党总揽全局、协调各方的领导核心作用；必须团结带领中国人民不断为美好生活而奋斗，紧紧依靠人民创造历史，践行以人民为中心的发展思想，推动人的全面发展、全体人民共同富裕取得更为明显的实质性进展；必须继续推进马克思主义中国化，坚持把马克思主义基本原理同中国具体实际相结合、同中华优秀传统文化相结合，用马克思主义观察时代、把握时代、引领时代，继续发展当代中国马克思主义、21世纪马克思主义；必须坚持和发展中国特色社会主义，在自己选择的道路上昂首阔步走下去，把中国发展进步的命运牢牢掌握在自己手中；必须加快国防和军队现代化，坚持党对人民军队的绝对领导，坚持走中国特色强军之路；必须不断推动构建人类命运共同体，坚持走和平发展道路，做世界和平的建设者、全球发展的贡献者、国际秩序的维护者；必须进行具有许多新的历史特点的伟大斗争，统筹发展和安全，统筹中华民族伟大复兴战略全局和世界百年未有之大变局，勇于战胜一切风险挑战；必须加强中华儿女大团结，形成海内外全体中华儿女心往一处想、劲往一处使的生动局面；必须不断推进党的建设新的伟大工程，勇于自我革命，确保党在新时代坚持和发展中国特色社会主义的历史进程中始终成为坚强领导核心。

除了以上三个主体内容之外，对港澳台，《讲话》阐明"一国两制"、"港人治港"、"澳人治澳"、高度自治的方针没有变，同时强调落实中央对香港、澳门特别行政区全面管治权，这是根据港澳的实际而必须坚持的，这样才能保证港澳的稳定与繁荣；阐明了解决台湾问题的任务，针对台湾的实际，正告台湾当局和干预台湾事务的外国势力：任何人都不要低估中国人民捍卫国家主权和领土完整的坚强决心、坚定意志、强大能力。

对青年，《讲话》要求新时代的中国青年要以实现中华民族伟大复兴为己任，增强做中国人的志气、骨气、底气，不负党和人民的殷切期望！

《讲话》对全体共产党员发出庄严号召，号召牢记初心使命，坚定理想信念，践行党的宗旨，始终同人民想在一起、干在一起，继续为实现人民对美好生活的向往不懈努力！

《讲话》的重要表述

习近平总书记的"七一"重要《讲话》，还给了我们一系列精彩的重要表述。这些表述，就是人们常说的金句。把握这些表述，是学好《讲话》的内在要求。

（一）1840年鸦片战争以后，中国逐步成为半殖民地半封建社会，国家蒙辱、人民蒙难、文明蒙尘，中华民族遭受了前所未有的劫难。

这里，"国家蒙辱、人民蒙难、文明蒙尘"的"三蒙"，用得准确、生动、深刻，以往用的是"山河破碎，生灵涂炭"。

（二）初心易得，始终难守。

可以说，这是至理名言。这句话告诫我们：第一，初心固然重要，但初心不等于结果或结局。第二，坚守初心并非易事，需要坚韧不拔的意志、需要战胜困难的勇气、需要善于斗争的能力和方法等。

（三）江山就是人民、人民就是江山，打江山、守江山，守的是人民的心。

这是习近平总书记经常讲的一个重要思想。怎么守？要坚持为人民谋利益，解决人民群众急难愁盼问题，不能与民争利，更不能侵犯群众利益。要始终保持人民本色，勤政廉政等，这样才能守住民心。只要做到这一点，"任何想把中国共产党同中国人民分割开来、对立起来的企图，都是绝不会得逞的！9500多万中国共产党人不答应！14亿多中国人民也不答应"！

（四）推动物质文明、政治文明、精神文明、社会文明、生态文明协调发展。

"五个文明"协调发展，这是2018年《宪法》所作出的修改。

从物质文明、政治文明和精神文明协调发展到物质文明、政治文明、精神文明、社会文明、生态文明协调发展，是对中国特色社会主义事业总体布局的进一步丰富和完善。

（五）发展全过程人民民主。

2019 年 11 月，习近平总书记在上海长宁区虹桥街道考察时指出，我们走的是一条中国特色社会主义政治发展道路，人民民主是一种全过程的民主。全过程的民主意味着民主的所有环节一个都不能少，包括民主选举、民主决策、民主管理、民主监督等过程。

（六）我们绝不接受"教师爷"般颐指气使的说教！

我们知道，国外有人不时地对中国的道路、制度说三道四，习近平总书记通俗而有力地回击：鞋子合脚不合脚，穿的人知道。我们的制度、道路，是中国人民用实践证明并亲身体验了的伟大制度和伟大道路。我们有不足，欢迎批评，但我们绝不接受"教师爷"般颐指气使的说教。我们坚定走自己的道路，而且昂首阔步、坚定不移，把中国发展进步的命运牢牢掌握在自己手中。

（七）中国共产党将继续同一切爱好和平的国家和人民一道，弘扬和平、发展、公平、正义、民主、自由的全人类共同价值。

《讲话》在这里阐述了"全人类共同价值"这样一个重要概念，表明我们跟世界各国人民有共同的价值追求、价值原则和价值标准，这就使得彼此之间有基础有条件开展合作，共同推动历史车轮向着光明的目标前进。

（八）中国人民也绝不允许任何外来势力欺负、压迫、奴役我们，谁妄想这样干，必将在 14 亿多中国人民用血肉筑成的钢铁长城面前碰得头破血流！

这是《讲话》对西方少数政客义正辞严、铿锵有力的正告！

（九）确保党不变质、不变色、不变味。

打铁还需自身硬，从严治党永远在路上，坚决清除一切损害党的先进性和纯洁性的因素，清除一切侵蚀党的健康肌体的病毒，确保党"三不变"，这是全面从严治党的目标所在。

（十）新时代的中国青年要以实现中华民族伟大复兴为己任，增强做中国人的志气、骨气、底气，不负时代，不负韶华，不负党和人民的殷切期望！

这是习近平总书记的殷切期望，所有青年要认真学习好、领会好、落实好！

要把习近平总书记《讲话》精神贯彻落实到位，就要反复阅读和学习《讲话》原文，领会《讲话》的精神要义和精神实质。要把学习《讲话》与学习《习近平谈治国理政》结合起来，与学习庆祝建党95周年的重要讲话精神结合起来，与学习党的十九大报告，党的十九届三中、四中、五中全会精神结合起来。要以《讲话》精神为统领把党史学习教育引向深入，把"九个必须"贯彻落实到党的建设和全面建设社会主义现代化国家的各项工作中去。

社会主义核心价值观关键在"落地"*

编者按：

为读懂读透党的十八大精神，《学习时报》设置了"专家解读十八大"栏目。本期邀请两位既经过长期理论工作历练，又有地方实践工作经历"接过地气"的专家，奉献他们的感悟，应该会给我们带来更丰富更真切的启迪。

记者：作为知名哲学专家，您觉得我们为什么要大力提倡核心价值观？

周文彰：任何社会都需要核心价值，作为社会共识、共同追求和精神支柱。这三个词实际上讲的也是核心价值三个不同的作用。任何社会都有自己的核心价值，仁义礼智信、自由平等博爱，它们分别是封建社会和资本主义社会为适应巩固自身发展要求而形成的核心价值。

从当代中国的实际情况看，我们迫切需要提炼出适应时代要求、

---

* 本文是记者兰文飞、王翠娟对本书作者的访谈，发表于《学习时报》2012 年 11 月 26 日。

引领时代发展的核心价值。这主要因为：一是我国人口众多，需要核心价值来统一思想、提高认识、凝聚人心。二是多元价值差异共存，需要核心价值来规范、引领和主导。三是价值缺失和偏离，需要核心价值来培育、强化和纠偏。

我这里所讲的核心价值，包括核心价值体系、核心价值观和核心价值风尚三个部分。

记者：现在核心价值体系、核心价值观都明确了，核心价值风尚好像提得很少。

周文彰：是的，这是我借此机会提出来的。党的十六届六中全会明确提出社会主义核心价值体系，它由统一指导思想、共同理想信念、强大精神力量和基本道德规范四个主要部分构成，具体是指：马克思主义的指导思想、中国特色社会主义共同理想、以爱国主义为核心的民族精神和以改革创新为核心的时代精神、社会主义荣辱观。社会主义核心价值体系提出以后，人们迫切希望进一步概括社会主义核心价值观。党的十七届六中全会想提出来，当时国家行政学院接受委托提供了研究报告，同时大概还有中央党校、中国社会科学院、人民日报社等单位。但是汇总起来意见很不一致，就放下了。

党的十八大的一个重大理论贡献，同时也是一个重大部署就是用三个"倡导"提出了社会主义核心价值观，即倡导富强、民主、文明、和谐，倡导自由、平等、公正、法治，倡导爱国、敬业、诚信、友善，积极培育社会主义核心价值观。三组词，每一组四个词，共二十四个字。这样我们核心价值观也明确了。

核心价值风尚是什么呢？这是我个人提出的一个概念，是希望核心价值观能够"落地"。你看上面有"核心价值体系"，中间有

"核心价值观"，下面就应当是核心价值的实践活动，或实践行为。这样的核心价值才能成体系。所以成体系就不仅仅是理论体系、观念体系，它还包括从理念到实践的整个过程。

核心价值风尚是什么呢？就是指社会主义核心价值体系和核心价值观被普遍认同接受、被普遍追求实践，普遍体现在个人言行和人际关系上而形成的一种社会氛围、社会环境和社会风气。风尚就在社会风气当中，但风尚是一种相对先进的、带有示范性的社会风气。如果没有核心价值风尚，无论是核心价值体系也好，核心价值观也好，都很容易落空。

记者：我理解这个核心价值风尚也是最难的。

周文彰：说对了！现在我们的很多理念，出发点都很好，理论也成套，但在实践层面往往会打折扣。比如说为人民服务，服务型政府；比如说把群众当亲人；比如说不仅要团结拥护自己的人，还要团结那些批评自己，甚至反对过自己的人。要每一个人都真正做，十分不易。我们现在最大的问题就是理论和实践脱节、口头和行动脱节、外表和内在脱节。因此，完整的核心价值不能停留在理念层面，当代中国核心价值的实现必须以形成核心价值风尚为落脚点。

记者：您对核心价值观的这一解读就更深一层了，核心价值观的落实确实是一个关键的问题。

周文彰：所以我只用了四个字叫"核心价值"，我既没用"观"，也没用"体系"，考虑的就是核心价值是一个外延更大的概念，它包括三方面内容：第一个就是体系，第二个就是观，第三个就是风尚。风尚我注意了两个方面。一是个人言行，一言一行都要体现核心价值；二是个人和他人的关系，即人际关系。

党的十八大提出的社会主义核心价值观本身概括得比较全面。

三个"倡导"的内容各有侧重，又互相联系，构成一个整体。富强、民主、文明、和谐是国家层面的价值目标和行为准则。国家带领人民走向富强，建设社会主义民主，从建设物质文明、政治文明、精神文明、社会文明、生态文明方面入手走向全面文明，同时，东西南北中，党政军民学，五十六个民族都应当是和谐的整体，这是国家层面。

自由、平等、公正、法治是社会层面的价值目标和行为准则。自由是人在社会关系中的存在状态。尊重自由、追求自由、保护自由，让个人实现自由全面的发展。这里的自由，不是随心所欲，更不是为所欲为，而是以尊重他人的自由为前提和界限的。自由既是个人对自觉、自愿、自主的意志与行为的向往和追求，也是整个社会的崇高理想和终极目标。追求自由，是我国社会主义社会不断发展、完善的现实诉求。从马克思、恩格斯等经典作家，到毛泽东、邓小平等中国当代马克思主义者，都把自由作为奋斗的崇高目标。

党的十八大把自由作为一种价值理念提出来，可以说是进一步向全世界宣示，中国共产党人把自由也作为我们的价值追求，不光是追求人类社会的理想状态。需要指出的是，自由并不是资产阶级专利，有些人对此误解，过去我们批判资产阶级自由化，就连自由也不敢讲了。

记者： 对，有这个倾向。

周文彰： 党的十八大明确把自由作为我们的价值追求，这是个非常重要的证明、重要的宣示。

记者： 以前是讲民主多，讲自由少。

周文彰： 共产党人对自由同样怀有崇高的责任，这也是我们的远大理想和最高价值之一。马克思就很强调"每个人自由而全面发展"，自由作为终极追求、最高原则在《共产党宣言》《资本论》等经典著作中都有表述。

再讲平等。人与人是平等的，城里人、乡下人，健康人、残疾人，男人、女人，成年人、儿童，官员、群众，南方人、北方人，这个组织的人和那个组织的人，所有人都应当是平等的。在人际关系上平等，在物质利益的分配上，也要追求平等，比如统一的分配尺度，具有同样的就业机会、受教育的机会、接受社会必要援助的权利等。

值得注意的是，不能因为自由平等曾经被别人高喊过，我们就不能讲。中国共产党人向来把人类优秀的精神文化遗产视为自己的宝贵财富。无论是自由还是平等，在中国自古以来就被先贤们作为一种理想状态、理想社会提出来了。在中国特色社会主义的框架下，自由平等有它更加符合人民群众利益的要求和含义，就是马克思讲的"每个人的自由发展是一切人的自由发展的条件"。

像现在我们提出来公共服务均等化，就是实现平等的一个重要方面。医疗、卫生、公共文化、社会保障、就业等，公共服务的均等化就体现了平等。

说到公正，它和正义某种意义上是一个含义，只是在不同的角度有时候用公正，有时候用正义。社会有四大公正保障体系。第一个是行政公正，就是政府机关和一切具备承担行政职能的企事业单位和社会团体，都应当提供公正。第二个是舆论公正，报纸、电视、广播，现在再加上新兴传媒，都应当提供公正的舆论。尤其是对一些事情的判断，对一些矛盾纠纷的评价，应当给予公正的报道和评价。第三个是仲裁公正，仲裁是比舆论要强，但比司法公正要弱的一种公正，专门由仲裁机构来提供。最后一个就是司法公正，司法公正是最高公正。

一个社会最怕的就是没有公正，比如以上这四个方面，行政不公正人家找舆论，舆论也不提供公正，人家就去找仲裁，仲裁再不公正那找法院，法院判决再不公正那就有问题了。所以司法公正是最后和最高的公正，是纠正一切不公正行为的最高裁判。

每一个公正都很重要。一切政府机构和带有行政职能的企事业单位和组织都应当公正地为社会服务，公正地提供平等机会。同时，不公正的现象总是难免的，那么一切担负着裁决矛盾纠纷的部门，比如仲裁、舆论、司法应该公正地予以裁决。公正的依据一是道德，二是惯例，三是法律。一个社会具备了公正，这个社会从投资上来讲就是一个好的投资环境，从生存来讲就是一个好的生存环境，从成才来讲就是一个好的成长环境。温家宝同志说过一句话，叫"公平正义比太阳还要有光辉"。意思就是说，公平正义像太阳，照到哪里哪里温暖。所以我写过一篇文章，讲法院是提供公正的，公正是法院的生命，如果法院不能提供公正，那么有法院比没有法院还坏一百倍。

再一个就是法治。改革开放以来我们国家的法治建设，从无法可依、有法不依、违法难究的状况，到现在我们建立起来比较完备的法律体系，同时建设了一套健全的司法机构，培训了一批素质越来越高的司法队伍。与此同时，大力推行法治政府建设。围绕行政行为制定了一系列法律法规，法治建设取得了长足的进步。但是毋庸讳言，法治政府、法治建设方面还存在一些不能忽视的问题。一个问题就是对法治的误解，以为法治就是用法律去治理民众，治理公众。实际上法治首先是对权力的规范和约束，一切权力都应该在法律规范的框架下运行。因此，法治最重要就是依法行政，然后就是依法施法。对于公民来说就是守法和依法办事，要这几个方面结合起来。

在这当中，尤其要注意程序合法，这是任何法治建设的第一个重要步骤。因为长期以来我们重视结果，不太重视过程。举个简单的例子，我偷拆了你的信，发现你信里头有一些不当的行为，然后就拿着这封信去举报，结果就被采用了，包括偷听你的电话都被采用了。但这首先在程序上就不对了，属于非法证据，不应予以采信。

所以，自由、平等、公正、法治，作为社会层面的价值目标极其重要。

在个人方面，爱国、敬业、诚信、友善，四个方面提炼得非常全面，包含了对国家、对职业、对事情、对他人的基本立场和态度。这四个方面的实现，是国家和社会两个层面的价值导向得以实现的基础，也是作为公民应该践行的道德规范。

当然，我上面所讲的国家、社会、个人三个层次，这种构思，从设计到理解都是相对的，并不是说国家要和谐，个人就不要和谐，更不是说社会不要和谐。三个层面的划分是相对的。总体来说，三者共同构成了一个整体，每一个方面对国家、对社会、对个人都具有规定性、规范性和导向性。

我非常赞赏核心价值观的表达。在我看来，核心价值观的表达一定要符合三个条件。

第一，核心价值观应当适用于中华人民共和国的所有公民和一切组织，具有普遍的适用性、针对性、规范性和约束性。如果只对部分人、部分组织起作用，那这不能称为整个社会的核心价值观。任何只针对部分人的价值、章程都有其特定的适用范围，而一个国家的核心价值必须适合所有公民。

第二，这些概念应当是同一个层次的概念，不能有高有低。现在我们看到这三个层面，每一个层面的四个词都是同一个层次，都很整齐，讲的是同一个层面的问题，同时又深刻把握了这一层面的实质和核心。

第三，就是从国际沟通上讲能够准确地翻译成外文而没有歧义。这一点在传播中国文化、加强对外交流、树立中国形象等方面至关重要。

记者：这确实是一个问题。

周文彰：所以当时我们就提出核心价值观应当是两个字，不应当是四个字，比如爱岗敬业就是一个组合词，在翻译上容易产生歧义。党的十八大报告提出的社会主义核心价值观符合这三个条件，具备这三个特点，是经过深思熟虑、精雕细琢后提出的。

提出社会主义核心价值观后，紧接着一个问题就是怎么来落实，怎么来形成核心价值风尚。

第一是要扎实有效地开展学习教育活动，让核心价值观深入人心。首先教育部门要承担责任，学历教育、职业教育、干部教育，都要把社会主义核心价值观作为重要内容纳入教学之中。再就是各级党的组织，应该把核心价值体系纳入行为规范，党员、干部、模范带头践行核心价值观。因为这些核心价值观是一个社会全体公民都应遵守的价值标准。要全国人民做到的，共产党员应该先做到、做好。还有就是公众人物要身体力行，比如说官员、文艺体育明星，要带头实践核心价值观，树立好的典范和榜样。

第二是分别要求。虽然这个核心价值观，无论对国家、对社会、对个人都很重要，因为我刚才讲的它这个划分是相对的。但是，我们在贯彻落实的时候还是要分门别类，不能不加区别。就是根据不同的人群、不同的组织提出贯彻的重点要求。比如说诚信，每个公民都要讲诚信。官员的诚信就是为民造福，教师的诚信就是为人师表、教书育人，医生的诚信就是救死扶伤。

记者：那是不是说诚信最重要？

周文彰：我不是说诚信最重要，因为这24个字让所有人都记住有难度，对个人来讲，爱国、敬业、诚信、友善是每个人都应该自觉遵守和践行的。对于各级党政领导，富强、民主、文明、和谐是他们的使命。国家层面的领导人带领全国人民建设一个富强、民主、文明、和谐的国家。地方领导人带领本地人民建设一个富强、民主、文明、和谐的省（区、市）。作为党政组织和领导干部尤其要记住这些。再比如我们分配资源，处理事务，就应该牢记自由、平等、公正、法治。要有所侧重，不要眉毛胡子一把抓，不分彼此，不分你我。到时候你做的事情要我做，我做的事情要你做，反而把角色搞乱了，影响核心价值观的深入贯彻和落实。

第三是扬善惩恶。就是说凡是违背核心价值的，社会应当及时作出反应。一切没有道德的行为，一切违背社会主义核心价值观的行为，都应当及时有人批评，有人制止，必要的时候有所斗争，让这些行为成为"过街老鼠"。而对于弘扬核心价值体系的人和事，应当受到公正对待，应当立为典型，树为榜样。比如对于那些见义勇为的人，可以说他是体现核心价值比较好的人，不能让他流血再流泪。对于那些扶老太太反而被诬陷、被状告的人，不应当在法庭上被判决为输了。否则，对道德价值观念的树立伤害很大。

记者：不敢去做好事了。

周文彰：所以现在出现了这样的情况，老人跌倒后在地上躺着，但没人敢扶。另外还有少数的行骗行为也影响着大家爱心和友善的付出。比如在路边上要饭的人，很多人都不给，为什么？说他们是装的。不能让人行骗，不能让成人做那些摧残儿童的事情，这些事情都应当制止。

核心价值要得到贯彻落实，它本身就是一个需要全民努力，需要各方实践，而且需要精心呵护的一个长久工程。如果核心价值在社会得到实现，党的十八大报告讲的美丽中国，将会成为一道亮丽的风景。

记者：对，所以美丽中国不但是一个生态概念，也是一个人文概念。

周文彰：美丽中国也是一个人文概念。到美丽中国建成之时，人们就不会怀疑一切行为有欺诈，也不会担心吃上有毒食品；就会路不拾遗，夜不闭户；投资者就不会再担心被关门打狗；女孩子也不再会担心上当受骗；老人也不再顾虑老无所养；孩子放学、上学不会劳驾大人辛勤接送；所有的从业人员，各行各业的人，辛勤工作，不再仅仅是为了生存，更重要的是实现人的自身价值，实现人的自由全面发展。这样的一个社会状态，是我们向往的社会，也是值得我们为之奋斗、为之努力的社会。

因此，社会主义核心价值观的普及、实践，具有十分诱人的前景，值得我们去做。随着科学发展观的落实，中国正在加快发展方式的转变，正在调整经济结构，生产力会进一步被激发出来，中国会更加富强。再加上核心价值观的逐步落实，带来的这样一个美丽中国的画卷，中国一定会迎来历史上最美好的时候。

记者：非常好的一个愿景，您对实现这一美好愿景乐观吗？

周文彰：终有一天会成为现实！关键是要从现在做起、从我做起。

用制度力量培育社会主义核心价值观

　　以"三个倡导"为主要内容的社会主义核心价值观，是党的十八大的一个重要思想理论成果。培育和践行核心价值观，是我们党为在我国建设高度的社会主义物质文明和精神文明的重大战略部署。影响这一部署能否实现的因素非常多，其中根本因素在于能否把社会主义核心价值观制度化。在人类现代文明中，制度是社会生活最为关键的一个层面，是精神和实践两个层面的桥梁和纽带；一般而言，思想观念必须通过制度才能根深蒂固地深入于社会实践之中。用制度的力量培育和践行社会主义核心价值观是一个重要的战略性选择。

　　用制度的力量培育和践行社会主义核心价值观的前提，是各种制度要体现社会主义核心价值观的要求。也就是说，社会主义核心价值观要融入各种制度，成为制度的内在精神、原则和规定。符合社会主义核心价值观要求的制度，才能成为培育和践行社会主义核心价值观的制度力量。

　　第一，经济体制和政策是当代制度中最为重要的组成部分，必须把社会主义核心价值观融入这一领域。一个地区和部门的经济发展目标和发展规划，必须符合"富强"的要求，必须考虑人和自然的和谐。经济方面的重大改革措施必须按照民主程序和法律规定，充分听取各方意见，充分考虑各类利益相关方的建议。经济体制和政策必须有利于投资、贸易自由化、便利化；必须保障经济公平，比如保障机会均等、规则公正、收入分配公平；必须平等对待各类市场主体，除负面清单有特别规定外，在税收政策、金融政策、项目投放和管理政策等方面，对国企、民企、外企公平对待，一视同仁，真正改变落实民企政策实际存在的"玻璃门""旋转门""弹簧门"现象。

第二，社会治理政策和体制与民众具体生活联系非常密切，对于社会道德的影响非常直接和广泛。因此要切实把社会主义核心价值观融入社会治理制度和政策中去。要建立和完善科学有效的民众诉求表达机制、多种矛盾调处机制、各种权益保障机制，把民主、公正、和谐、诚信、平等的价值原则贯彻进这些机制。尤其要完善社会的褒奖激励机制，对于涌现出来的各种善行义举仁人美德予以物质和精神的奖励，予以大范围的表彰和宣传，实现治理效能与道德提升相互促进。健全社会的惩戒机制，通过有效的制度制约改变以丑为美、以耻为荣的现象，对待不忠不孝不仁不义的人和事予以公开批评和适当处置，让人们明白社会的道德底线。鼓励市民公约、村规民约、学生守则、行业规范的建立和完善工作，将核心价值观全面深刻地融入这些规章制度，强化这些制度的辐射能力和渗透能力。

第三，文化体制和政策包含的内容极为广泛，既有文化内容管理，也有文化市场管理和公共文化服务管理。每项制度针对的都是思想文化领域，都应该把核心价值观完整地贯穿其中。在内容管理政策中，要明确鼓励符合社会主义核心价值观的各种文化产品，激发社会的正能量，避免和防止各种消极文化现象。对于一些明显错误甚至荒谬的文化现象，要建立起制度和政策的壁垒。在文化市场管理和公共文化服务管理中，要把核心价值观作为标尺和准则，不符合这一准则的政策和措施要坚决地改正。应当看到，各地非常重视发挥市场在文化资源配置中的作用，这无疑是非常必要的，但是市场也可能会带来一些消极和低俗的东西，这在目前的文化市场上时有表现。因此，需要在文化市场管理政策中加大规定强度和惩处力度。

第四，核心价值观需要严明的法律制度作为保障。实践证明，一些法律制度的不完善和执法过程的消极现象对于社会主义核心价值观的破坏是巨大的、持久的。因此，在法律制定过程中，要避免部门利益、地区利益和集团利益的纠缠，充分体现法律的公正性、平等性。在执行法律过程中，要杜绝以权谋私、权法交易，要保障法律程序的公正和透明，体现法律面前人人平等和保护公民自由的原则。法治首先是对权力的规范和约束，一切权力都应该在法律规范的框架下运行。要把社会主义核心价值观相关要求上升为具体法律规定和国家治理的准则，使社会主义核心价值观与国家法律体系相衔接，提高核心价值观在国家法律体系中的地位和影响力。充分发挥法律对社会道德的推动、规范、引领功能，形成有利于核心价值观的良好法治环境和积极文化氛围。

第五，必须建立完善相应的政策评估和纠偏机制，改变和防止政策措施与社会主义核心价值观相背离的现象。把社会主义核心价值观作为评估政策的重要依据，修改和完善与核心价值观不相符合的制度和政策。尤其要注意一些"合法不合理""合理不合情"的政策的调整，目前在高考相关政策中、财政转移支付中、社会保障政策中还不同程度地存在一些合法不合理现象，比如"照顾分""跑部钱进""会哭的孩子有奶喝"等，应当予以改变。新出台的政策必须经过严格的价值观审核程序，缺乏这一程序的政策不能出台。要建立健全价值观审核的工作流程，邀请相关专家和群众代表参与。专家和代表要具有一定的典型性。

今天，我国正处于改革攻坚期和社会矛盾多发期，庞杂多元的思想和一些错误思潮的流行，使社会主义核心价值观的宣传和普及面临一定难度；一些干部和工作人员的执政行为和工作形象距核心价值观的要求还有一定差距；一些违法违纪现象对于践行社会主义核心价值观起着负面影响。为了解决这些问题，在制度层面上贯穿社会主义核心价值观，并严格执行制度，是各级党委和政府必须高度重视和承担的政治责任。

百善"信"为先[*]

各位领导、各位专家：

非常高兴参加"中国诚信建设高峰论坛"，并有机会发表演讲。预祝论坛在我国诚信建设进程中产生一定的影响和作用。我今天想讲一个观点：诚信是最重要的行为规范。

（一）

在各种行为规范中，诚信是最基础、最根本、最重要的规范。

说它最基础，是因为只要诚信，行为的道德基础就十分牢固，就不大可能发生违反其他行为规范的事情。例如，只要诚信，就不会盗窃抢劫；只要诚信，就不会泄露国家机密；只要诚信，在战场上就不会临阵脱逃……

说它最根本，是因为一切违反行为规范的行为，都可以归结为失信。例如，承诺不兑现是失信，制造假冒伪劣产品是失信，判决不公是失信，贪污腐败是失信，对父母不敬不孝还是失信……

＊ 本文是作者 2018 年 1 月 31 日在"中国诚信建设高峰论坛"上的演讲。

说它最重要，是因为诚信可以囊括和贯穿许多行为规范，例如忠诚、奉献、担当、友善、助人、孝敬……因为，诚信就能使人对一切行为规范抱有诚实遵守和履行、不辱使命及负责任的态度。

总而言之，诚信是当今一切行为规范的道德基石，是一切道德行为的共性特质，是引领一切行为合乎规范的核心和灵魂，以至于今天我们有理由说："百善信为先。"

（二）

在我国，有一个源远流长的道德信条："百善孝为先。"这在自然经济、半自然经济为基础的古代社会是非常有道理的。自给自足的自然经济，使人们之间的交往内容极其简单，偶尔才有甚至没有多少商品交换行为。交往范围也极其狭窄，主要集中在以家庭为单位的生产劳作和日常生活中，集中在亲朋及邻里之间的礼尚往来中。这种交往虽然也有诚信与失信的问题，虽然诚信作为一种处理人们相互关系的准则早已形成，但诚信原则远没有它在市场经济社会中这么重要。父母与子女之间的交往是当时人们日常最大量也是最重要的交往行为，父母与子女之间的相互依赖关系成为人们日常最重要的关系，子女靠父母养大，父母靠子女养老。"养儿防老、积谷防饥"成为普遍的生活经验和生活信条。也因为如此，子女对父母的孝顺与不孝顺，就成了家庭最为重要的事情；在人的所有行为规范中，孝的地位就显得极为突出，"百善孝为先"也就被提炼出来了。

市场经济打破了国家之间、地区之间的分割与隔离，交换关系成为最普遍、最频繁的交往关系，于是，诚信成为人们之间最基础、最根本、最重要的行为规范。而且，诚信原则本身内涵丰富，贯穿几乎所有行为规范，成为几乎所有行为规范的道德基石和共性特质。

有鉴于此，我才提出，在当今社会，百善信为先。

（三）

提出百善信为先，不是否定孝的必要性和重要性。孝道，在我国是需要长期大力弘扬和践行的优秀传统道德。一些不肖子孙给父母、给家庭造成巨大烦恼、不幸甚至是灾难，成为严重的社会问题。我们要持之以恒地通过道德批评、行政干预、经济援助和法律惩戒等各种手段，解决一些父母遭遇的子女不孝甚至虐待的问题。

提出百善信为先，目的仅仅在于提高诚信在所有行为规范中的地位，增强对诚信重要性的认识，加强诚信建设的力度。

（四）

诚信既是道德信条，也是法律精神；既是道德规范，也是法律规则。诚信是民法的基本原则，是现代法治社会的一项基本法律规则。提出百善信为先，不仅是要在全社会道德建设中把诚信摆在重中之重的位置，而且是要在推进全面依法治国的进程中，借助和依靠法治的力量，把全社会的诚信建设作为重点。

诚信的大量缺失，已经成为和谐社会关系、健康经济秩序和正常政治生活的凶恶杀手，已经成为影响官民关系、银企关系、医患关系等的毒瘤，已经成为全民日常生活缺乏放心感、安全感的主要原因。

有鉴于此，国家向来重视诚信建设。特别是党的十八大以来，习近平总书记的系列重要讲话反复强调诚信；诚信成为社会主义核心价值观的重要价值目标；国家推进诚信建设的力度更是空前。2014年，国家有关部门密集制定和实施《社会信用体系建设规划纲要（2014—2020年）》、《社会信用体系建设规划纲要（2014—2020年）任务分工》和《社会信用体系建设三年重点工作任务（2014—2016）》，取得了一些成效，但诚信问题依然存在，主要包括：覆盖全社会的征信系统尚未形成，社会成员信用记录严重缺失，守信激励和失信惩戒机制尚不健全，守信激励不足，失信成本偏低；信用服务市场不发达，服务体系不成熟，服务行为不规范，服务机构公信力不足，信用信息主体权益保护机制缺失；社会诚信意识和信用水平偏低，履约践诺、诚实守信的社会氛围尚未形成，重特大生产安全事故、食品药品安全事件时有发生，商业欺诈、制假售假、偷逃骗税、虚报冒领、学术不端等现象屡禁不止，政务诚信度、司法公信度离人民群众的期待还有一定差距，等等。

解决失信问题，道德教育和依法惩治缺一不可。仅仅在或满足于道德教育层面，绝对不行。在这方面，"酒驾"治理提供了有益的启示。严禁酒后驾驶，早有明文规定，但仅仅靠教育，效果不好。于是，新交规规定酒后驾驶扣证、拘留、罚款。最高人民法院等《关于办理醉酒驾驶机动车刑事案件适用法律若干问题的意见》规定：醉酒驾驶机动车，依照刑法第一百三十三条之一第一款的规定，以危险驾驶罪定罪处罚。法律规定严厉，交警执法严格，这两个"严"，就让"驾车不喝酒"成为人们自觉的行为准则。对失信问题的治理，从中可以找到有效的灵感和思路。只有让每一次失信付出沉重代价，诚信才有可能成为每个人的自觉行为。

为此，建议制定《诚信法》，并严格执行。

（五）

《社会信用体系建设规划纲要（2014—2020年）》确定的目标是：到2020年，社会信用基础性法律法规和标准体系基本建立，以信用信息资源共享为基础的覆盖全社会的征信系统基本建成，信用监管体制基本健全，信用服务市场体系比较完善，守信激励和失信惩戒机制全面发挥作用。政务诚信、商务诚信、社会诚信和司法公信建设取得明显进展，市场和社会满意度大幅提高。全社会诚信意识普遍增强，经济社会发展信用环境明显改善，经济社会秩序显著好转。

目标时间所剩不多，但目标实现任务艰巨。全社会必须勠力同心，更大力度推进诚信建设各项工作。在此过程中，政府诚信和司法诚信是我国诚信建设的"牛鼻子"。如果政府失信、司法不公得不到根治，就不可能有普遍的社会诚信。

"以我们正在做的事情为中心"
创新马克思主义 *

各位老师、各位同学：

马克思主义理论一定要创新，否则跟不上时代的发展、实践的步伐。要实现理论创新，就要遵循"以我们正在做的事情为中心"这个重要原则。这个原则是 1997 年 5 月 29 日江泽民同志在中央党校首提、在党的十五大报告中阐述的。很快我以此为题发表了第一篇文章。

2016 年在庆祝我们党成立 95 周年的大会上，习近平总书记再次重申"以我们正在做的事情为中心"，我感到非常兴奋，以此为题写了第二篇文章。前年，中国辩证唯物主义研究会在深圳市委党校召开论坛，我又以此为题发表演讲，发表了第三篇文章。今天是第四次发表文章。

用同一个题目写四篇文章，同行没有，我也是唯一一次，因为我感到这个命题太重要了，我也太喜欢这个命题了。这是我们党总

---

　　* 本文根据作者 2020 年 12 月 18 日在"新发展阶段与 21 世纪马克思主义理论创新论坛"上的演讲整理而成。

结了马克思主义传入中国以后所遭遇的风风雨雨、所经历的成功与挫折而总结出来的一个极其重要的马克思主义原则。

在如何对待马克思主义的问题上我们之所以留下很多教训，就在于没有懂得或者没有坚持好这个原则。

现在，我就"以我们正在做的事情为中心"来推进21世纪马克思主义的理论创新，谈谈我的一些新的思考，分三个层次来讲。

为什么要"以我们正在做的事情为中心"

只有把这个问题搞清楚了，我们才有坚持这个原则的高度自觉性。我考虑了一下，有四个理由。

第一，以我们正在做的事情为中心才能提出问题。问题是创新的起点，问题也是创新的动力源。坚持问题导向是马克思主义的鲜明特点。只有以我们正在做的事情为中心才能够发现问题、提出问题、聚焦问题。习近平总书记说："只有聆听时代的声音，回应时代的呼唤，认真研究解决重大而紧迫的问题，才能真正把握住历史脉络、找到发展规律，推动理论创新。"[1]

第二，以我们正在做的事情为中心才能创新理论。离开我们正在做的事情，理论就成了无源之水、无本之木，怎么能谈得上创新呢？就拿马克思主义的三大组成部分来说，它们分别来源于德国古典哲学、英国古典政治经济学和法国空想社会主义。然而最终升华为马克思主义的根本原因，是马克思对所处的时代和世界的深入考

---

① 习近平：《在哲学社会科学工作座谈会上的讲话》，人民出版社2016年版，第14页。

察，是马克思对人类社会发展规律的深刻把握。

马克思本人也说："共产党人的理论原理，决不是以这个或那个世界改革家所发明或发现的思想、原则为根据的。"①回顾中国马克思主义的发展过程，可以清晰地看到，正是以当时我们正在做的事情为中心，毛泽东同志才创造性地提出了工农武装割据的思想，正确指明了中国革命的道路。邓小平同志正是以当时我们正在做的事情为中心，才提出了改革开放的伟大构想，创造了中国特色社会主义理论的第一个形态。"三个代表"重要思想、科学发展观的创立，无一不是如此。正是以我们正在做的事情为中心，以习近平同志为核心的党中央在前人的基础上进一步推动马克思主义向前发展，创立了习近平新时代中国特色社会主义思想。

第三，以我们正在做的事情为中心的创新理论才能指导实践。否则承担不起指导实践的重大任务。能够指导实践的理论，必须具有实践的品格；理论的实践品格，只能生成于对实践的思考及其升华。只要是以我们正在做的事情为中心而创造的理论，这个理论就天然地具备了实践的品格。比如，研究我国发展和我们党执政面临的重大理论和实践问题，提出解决问题的正确思路和有效方法，这样的创新理论，就能够对实践提供有效的指导。习近平新时代中国特色社会主义思想正是探索和回答新时代坚持和发展什么样的中国特色社会主义、怎样坚持和发展中国特色社会主义而提出来的，因而成为指导新时代中国特色社会主义伟大实践的思想指南。

第四，以我们正在做的事情为中心的理论才能永葆青春。理论之

---

① 中共中央马克思恩格斯列宁斯大林著作编译局译：《共产党宣言》，人民出版社1997年版，第41页。

树要想常青，就必须始终坚持这条原则。一部马克思主义的发展史就是马克思、恩格斯以及他们后来的继承者，不断根据时代、实践之认识的发展而发展的历史，这就是马克思主义能够永葆其美妙青春之奥秘所在。

马克思主义本身就是一个开放的理论，它必须随着实践的变化而发展，这样才能够始终站在时代的前沿。

哪些因素在影响"以我们正在做的事情为中心"

无论是在中国革命和建设的进程中，还是在改革开放的进程中，理论创新总是不断遇到不同声音和不同态度，使理论创新之路很不平坦。理论创新最难的，不是新理论的创造，而是新理论的遭遇。到底有哪些东西在阻碍理论创新呢？我们首推本本主义和教条主义。

第一，本本主义和教条主义是影响理论创新的第一大因素。本本主义的产生有当时的历史背景，我们党创立之初是在共产国际的推动和参与下成立的。党的一些早期领导人从苏联回来，带来了马克思主义的本本。这些本本被他们当作教义、当作教条，因此，随着马克思主义传入中国，本本主义、教条主义也就结伴而生了。

本本主义、教条主义有三种主要表现：一是不顾实际而在实践中照搬照套，本本上怎么讲的，别的国家是怎么做的，不管是否适合我国国情，一律照搬照套，因而给中国革命造成了重大损失。二是固守某些具体的特定结论。就是经典作家在当时的条件下对一些事情所作的具体结论，被当作一成不变的教条而到处套用。三是把本本作为评判实践的标准或依据，实践稍与本本不合，就被认为是非马克思主义甚至是反马克思主义。

本本主义、教条主义给我们的思想和行为套上了精神枷锁，弄得我们有些时候不敢越雷池一步，给革命和建设造成了重大障碍。毛泽东同志曾严厉批评本本主义、教条主义，但这两个东西仍然时不时地表现出来。

进入中国特色社会主义新时代，习近平总书记对本本主义、教条主义多次给以严厉的批评，他指出：对待马克思主义不能采取教条主义的态度，也不能采取实用主义的态度。如果不顾历史条件和现实情况变化，拘泥于马克思主义经典作家在特定历史条件下、针对具体情况作出的某些个别论断和具体行动纲领，我们就会因为思想脱离实际而不能顺利前进，甚至发生失误。

对待科学的理论必须要有科学的态度，而本本主义、教条主义就是非科学的态度，因此成为马克思主义理论创新的绊脚石。

第二，归结法和还原论是影响理论创新的第二大因素。无论是什么新的结论还是新的思想，总有人喜欢还原，还原到古希腊、还原到春秋战国，似乎老祖宗早就说过了，没有什么新鲜的。言必称希腊成为学术研究和学术文章的固定模式了。对中国马克思主义的研究也有类似的现象：把新观点、新思想、新理论归结到或还原为马克思。对此，习近平总书记指出：根据需要找一大堆语录，什么事都说成是马克思、恩格斯当年说过了，生硬"裁剪"活生生的实践发展和创新，这也不是马克思主义的态度。

比如，我们曾研究过"从为人民服务到以人民为中心"这一课题，意在梳理我们党的宗旨理论的发展脉络。有人拿出的研究提纲头一条就是：以人民为中心体现了为人民服务的宗旨。这就是还原论。我们是要研究为人民服务提出之后，经过"三个代表"重要思想、以人为本的科学发展观，到习近平总书记提出以人民为中心的过程及各个理论形态的创新之处，然而，"以人民为中心体现了为人民服务的宗旨"这句话一下子就还原回去了，新意就看不出来了。而这种还原的研究思维和写作习惯，在我们哲学社会科学的著述中比比皆是。

思想是有来源的，但是发展到今天，许多思想已经是一种全新的思想，比如习近平总书记指出，党的十八大以来，我们党坚持"以我们正在做的事情为中心"，根据国际国内形势的新变化、新特点、新问题，提出了国家治理体系和治理能力现代化，培育和践行社会主义核心价值观，构建开放型经济新体制，实施"四个全面"战略部署，提出五大发展理念，实施总体国家安全观，构建人类命运共同体，推进"一带一路"建设，坚持走中国特色强军之路，等等，所有这些，都是我们党具有原创性、时代性的概念和理论。

我们要特别注意和领会习近平总书记强调的"原创性"和"时代性"这两个概念。在研究我们党的创新理论的时候，要慎用还原法、归结法。我们党对世界的看法，从"两大阵营"到"三个世界"再到"人类命运共同体"，这就是马克思主义中国化、时代化一个非常清晰的演进路线。"人类命运共同体"就是我们党的原创性理论，与古人的"大同世界"是很不相同的。

第三，影响理论创新的第三个因素就是动不动以国外的学术思想为准绳。国外的学术思想是我们的宝贵资源，是我们理论创新养料，我们应该研究和吸收，但是绝不能动不动就把外国的学术思想和学术方法奉为圭臬，作为准绳，那样就没有什么独创性可言了。比如动不动搬来这个"陷阱"、那个"预言"。我们承认，一些国家在发展过程中曾经遇到的情况值得我们重视和避免，但别忘了国情不同、时代不同、体制不同、道路不同、招数不同，我们发展到了某个量级，未必会掉入什么"陷阱"。我们可以作为研究参考，但绝不能用作发展的衡量标准和研究分析工具。

从以上三点，我们可以看到，它们的共同点都是停留在本本和理论上，都忽视了"以我们正在做的事情为中心"。当然，妨碍我们理论创新，除了以上这些，还有社会方面的、政治方面的原因。找出所有这些因素，认识其危害，就能够使我们更加铸牢"以我们正在做的事情为中心"这样一个思想根基。

如何实现"以我们正在做的事情为中心"

"以我们正在做的事情为中心"是马克思主义理论创新的一个根本原则，那么如何坚持这一原则呢？

第一，要把它作为理论创新的出发点和落脚点。长期以来有一种研究风气，从本本出发去研究，从理论出发去研究，还有从个人的兴趣爱好出发去研究，当然还有为了评职称、应对年终考核而去研究，而忽视了"以我们正在做的事情为中心"去研究，研究的出发点就偏离了这个原则，研究过程更加偏离这个原则。因为研究离不开资料，我们就去找资料，到哪里去找资料呢？一个通常的做法，到图书馆去找资料、到资料当中去找资料，而不是从实践当中去找资料。

明明是在研究一个相当现实的问题，比如研究中国行政体制改革、经济体制改革，研究市场建设，研究干部教育培训，应该到哪里收集资料？当然应该到改革实践当中去找资料，从干部培训实践当中去找资料。而有些研究者不是这样，从他人的研究资料当中去找资料，从著作和论文去概括改革的现状、培训的现状以及市场发展的现状，这怎么能够研究得准呢？

　　"以我们正在做的事情为中心"，就要在我们正在做的事情当中去找资料。我常提醒我的同事和学生们：这个课题，哪年以前的资料就完全没有说服力、没有意义了，因为实践的发展又几年过去了，还以以前的资料为依据怎么行呢？所以，要以我们正在做的事情为中心去确定选题，收集资料，概括出新结论、新理论。

　　我们不能再从本本出发，不能再从理论出发去研究课题。习近平总书记指出，世界上伟大的哲学社会科学成果都是在回答和解决人与社会面临的重大问题当中创造出来的。

　　我们正在做的事情所面临的问题，至少有三大类：一是我们在实践当中面临的问题。我们常说的抓工作、就是抓问题；研究理论也是研究问题，就是实践当中遇到的问题、改革开放出现的问题、管理工作遇到的问题等。二是社会上客观存在的思想问题，比如认识问题、心态问题、观念问题，我们研究理论就要抓住这些问题去研究。三是传统理论面对现实而出现的理论本身的问题，比如传统的社会主义经济体制理论面对现实当中非公经济的发展而产生的落差，促使我们重新考虑我国社会主义所处的历史方位，因此产生了社会主义初级阶段的崭新理论。全球化的发展进程而使气候变暖、资源短缺、环境破坏、恐怖袭击、刑事犯罪等局部的问题，演变成人类共同面临的难题，从而提出人类命运共同体的理念。我们就要这么去研究问题。

　　到现在还有人提出这样的问题，怎么理解当代资本主义社会工人阶级绝对贫困化、相对贫困化啊？帝国主义怎么还腐而不朽啊？这是马克思、列宁当年的论断，说的是 100 多年前的事情。现在如何，就要研究现实的资本主义，自己去作结论。

　　1997—1998 年我在中央党校学习，政治经济学教研室的老师征求我们对《资本论》课程的看法。我说，这门课讲深了不是，讲浅了也不是。讲深了，学员说我们不是搞学问的，老师别讲这么深；讲浅了，学员说商品、货币、价值规律，我们在高中时代就背了，一直背到考大学、考研究生。真是左右为难。因此我建议老师改变讲法，分上下两篇。上篇"《资本论》和当代资本主义"，讲三个部分：第一部分，《资本论》怎样阐述了资本发生、发展和消亡的规律；第二部分，当代资本主义出现了哪些马克思所没有料到的情况、新问题；第三部分，我们要研究"当代资本论"，研究什么问题、解决什么问题、怎样研究问题等。下篇"《资本论》和当代中国特色社会主义"，也分三部分讲：第一部分，《资本论》中哪些原理对今天中国特色社会主义仍然具有重要指导意义。第二部分，中国特色社会主义的实践遇到了哪些马克思所没有预料到的新情况、新问题。因为马克思创建理论的时候没有用过电灯，列宁没有看过电视，毛主席没有听说过互联网，他们不可能预见到今天这个时代所发生的问题。中国特色社会主义一定会遇到马克思所没有预见到的新情况、新问题，我们把它们梳理出来。第三部分，如何构建"中国特色社会主义资本论"。这样一个讲授框架，就是经典理论和当今实践所表现出的理论反差，促使我们去研究当代资本主义的资本论，研究当代中国特色社会主义资本论。

所以，无论从哪方面来看，"以我们正在做的事情为中心"的原则，要求我们从实际出发去研究问题。只是从书本出发找问题，从自己的兴趣找问题，会离现实越来越远。而我们冷落社会，社会一定会冷落我们。

第二，我们要把它作为创新理论的真理性的评判标准。我们从当今的实践出发，提出的一些新理论、新观点到底对不对，到底有没有客观性和真理性呢？列宁讲过，这不是理论问题而是实践问题，因此要用实践作为检验真理的标准，这个实践就是我们正在做的事情，只能以此评判新理论的真理性的标准。

第三，把它作为真假理论创新的"分水岭"。什么意思？真正的理论创新一定是以我们正在做的事情为中心来进行的，思辨地构建一种新理论，凭想象构建一种新理论，或者到资料当中综合一种新理论，这不是一种真正的理论创新。

还在人民大学读博士的时候，我看过一篇哲学文章可以说坚定了我毕业后的职业选择。这篇文章把"自我"分解为三个层次，每一层次下又有更小的三层，然后还要细分。看了这篇文章我想，这跟中世纪经院哲学研究"一根针尖上站几个天使"有什么区别呀！这么去研究问题、构建理论，离现实多远啊！这是我后来投身海南改革开放的原因之一。

真正的理论创新一定是以我们正在做的事情为中心，否则就是假创新或者伪创新。当然，我们这么说，不是指所有学科都要这么做，一些学科如考古学、古文字学等，则应另当别论。我们这里谈的是马克思主义理论创新。

今天我就讲这样三个方面，阐述一个观点："以我们正在做的事情为中心"是21世纪马克思主义理论创新必须坚持的根本原则。这既是中央对我们的要求，是时代对我们的要求，是改革开放的伟大实践对我们的要求，也是理论本身对我们的要求。

谢谢大家。

发挥哲学在现代化国家建设进程中的作用 *

各位老师、各位同行：

非常高兴参加"国家治理现代化与应用伦理跨学科重大规划创新平台"成立大会。下面我就平台成立发表几点感想。

平台成立的价值和意义

国家治理现代化与应用伦理跨学科重大规划创新平台的成立，恰逢其时，具有标志性的意义。

第一，它标志着哲学院又拓展了自己的研究领域。我们知道，在哲学这个大学科方面，人民大学哲学院历史悠久、学科齐全，现在又拓展到国家治理现代化和伦理政治哲学之间的关系的研究，这无疑是研究领域又一重要拓展。

第二，它标志着哲学院的研究更加贴近现实，贴近党和国家的工作重心，贴近社会关注的热点和难点问题。坚持和完善中国特色

---

* 本文是作者 2020 年 10 月 24 日在中国人民大学哲学院"国家治理现代化与应用伦理跨学科重大规划创新平台"成立大会上的发言。

社会主义制度，推进国家治理体系和治理能力现代化是全面深化改革的目标，是党的十九届四中全会的聚焦点。

第三，它标志着哲学院老师们增添了一个施展才华的重要平台。老师们可以借助这个平台，为国家治理现代化、为实现中华民族伟大复兴的中国梦发挥自己的作用，贡献自己的智慧，实现自己的价值。

对此，我作为哲学院 1988 年的毕业生，感到非常高兴和骄傲，首先表示热烈的祝贺。

平台成立的动力或机制作用

我的第二层感想，就是感到这个平台的成立实际上为我们哲学院的研究工作增加了一个动力，或者说设立了一个新机制。借助这个动力或机制，我们至少可以实现三个方面的转变。

第一个转变，它推动哲学研究把关注的目光从书斋进一步转向现实。我们知道，哲学是一种坐在高楼深院里的玄思研究，书就是研究的对象、依据和参照，思辨是我们研究的特点和着力点。同时，人民大学哲学院历来具有很强烈的现实感。这个平台的设立，毫无疑问，将会进一步推动我们更加关注现实，尤其是关注国家治理体系和治理能力的现代化这样一个重大问题。这个现代化被外国人叫作中国的"第五个现代化"。如果说"四个现代化"是为了解决生产力的落后，促进生产力的发展，那么"第五个现代化"就是为了解决在生产力发展的过程中如何减少上层建筑方面的障碍。所以，"第五个现代化"是上层建筑的现代化，而这个平台会让我们紧紧聚焦这个现代化。

第二个转变，它推动我们把服务对象从同行扩展到社会。哲学研究，具有独到的学科特点，比如高度抽象的概念、高度思辨的思维，还有专门的术语等，一般说来，我们的研究成果假如不做转化工作，社会大众读起来就会困难重重。就连我们哲学专业出身的，读黑格尔也是非常费劲，不一定能够读得懂，除非我们是专门从事黑格尔研究和教学的。所以哲学文章社会关注度较低，这个我们自己都知道。这个平台的创立，驱使我们聚焦于社会关注的国家治理现代化问题，自然会同时驱使我们把服务对象，从过去更多的是专家同行，转到现在更多的是社会，尤其是领导机关和领导干部。因此，它就迫使我们，同时也是给了我们一个很好的机遇，也是一种机制，把服务对象转向社会、转向从事国家治理的群体。

第三个转变，它会推动我们对文字价值从注重学术转向注重应用。高校的传统，就是非常注重文字的学术价值，尤其是哲学更加强调这一点。比如管理哲学的博士生很容易把博士论文写成管理学，老师们不得不经常提醒"别忘记了，我们是管理哲学，不是普通的管理学"。这是非常重视学术的一面。另外一面，我们历来也注重应用。刚才有的专家赞扬人民大学哲学院"紧跟时代的脉搏，研究了很多问题"，但哲学院的主要方面还是在学术上。这个平台的建立以及它的使命，本身就是应用的标签，正是因为考虑到哲学的应用才成立的。这就驱使我们所有在这个平台上的老师，必须把关注文字的学术价值转向更加关注文字的应用价值，否则我们就辜负了这个平台的成立，也辜负了校院领导为创办它而付出的心血和努力。

上面三个推动转变，实际上是推动我们哲学研究要解决三个重大问题。

第一是"为谁研究，为谁写作"的问题。这个问题是毛主席在延安文艺座谈会上提出来的一个重大问题。习近平总书记最早是在新闻舆论工作座谈会，然后在文艺工作座谈会、哲学社会科学工作座谈会上，都鲜明地提出了这个问题，要求我们树立"为人民而研究，为人民而写作"的理念。这个平台的创立以及它的职责无疑会让我们更好地解决这个问题。

第二是要回答哲学研究到底"怎样研究，怎样写作"的问题。比如从事纯哲学的研究，往往离不开资料。资料在哪里呀？资料就在前人的典籍当中，资料就在图书馆当中。所以哲学研究找资料，长期以来就是从资料当中找资料。这个研究传统，就使得有些应用性、实践性很强的专业遇到了问题。比如，研究干部培训教育，研究思想政治教育，博士生们非常重视资料，但他们往往是从前人的著作或论文当中去找资料。他们重视别人对公务员培训的研究和概括，而不去研究现在公务员培训的现状，发展到了什么地步，现实的问题是什么，效果怎么样。所有这些他们不去调查研究，而专门只看别人的研究概括。同样，思想政治教育这个专业也有这个问题。博士生们喜欢研究某个全体的思想教育问题，比如大学生的思想教育，但他们不去研究大学生思想教育的现实，不去深入大学生之中，而是泡在书斋里找资料。显然这些都走入了误区。所有这些研究，主要精力不应当看前人的资料，而是深入实际、研究现实，深入思想教育的对象，研究思想教育的现实。这个平台的创立，有助于我们转变这种研究视角、研究重心，推动我们从对前人研究资料的过度依赖当中摆脱出来，把关注的重点转向现实的国家治理，从国家治理的实践当中去寻找我们要的研究资料，从而使我们研究和写作作风、态度、风格发生重大转变。

第三是要求我们解决"什么样的成果有价值"的问题。这是一个最需要我们认真考虑的问题。比如以前评职称，上报科研成果，你要是拿出一两个调查报告，你要是拿出发在报纸上的"豆腐块"来评职称，一定会被传为笑谈。现在，这种情况正在变化。但博士生找工作，招人单位设计的申请表，只有填写 C 刊论文的位置，其他成果连秀一秀的位置也没有。就是说，在我们传统的眼光里，这些东西是没有价值的。我们的价值是学术文章、学术杂志，是长篇大论。尽管报纸上的"豆腐块"发挥过很大的影响，起过很大的作用，比如纷纷被转载、被引用，但是在一些学校是不承认的。现在我们自己成立了应用平台，它就使我们重新考虑，今后到底应该以什么样的标准来认定研究成果的价值。我们应当把评价标准定得更加合乎党和人民的需要、社会发展的需要、解决现实问题的需要。

平台成立对研究工作者的新要求

这个平台的创立给我们老师、研究工作者提出了新的要求，这些要求可以归结为三个方面。

第一，要求我们既要有深厚的理论功底，又要求我们有很强的实践意识。我这里讲的是实践意识，没有讲实践经验，没有讲实践积累，因为我们首先要树立强烈的实践意识，即面向实践、面向现实、服务社会、服务政府的意识，先有这个意识，然后才有可能去实践。很多专家都有体会，写学术文章难，写研究现实的文章也不轻松，因为要脚踏实地，要调查研究，有时要比写纯哲学文章更花时间和精力。现在这个平台的成立，就迫使我们要树立起实践意识，多向实践调研，多向实践学习，多思考实践提出的问题，从而积累我们的实践材料，增长我们的实践经验，这样我们才能研究这个问题。人们曾经说党校的老师"没当过领导在讲领导科学，没制定中央文件在解读中央文件，没出过国在讲外国"，这个说法是没有道理的。康德终生没有离开过他的出生地哥尼斯堡，但他是自然地理的创始人。今天资讯工具这么发达，足不出户就可以找到相关资料，所以我们不要在乎这种说法，但这毕竟属于"从资料中找资料"，要想拿出解决现实问题的研究成果，特别是拿出有分量的研究成果，我们必须自己更加自觉地转向实践，树立强烈的实践意识，"到实践中去找资料"。这是平台对我们的第一个要求。

第二，它要求我们既要有高超的读书本领，又要有专深的调研能力。习近平总书记强调我们要多读书、读好书、善读书。这很重要，有人会读书，有人还真不会读书。不会读书的人，书读得很多，但是收获无几。会读书的人，读一本算一本。所以我们大凡有成就的都是有高超的读书本领的。习近平总书记又非常强调调查研究，强调调查研究是我们党的传家宝，是做好各项工作的基本功。这个平台的建立告诉我们，光有读书本领是不够的，还必须要有很强的调查研究的能力。我在工作当中发现，同样到实践当中去转一圈，见到的人和事都是一样的，见到的场景都是一样的，但是得到的材料、运用的程度、最后的研究结论却是天壤之别。这就提出了一个调研能力的问题。这对我们是个新的挑战和考验，我们要应对这种挑战，接受好这种考验。

第三，它要求我们既要有思辨思维，又要有对策思考。哲学，无论我们把它写得多么通俗，它毕竟是思辨的科学，所以长期在哲学领域工作使我们练成了一套思辨思维。这个思辨思维是我们的长处，也是其他学科所需要的。我不时听到搞其他学科的专家说，如果他也有思辨思维，他在这个学科领域会更加出彩。所以你看看哲学系的人去创办社会学系，非常成功；去创办经济学系，也非常成功。南京大学法学系、经济学系都是从哲学系分出去的，都办得很好。多年以来，许许多多搞哲学的人转行到其他学科，大都做得非常出色，成了这个学科的翘楚。这就是哲学思维的功能和作用。所以在这个方面，思辨思维是我们的看家本领。现在这个平台告诉我们，光思辨是不够的，光思辨领导是没法看的，也没有人感兴趣，因为他们要的是解决问题的方案，是对策或办法。所以我们要补齐对策思考这个短板。

实践意识、调研能力、对策思考实际上是一回事，它们统一于党领导下的推进国家治理体系和治理能力建设现代化的伟大实践。

让我们借助这个平台，热情投身这个实践，拥抱这个实践，拿出更多受实践欢迎的重大成果。

谢谢大家！

二 科学发展中的文化价值

坚定文化自信，建设文化强国

文化建设的地位和任务

文化价值观

文化建设需要我们奋发有为

文化发展的关键、动力和目的

文化工作要强化宏观管理

当好文化发展的参谋部、策划部、协调部、指挥部

以改革创新思路推进文化建设

换出团结、换出正气、换出动力

打造文化三亚

文化是一个国家、一个民族的灵魂。文化兴国运兴，文化强民族强。没有高度的文化自信，没有文化的繁荣兴盛，就没有中华民族伟大复兴。

习近平:《决胜全面建成小康社会 夺取新时代中国特色社会主义伟大胜利》，人民出版社2017年版，第40—41页

统筹推进"五位一体"总体布局、协调推进"四个全面"战略布局，文化是重要内容；推动高质量发展，文化是重要支点；满足人民日益增长的美好生活需要，文化是重要因素；战胜前进道路上各种风险挑战，文化是重要力量源泉。

习近平:《在教育文化卫生体育领域专家代表座谈会上的讲话》，《人民日报》，2020年9月23日

坚定文化自信，建设文化强国 *

《人民政协报》编者按：

党的十九届五中全会审议通过《中共中央关于制定国民经济和社会发展第十四个五年规划和二〇三五年远景目标的建议》（以下简称《建议》），提出"繁荣发展文化事业和文化产业，提高国家文化软实力"。学术家园专访第十二届全国政协委员，中央党校（国家行政学院）教授、博士生导师、中华诗词学会会长周文彰，请他围绕党的十九届五中全会精神，结合自身学术思考与实践，对《建议》中的文化内容进行解读。

以人民至上的理念发展文化

学术家园：《建议》将满足人民日益增长的美好生活需要概括为"十四五"时期经济社会发展的根本目的。在您看来，文化在其中发挥着怎样的作用？

---

* 本文是记者张丽采写的对本书作者的访谈稿，以《繁荣发展文化事业和文化产业》为题，发表于《人民政协报》2020年12月14日第9版。

周文彰：无论是美好生活，还是生活质量，都是动态概念，随着经济发展、社会进步而不断丰富。在这个过程中，文化处于越来越重要的位置。特别是到了当下，没有文化的生活谈不上美好生活，也谈不上高质量生活。只有物质生活与精神生活都得到不断提高，我们才能说，人们的生活质量越来越高。此外，美好生活还表现在公平正义、道德风尚、科技教育、生活环境等诸多方面，而这些都与文化息息相关。回顾以往，一部人类生活发展史，就是文化含量不断增加、文化质量不断提高的历史。没有文化的生活是原始人的生活、野蛮人的生活；随着人类社会不断从低级到高级发展，文化含量和文化质量在生活中不断增加分量。所以，社会主义从初级阶段到发达阶段的过渡，我们的奋斗目标从"第一个百年"走向"第二个百年"，也是人们的物质生活与文化生活水平同步提高的过程。

党和国家采取了很多文化惠民措施，比如最著名的五大重点文化惠民工程——广播电视村村通、县镇和街道综合文化站、文化信息资源共享、农村电影放映、农家书屋建设。"十四五"规划更是把文化建设放在更加突出的位置。发展文化归根结底就是为了满足人民日益增长的物质生活需要与精神文化追求。从这个意义上讲，满足人民日益增长的美好生活需要，是我们繁荣社会主义的最终目的，也是加快文化强国建设的强大动力。

学术家园：《建议》全文贯穿着人民至上的思想，在文化部分有怎样的体现？或者，从人民至上的角度，如何解读文化方面的内容？

周文彰：人民至上，是我们党的执政理念和政府的施政理念，更是文化的发展理念。人民至上在文化建设中应当体现在：

人民是文化建设的主体。也就是说，亿万人民是文化建设的主力军，文化建设要广泛发动人民、依赖人民，发挥人民群众主力军作用。

人民是文化创造的源泉。一切文化创造与创新，都来源于人民生活，来源于社会实践。离开了人民生活和社会实践，文化建设就会成为无源之水、无本之木，小说、诗歌、影视等文化产品就会变成无病呻吟、主观臆想、凭空捏造。发展文化一定要扎根人民，从中吸取丰富营养、获取一手资料。

人民是文化发展的目的。发展文化就是要让人民享有丰富的文化生活、提高生活质量。离开这个目的来发展文化，是没有意义的，也是没有前途的。因为文化最终要靠人民去认可、去接受、去消费。

人民是文化发展成果的评判者。文化建设的成就高低、质量好坏，最终要由人民来评判。习近平总书记要求把人民高不高兴、满意不满意、答应不答应作为检验工作的最高标准，文化建设同样如此，要把人民群众对文化建设的评价作为文化建设的最高标准。

人民至上这个原则，在今年新冠肺炎疫情防控斗争中表现最为突出、成效最为显著。我们应当认真总结推广疫情防控斗争所获得的宝贵经验，包括文化建设的一切工作都要贯穿人民至上、以人民为中心的方针。总而言之，人民需要文化，文化需要人民。文化和人民就是这样紧密地联系在一起。脱离了人民，文化就没有生命、没有价值。

坚定自信建成文化强国

学术家园： 从之前强调建设文化强国，到《建议》明确提出

2035年建成文化强国，是否可以说是文化自信的一种表现？您如何解读？

周文彰： 从党的十七届六中全会审议通过《中共中央关于深化文化体制改革推动社会主义文化大发展大繁荣若干重大问题的决定》，到党的十八大报告提出"扎实推进社会主义文化强国建设"，到党的十九大报告提出的一系列强国中包括文化强国，再到党的十九届五中全会明确提出2035年建成文化强国，正是文化自信的一个重要表现。

中华民族始终有一个强烈的强国梦。1964年周恩来总理在政府工作报告中提出，要在2000年以内把我国建设成社会主义强国。后来由于众所周知的原因，这一目标的实现存在一定困难，所以党的十三大在确定党在社会主义初级阶段的基本路线时，暂时搁下了"社会主义强国"的提法，改为自力更生、艰苦奋斗，把我国建设成为富强民主文明的"社会主义现代化国家"。直到党的十九大，再次把强国建设作为我们的奋斗目标，第二个百年奋斗目标就是2050年把我国建设成富强民主文明和谐美丽的"社会主义现代化强国"。强国梦整整推迟了50年。《建议》提出到2035年要建成若干强国，如人才强国、科技强国、制造强国、质量强国、网络强国、交通强国、贸易强国、海洋强国、文化强国、教育强国等。党的十九届五中全会的一个突出亮点，就是把建成文化强国的时间节点定在2035年。这是充分的文化自信，也符合客观实际。十几年来，特别是习近平总书记把文化作为中国特色社会主义重要组成部分以来，文化建设地位空前提高，文化建设力度空前加大，文化建设成效空前显著，文化创造力空前增强，文化生产力传播力影响力空前提升，文化在人民生活中的比重空前增大。在这个基础之上，我们完全有能力在

2035 年把我国建成文化强国。

可以说，改革开放以来，我们党提出的每个重大目标，都获得了预期效果。我们有信心、有理由相信，2035 年建成文化强国的目标也一定能够实现。

学术家园： 提高社会文明程度、提升公共文化服务水平、健全现代文化产业体系这三项重点任务，对于推进社会主义文化强国建设，有着怎样的意义？

周文彰： 建成文化强国，需要从多个方面入手。《建议》从三个方面作了明确部署。第一是提高社会文明程度。社会文明程度是文化强国的一个重要目标，也是文化强国的一个重要标志，突出表现在社会主义核心价值观深入人心，特别是习近平新时代中国特色社会主义思想指导文化建设、武装全体人民，并且变成实实在在的行为。习近平总书记指出，对一个民族、一个国家来说，最持久、最深层的力量是全社会共同认可的核心价值观。24 个字的核心价值观从国家层面、社会层面和个人层面提出了我们的价值标准与追求。它是中华民族文明强盛的精神标识，也是文化强国的精神动力。只要核心价值观成为全体社会成员的自觉行为，那么社会就会风清气正、文明向上、行为规范，公民的道德水平就会到达一个崭新高度，家庭、家风、家教建设达到前所未有的成效。

第二是提升公共文化服务水平。改革开放以来，文化体制改革的重要成果之一，就是认识到文化具有两种功能即教育群众与满足群众需求，两种属性即意识形态属性和商品属性，两种形态即文化事业和文化产业。文化事业与文化产业，前者是意识形态属性，以教育人民，后者是商品属性，以满足群众需求。提升公共文化服务水平主要就是发展文化事业，所以我们要全面繁荣新闻出版、广播影视、文学艺术、哲学社会科学事业，推进城乡公共文化服务体系一体建设，创新实施文化惠民工程，广泛开展群众性文化活动。

第三是健全现代文化产业体系。在"文化产业"前面加上"现代"，需要突出重视。所谓现代，就是瞄准文化发展的世界水平，紧跟科学技术发展的步伐，实现文化和科技的高度统一。发展传统文化产业，也要推进新兴文化产业的发展。一种产品，只有当它既是文化产品同时又是科技产品时，才是产业意义上的文化产品。手工剪纸、绘画、刺绣、雕刻等单独或结伴存在了几百年，有的甚至上千年，从来没有形成文化产业。电脑设计、数码喷绘、机器雕刻等科技的出现，才使这些传统文化形成产业。所以，文化产业要跟踪和运用现代科学技术，使我们在文化产业结构、文化产品质量、文化消费等方面都跟上时代发展的步伐。特别是要让文化和旅游实现融合，让文化和城镇化建设与经济建设实现同步发展，要立足于互联网、大数据，创新文化内容、文化业态、文化流通和传播，提高文化的生产力、创造力、竞争力、传播力和影响力。

文化是衡量一个国家综合实力的重要组成部分。衡量一个国家的强弱，不光要看经济、军事、科技等硬实力，还要看文化软实力。文化强国建设，已经成为提高国家综合实力的重要组成部分，而抓住提高社会文明程度、提升公共文化服务水平和健全现代文化产业体系的纲，就能够稳步走向文化强国之路。

"四个围绕"办文化

学术家园:《建议》提出要"健全现代文化产业体系""扩大优质文化产品供给"。您认为什么是优质文化产品？在提倡传承传播中华优秀文化的今天，从文化到文化产业（文化产品）需要怎样的助力？

周文彰： 在我看来，文化建设应当做到"四个围绕"。一是围绕提升社会文明程度办文化。在一次采访中有记者问我，你的中国梦是什么？我说，习近平总书记的中国梦就是我们每个人的梦，至于说到我对社会的期望，就是：我总希望有一天当你拍照时不会有人从你的镜头前面穿过；我总希望有一天当人们排队时不会有人随意插队；我总希望有一天当老太太在街头摔倒时人们都会去扶她起来而不会被诬陷；我总希望有一天越来越多的人在阅读，在公共汽车里、在地铁里、在飞机上、在公园里、在家中的电灯下；我总希望有一天当车子抛锚时，不断有人提出"要我帮忙吗"；我总希望有一天每个人每年都要做几天志愿者，到养老院、到孤儿院、到公共场所、到最需要的地方……而这一天的到来，就是社会高度文明的到来。实现这个目标，文化发挥着不可替代的教育、感染和熏陶的作用。

二是围绕丰富群众生活办文化。文化越来越成为人们生活的重要内容，围绕群众生活办文化，特别是市县、乡镇街道、居委会等基层，就会研究群众文化生活需要和短板，按照人们的美好需求去发展文化项目，补齐文化短板。

三是围绕调整经济结构办文化。党的十九届五中全会为我们勾勒的新发展阶段，就是把高质量作为发展的主旋律。高质量发展离不开经济结构的调整，而文化因其低消耗、低排放、高效益可以成为经济结构调整的重要选择。

四是围绕增强地方实力办文化。经济建设是硬实力，文化建设是软实力。但文化建设和经济建设是同样重要的硬任务，必须把文化建设列为事关社会主义建设成败的硬任务，抓紧抓实。两者完美结合才是地方实力的真正所在。

按照"四个围绕"办文化，即使没有经济效益，也会有社会效益。而文化建设，永远要把社会效益放在第一位，不能以经济效益去冲击社会效益，不能以损害社会效益去追求经济效益。

文化建设的地位和任务 *

科学发展观凸显了文化建设的地位和作用。没有文化的发展也谈不上科学发展。

文化建设的地位

20世纪60年代以来，人类的发展观经历了从经济增长至上到社会发展优先，从片面发展到全面综合发展的重大转变。我国改革开放以来，社会经济取得了长足的发展，人民生活水平大幅提高，但经济、社会、环境、生态等方面出现的问题，不可忽视。特别是在精神文化领域，一些人的价值观扭曲、错位，拜金主义、享乐主义、极端个人主义思想蔓延，明确告诉我们发展不是单纯的经济发展，而是包括经济、政治、文化和社会各领域的全面协调可持续发展。要实现科学发展，就必须大力加强文化建设。

要破除经济建设是硬任务、文化建设是软任务的错误观念。文化建设是和经济建设同样重要的硬任务。列宁病逝前，最关心的问

＊　本文原载于《求是》2004年第21期，略有改动。

题之一就是文化问题，他把当时苏维埃的文化建设提到决定社会主义生死存亡的高度来认识。今天，我们要从科学发展的高度，把文化建设当作事关社会主义建设成败的硬任务，切实提高决策水平和领导水平，把文化建设抓紧抓好。

要破除把经济效益与社会效益割裂开来、片面追求经济效益的错误观念。应当承认，在社会主义市场经济的条件下，文化产业自然要讲经济效益；经济效益好，也有助于文化事业的发展。但是我们必须看到，精神产品具有不同于物质产品的特殊属性，它的价值实现形式更主要地体现在社会效益上。有些精神产品，直接的经济效益不大，但在满足人民群众的精神文化需求和推动社会全面进步方面的作用很大。这就要求我们必须始终坚持把社会效益作为最高原则。当经济效益与社会效益发生矛盾时，自觉地服从于社会效益。在这个基本前提下，实现经济效益与社会效益的统一。

要认真研究本地文化的客观实际，坚定文化建设的信心和决心，坚决在文化建设上有所作为。克服文化建设上的消极、懈怠心理，知难而进，抓住机遇，乘势而上，努力推进与时代要求相适应的文化建设。

文化建设的任务

科学发展观视野中的文化建设强调系统性、整体性和全局性，主要包括以下几个方面的任务。

实施广泛的文化教育。文化建设，首先要普及基础教育，提高教育水平。我们的文化教育要注重普及，使绝大多数人能够识字断文，能够读书看报，有一定的文化修养。如果我国人口中的大多数没有文化，或者文化水平很低，就根本谈不上全面建成小康社会。在普及教育的同时，要注重普及自然科学和哲学社会科学的基本知识，提高全民族的理论思维能力，提高文化的创新能力。

营造浓厚的文化氛围。营造浓厚的文化氛围就是要坚持以马克思主义为指导，加强思想理论建设，使广大干部群众树立正确的世界观、人生观和价值观，保持与时俱进的思想观念和昂扬向上的精神状态；就是要通过系统的文化教育和文化活动，使全民族养成尊重知识、崇尚教育、热爱科学的风尚；就是要在科学研究领域形成百花齐放、百家争鸣的繁荣局面；就是要激励文学艺术家创造内涵丰富、思想健康、形式多样的文学艺术作品。

创造丰富的文化生活。丰富的文化生活之基本内涵，是使城乡广大群众享有逐步提高的文化权利和逐渐丰富的文化生活。为此，要以政府为主导，着重加强文化设施特别是公共文化设施的建设，逐步完善公共文化服务体系，构建起一个覆盖城乡的现代化、信息化和网络化的大众传媒网络。要加强文化艺术创作、演出工作，广泛组织群众性的文体活动，促进文化生活的全面繁荣。

培育具有浓郁民族特色的社会主义伦理道德体系。伦理道德是文化建设的重要组成部分，其总体目标是建立与社会主义市场经济相适应、与社会主义法律体系相协调、与中华民族传统道德相承接的社会主义伦理道德体系。可以有四个层次：一是要建立调节人与人、人与社会、人与自然的关系，建立社会成员普遍认同的最基本的公共生活文明准则；二是加强具有行业特点的职业道德建设；三是大力提倡尊老爱幼、男女平等、夫妻和睦、勤俭持家、邻里团结的家庭美德；四是养成自我学习、自我培养、自我锻炼、自我陶冶的个人修养。

发展发达的文化产业。改革开放以来的实践证明，发展文化产业对促进经济增长、增强综合国力、参与国际竞争、培育民族精神、提高人的素质、推动社会全面进步具有基础性、战略性作用。因此，一定要树立与社会主义市场经济体制相适应的文化发展观，如同抓经济建设那样扎扎实实地抓好文化产业，使文化产业在国内生产总值和出口创汇中占有相当的比重。当代社会，不仅要看到文化的经济价值，更要看到文化在凝聚人气、激发创新上的作用。一个地方有了浓郁、健康的文化氛围，就具备了能够凝聚人气、吸引投资的软环境，同样具有很高的产业价值。

构建合理的文化体制。多年以来，阻碍文化发展的因素除了不正确的文化观念和不发达的经济外，不合理的文化体制也是其重要障碍。在管理上，要尽快理顺文化建设中的党政、政事、政企、事企关系，淡化有关文化单位的事业和机关色彩，建立促进产业发展的文化管理体制；在投融资体制上，应该对各种经济成分的文化单位一视同仁，给予同样的待遇，形成多种所有制形式并存的繁荣局面。要加强文化法治建设，建立相应的文化监管和市场管理体系，从法治、技术和道德等层面建立起维护民族文化安全的机制。

文化价值观 *

    在全面落实科学发展观、努力构建社会主义和谐社会的进程中，文化的地位和作用越来越突出。而人们对文化的看法和态度，直接影响着我国文化的前进方向，从而也影响到我国各项发展任务和目标的实现。

    人们对各种文化现象和文化行为的看法和态度，构成了本文所说的文化价值观的主要内容。众所周知，价值是主体与客体之间的一种关系，指客体对主体的利害关系、善恶关系、美丑关系，换句话说，指客体对主体的意义。因此，文化价值观是人们关于文化的利害、善恶、美丑等问题的总看法和总观点，反映文化对人的意义。[①]文化价值观对文化建设、文化消费的动力作用和导向作用是显

而易见的。一个社会，占主导地位的文化价值观如何，文化建设的方向和内容也就如何；一个人，有什么样的文化价值观，也就会有什么样的文化价值追求、文化欣赏情趣和文化消费行为。因此，推进和加快我国先进文化建设，就要求我们毫不含糊地树立正确的文化价值观。

树立正确的文化价值观，是当前文化建设的迫切要求

改革开放 30 多年来，我国文化的发展变化，在保持先进文化不断发展壮大且始终占主导地位的总态势下，逐步出现了一些突出而复杂的现象，从而把文化价值观问题严肃地摆到了我们面前。文化上出现的突出而复杂的现象，来源于我国经济社会生活发展中逐步形成的三个重要的新情况。

一是开放的格局。经过多年的努力，我国已经形成了全方位的对外开放格局。在开放的条件下，我国与世界的联系越来越广泛、越来越紧密，在过去那种闭关自守状态下不存在的问题，伴随着对外开放的进程，纷纷开始涌现。比如，各种外来的文化和观念，随着经济社会的开放，纷纷涌向我国，进入人们的头脑和生活；同时，人们也可以轻易地通过报纸、广播、电视、网络等媒介，了解外部世界，自觉或不自觉地接受着各种文化和观念的影响和熏染。

二是快速的发展。我国改革开放的伟大成果，突出地体现在经济、政治、教育、科技等领域呈现全面快速发展的局面，速度之快可以说超出了任何人的想象。人们甚至不可能预见两年以后某些领域的发展情况。比如，计算机和互联网的发展，现在的情形与几年

前相比就有了很大的不同，而几年后的发展也是我们今天难以精确描述的。快速的发展几乎使人们每天都面临着新情况，几乎使人们每天都发生着观念、情趣等方面的变化，以至于流行的歌曲、电子游戏、服饰、发型等，很快成为过去；受到热捧的影视作品、大众偶像等，很快变成过眼云烟。

三是思变的心态。开放的格局、快速的发展，自然也引发和培育了人们思变的心态。过去那种长期安于现状、不求新、不求变的现象，已经不多见了；绝大多数人不满足于现有的发展、现有的进步，期盼着收入的进一步增加，生活状况、工作环境的进一步改善，包括期盼着文化生活更加丰富多彩。过去人们多年津津有味地观看几部"样板戏"的文化消费现象，今天在大多数人，特别是青少年眼里，已经成为完全不可思议的事情。

社会生活中的开放格局、快速发展和思变心态，加上其他种种因素，使我国的文化构成、文化形态等方面，呈现一些突出而复杂的现象，特别集中地表现为多元、多层、多样三种情况。

首先是多元，指各种不同性质的文化在我们生活中同时存在。比如，从阶级性上划分，有无产阶级的文化、资产阶级的文化；从社会性质上划分，有社会主义的文化、资本主义的文化、封建主义的文化；从社会影响上划分，有进步的文化、颓废的文化、健康的文化、有害的文化；等等。它们同时存在，构成了我们周围的文化现实或文化环境。

其次是多层，即同一性质的文化有不同的层次。比如，人们通常划分的高雅文化、通俗文化，都可以是健康文化；现在人们经常谈论的草根文化、精英文化，也属于对文化层次的划分。无论哪一种性质的文化，起码都可分为高、中、低三个层次，并且在我们的生活当中同时存在。

最后是多样，指文化载体的多样性。也就是说，多元的、多层的文化，可以用不同的载体来表现。过去文化的载体比较单一，表现形式也单一，人们的文化信息来源主要集中在纸质媒介，大众的文化生活集中在看电影、听广播。现在的文化载体层出不穷、丰富多彩，电子媒介、互联网络早已进入寻常百姓家，手机就可以通过短信息、手机文学、彩铃、手机视频等方式成为传播文化的载体。

文化的多元、多层、多样的复杂局面，显然既有对外开放过程中的泥沙俱下，也有经济社会快速发展的自然产物，还有人们思变心态驱使下的刻意追求。呈现在我们面前的五颜六色、千姿百态乃至千奇百怪的文化，给我们提出了一些严肃的话题：应当如何看待和对待这些文化？应当怎样去引导和管理文化发展和文化消费？所有这些，都取决于我们的文化价值观，取决于我们能否采取实事求是的态度，对各种文化现象作出科学的价值判断。

毫无疑问，我国发展先进文化的态度是鲜明的，目标是明确的，我们所取得的文化成就是有目共睹的，占支配地位的文化价值观也是正确的。但只要我们稍微留心就会发现，当前人们在文化价值观上存在的问题也是显而易见的。概括而言，我感到有三种错误的文化价值观值得我们反省。一是模糊的文化价值观。有些人分不清文化的利害、善恶、美丑，他们也不想分清，并且从来不细究这些问题。有的人甚至认为，凡是参与面广泛的，都是可以理解的；凡是流行的，都有存在的理由。因此他们随波逐流，听之任之。二是错位的文化价值观。本来我们对待文化的利害、善恶、美丑问题，应当标准明确、态度坚决，但在有些人身上却错位了。明明是健康有益的文化，往往得不到大力的支持和提倡；明明是颓废没落的文化，往往得不到及时的批评和制止。三是颠倒的文化价值观。这种文化价值观，把利当成害，把害当成利；把美当成丑，把丑当成美；把善当成恶，把恶当成善。这就完全颠倒了价值判断的标准。

现实生活中存在的种种错误的文化价值观，在管理者方面，造成文化生产、文化市场、文化消费等的调控或引导的不到位；在消费者方面，造成文化欣赏和文化消费格调低下、美丑错位、荣辱颠倒等种种问题。这些问题严重地影响着我国先进文化的发展和传播，影响着社会肌体的健康与进步。比如，涉及色情、暴力、凶杀等内容的东西通过各种途径特别是互联网的传播，有泛滥的趋势；一些格调低下、趣味庸俗的娱乐节目充斥着电视荧屏；一些毫无观赏性、缺乏艺术价值的所谓商业"大片"被大肆炒作。那些弘扬社会正气、彰显时代精神的文化作品，得不到舆论的及时关注，被人为地冷落在一旁；而一些歌星影星的"婚外情""私生子"，却成了某些媒体的主打新闻。这一类现象，警示我们在文化价值观上存在的问题不容小视，应引起全社会每一个社会成员，特别是各级党委和政府部门的高度重视，并认真加以解决。

从总体上认识文化的价值和意义，
是文化价值观的宏观视角

树立正确的文化价值观，首先要求我们从总体上正确认识文化的价值和意义，从而端正我们对文化的总态度。党的十六大报告指出："当今世界，文化与经济和政治相互交融，在综合国力竞争中的地位和作用越来越突出。文化的力量，深深熔铸在民族的生命力、创造力和凝聚力之中。全党同志要深刻认识文化建设的战略意义，推动社会主义文化的发展繁荣。"这是党中央对文化的总体价值作出的精辟论述，需要我们认真学习和领会。许多专家学者对文化的总体价值也作过深入的研究和分析，获得了不少成果，也值得我们认真汲取。这里，我主要结合自己所从事的宣传文化工作谈一点初步的认识。

由于工作关系，我长期关注着国内文化建设和发展，并且在工作实践中切身体会到文化的作用与价值。我认为，从文化对人的关系来看，既不是一个简单的社会现象，也不是单一的价值现象，它有多重的价值和意义，我把它们浓缩为五句话：文化是政治，文化是形象，文化是环境，文化是生活，文化是经济。这五句话里的"是"，都不是指"事实判断"，而主要是指"价值判断"。

文化是政治。首先是指要从政治上看文化，文化不单纯是文化，而是具有深刻的政治意义；对文化的态度，本质上是对政治的态度。一届党委和政府、一任领导，是不是大力繁荣文艺，是不是扎实地发展教育，是不是真正地重视科技，实质上反映了是不是认真地履行自己的政治责任。要建设中国特色社会主义，带领人民群众早日进入全面小康社会，不抓文艺、不抓教育、不抓科技，就是对自己政治责任的疏忽。现在一些农村地区缺这缺那，但最缺的是文化。因此，发展和繁荣农村地区的文化，是政治的要求。各级党委和政府、各级领导必须充分认识到，对文化的态度就是对建设中国特色社会主义的态度，对科学发展观的态度，对"三个代表"重要思想的态度。抓不抓先进文化的建设，先进文化发展的状况怎么样，直接关系到人民群众的精神文化需求的实现和满足，关系到科学发展观的贯彻和落实，关系到"三个代表"重要思想的贯彻和落实。

文化是政治，还体现在文化的内容上。我们知道，并不是所有的文化都是政治，比如语言学家一般认为语言不具备意识形态属性，没有阶级性，所以语言本身不是政治。科学作为一种文化现象也不是政治。但是，很多文化的内容是反映政治的，也就是说，文化中有政治。邓小平同志就曾深刻地指出："文艺是不可能脱离政治的。"①其他如道德、宗教等文化现象，也都与政治分不开。即使是不具备意识形态属性的语言，它所表达出来的意思和内容，也是有政治性的。可见，在文化的总体构成中，除自然科学以外的文化内容大多具有鲜明的阶级性，都是对特定阶级利益的反映，因而具有鲜明的政治性。

文化是形象。无论对于我们个人，还是对于一个群体、一个地区，乃至对于一个民族、一个国家，有没有文化，文化水平的高低，都是其形象优劣的重要标志。如果一个人满腹经纶，举止得体，讲话有水平，看问题准确稳妥，人们就会说，这个人文化素质高，他就树立起了良好的形象。改革开放以来，很多地方一心一意地打造文化名片、文化品牌，塑造和传播本地形象，取得了很好的效果。比如，人们通过风筝节了解潍坊，通过冰雕节了解哈尔滨，通过世博园了解昆明。又如，广东东阳的木雕、河北吴桥的杂技、海南大致坡的琼剧，都成为当地的品牌和形象。放眼世界我们还能发现，日本、韩国在第二次世界大战后，勒紧腰带抓教育、抓文化，发展很快，这对于树立它们各自的国际形象，是起了很大作用的。

从历史学的角度说，没有文化就是野蛮和蒙昧，没有文化的人是自然人不是社会人，没有文化的地区是未开化的地区。从现实

---

① 《邓小平文选》（第 2 卷），人民出版社 1994 年版，第 256 页。

生活来看，贫穷落后的地方之所以给人这种感觉，除了经济层面的因素外，文化是一个突出的因素。由于地区文化不发达，个体文化素质不高，因此很容易产生愚昧、懒惰和贫困问题。所以衡量是不是落后，经济是一个指标，文化也是一个突出的指标；经济贫穷的形象、文化落后的形象，都是需要我们下气力加快扭转和改变的形象。到过广东的人会发现，现在很多地区都在狠抓文化，投巨资建图书馆、博物馆、演艺中心、青少年活动中心、老年活动中心等。作为得改革开放之先而率先富裕起来的地区，它们曾有过重视经济忽视文化的经历，现在回头来看，一位领导同志深有感触地对我说，这个时代，别人说你没钱，也许还不觉得什么；要是说你没文化，那是最恐怖的。使我最刻骨铭心的，就是他使用"恐怖"这个词，我由此知道，广东人为树形象，现在把文化看得比什么都重要。

文化是环境。文化是我们赖以生存和发展的生活环境，是子孙后代的成长环境，也是人才和资本的高度聚合。文化作为环境，可以被分解成以下三个要素。

一是文化氛围。一个地方文化设施很齐全，文化活动很丰富，文化市场很发达，人们举止文雅，谈吐得体，甚至谈古论今，那么我们就会说，这里的文化氛围很好，这里的环境很吸引人。改革开放以来，我国逐步营造出解放思想、实事求是、与时俱进的文化氛围，大大激发了人们的创造和创新热情，吸引了大批海外人才来我国创业发展。在欧美国家，我们常常看到，无论是乘坐地铁，还是躺在草地上晒太阳，很多人都是书不离手，这是另一种文化氛围。生活在这种文化氛围中，人们能潜移默化地受到熏陶。这对个人素质的提高，对社会的发展，无疑都会起到积极的促进作用。文化氛围在不同的地方会表现出不同的特点，比如，企业的文化氛围会更多地讲求经济效益，政府机关的文化氛围应更充分地体现服务和效率，而学校的文化氛围则要特别有利于学习和研究。

二是人的素质。文化作为环境，还表现在人的素质上。一个地方，如果人的素质普遍较高，环境就好；反之，环境就会出现很多不尽如人意之处。从这个意义上说，素质就是环境。一个单位，如果高素质的人多了，不仅能大大提高办事效率，提高管理和服务水平，还能形成一个相互切磋、相互促进、你追我赶、共同提高的学习环境。人的素质取决于很多因素，但最主要的是文化素质。所以当我们把文化作为环境来讨论的时候，不能不提到人的素质。教育最基本的目的就是全面提高公民的素质，借助人素质的提高，我们就能优化所处的环境。

三是社会道德水平。道德是文化的核心内容，因此文化作为环境，自然包括道德环境。无论何时，社会道德水平总是衡量一个地方环境好坏的重要指标。现在少数地方造假成风，诚信缺失，"黄赌毒"泛滥，这既是道德失范的表现，也是环境恶劣的根源。"靠山吃山，靠水吃水"，教师吃学生，医生吃患者，法官吃了原告吃被告，这样严重丧失职业道德的环境怎么能很好地培育人、感召人？现在社会上有一种奇怪的现象，就是谈起腐败，人人痛恨，虽没有人公开表示支持或参与腐败，但腐败一直在发生；谈起特权，个个反对，虽没有人公开表示对特权怀有好感，但一直有人在千方百计寻求特权；人人都企求德治、盼望法治，但很多人却在寻求道德或法律的例外。如果一部法律、一项制度制定出来后，大家都千方百计寻找豁免权，寻找特殊化、寻找不遵守规矩时的宽恕，那么，无论是法律的还是道德的环境，都是很难形成的。因此，提高社会道德水平，是我们文化建设的重要任务。

文化是生活。文化本来就是人的生活，正如马克思在《资本论》中所讲的那样，人除了要满足吃、喝、住这些需要外，还必须满足精神的和社会的需要。也就是说，人类的生活不仅需要物质的食粮，也需要精神的食粮。唱歌、绘画、书法、摄影等文化活动，不仅是人的文化学习和文化创造行为，而且它们本身就是人的生活。没有文化的生活不是人的生活，人的生活总是文化的生活，人总是生活在文化中，只是文化的层次和水平不同而已。国际经验表明，人均GDP 突破 1000 美元以后，文化消费支出不仅总量稳步增长，而且文化消费占整个消费的比重明显提高。所以在今天的中国，文化生活的多少、质量的高低，越来越成为衡量生活水平和质量的重要标准。当人们有更多的闲暇时间读书、看报、听音乐，进行各种文化消费和文化创造的时候，就意味着已经超越温饱，过上了富裕的生活，社会生产力水平总体上显著提高。

文化作为生活，更是人的全面发展的要求。在马克思、恩格斯构想的人的全面发展中，文化生活是其中一个重要内容。在他们看来，共产主义社会中一个全面发展的人的生活，应该是"随自己的兴趣今天干这事，明天干那事，上午打猎，下午捕鱼，傍晚从事畜牧，晚饭后从事批判，这样就不会使我老是一个猎人、渔夫、牧人或批判者"[①]。从事批判，就是指人的精神文化生活。他们还指出，人的全面发展的过程也是人类迈向自由王国的过程，而"文化上的每

---

① 中共中央马克思恩格斯列宁斯大林著作编译局编译:《马克思恩格斯选集》(第 1 卷)，人民出版社 1995 年版，第 85 页。

一个进步，都是迈向自由的一步"①。所以就人的全面发展来讲，人类是越来越需要文化生活的。人类生活从低级到高级、从蒙昧到文明的发展过程，实际上就是生活中文化的含量不断增加、提高的过程。要实现全面小康社会乃至共产主义理想社会的目标，我们就必须提高人们的文化生活水平。当前各级党委和政府要摆脱对 GDP 增长的崇拜，摆脱那种重经济轻文化、重眼前轻长远、重增长轻环境的片面的发展观，要狠抓文化建设，让文化进入寻常百姓家，让人民群众拥有越来越多的时间和能力进行文化的享受。这方面的含量越高，生活质量就越高。

文化是经济。可以从两层意义来理解。一是文化能推动经济发展。在文化与经济相互融合的今天，经济的发展已经离不开文化的参与和支撑，所以我们不能就经济抓经济，就发展抓发展，而是要通过发展文化来促进经济发展。我们知道，人是首要的、最活跃的生产力，而文化工作就是人的工作，文化能提高人的素质，振奋人的精神，带动科技创新，从而推动生产力的发展。历史证明，劳动者文化素质的每一次提高，科学技术的每一次创新和进步，总是能带来生产力的飞跃和经济建设的高涨。可惜，现实中并不是所有的领导干部都能认识到这个道理，有些同志误解了文化与经济的联系，认为经济建设是硬任务，文化建设是软任务，所以一手硬、一手软；或者认为文化建设是光有投入、没有产出的长期工程，不容易出"政绩"，因此舍不得花气力抓文化。实际上，真正有眼光、有头脑的领导干部，都十分清楚文化推动经济发展的独特功能，非常重视

---

① 中共中央马克思恩格斯列宁斯大林著作编译局编译：《马克思恩格斯选集》（第 3 卷），人民出版社 2012 年版，第 92 页。

宣传文化工作，都把文化建设作为促进经济社会全面发展的一个硬招、绝招来抓，并取得了实实在在的成效。

二是文化能够直接创造经济效益。文化不仅具有意识形态属性，而且具有商品属性，能够成为产业，创造物质财富。尽管"文化产业"这个概念是近几年才提出的，但是文化的产业属性、商品属性早就得到了开发和利用。我们到新华书店去，从来都是"买"书，不是去"领"书；买报、订报从来都是要花钱的。今天，我们对文化的产业属性的认识越来越清楚，进而越来越自觉地把文化作为产业来发展。从这个意义上讲，文化就是经济；我们可以而且应当把文化产业列为国民经济的一个重要产业。以海南省为例，海南日报社每年纳税1000多万元，而一年能够纳税1000多万元的企业目前在海南还不多；在全国经济500强企业当中，广播电视集团、报业集团、出版集团等十几个文化企业，已经榜上有名；从世界范围来看，迪士尼、时代华纳、新闻集团、贝塔斯曼等文化企业赫然名列全球500强企业排行榜中。现在，文化产业已经成为许多发达国家的支柱产业，在整个国民经济中所占的比重越来越大。所以发展文化产业，就是发展经济产业；发展文化，就是创造经济财富。

文化的多重价值和意义，需要我们进一步研究和发掘。我们必须高度重视文化的价值，全面认识文化的意义，提高发展文化的本领、手段和能力，更加自觉地大力发展文化事业和文化产业。

正确判断具体文化现象的利害、善恶、美丑，是文化价值观的微观任务

如果说从总体上正确认识文化的价值和意义，这是文化价值观

的宏观视角，那么对各种具体的文化现象作出利害、善恶、美丑的价值评价，从而决定我们对它是支持、提倡，还是反对、制止，这便是文化价值观的微观任务。在日常生活中，面对日益多元、多层、多样的文化现象，树立正确的文化价值观，更多的是要执行和完成好这种微观任务。

正确的文化价值观并不笼统或盲目地排斥文化的多样性。恰恰相反，我们发展文化的基本态度是"坚持为人民服务、为社会主义服务的方向和百花齐放、百家争鸣的方针，弘扬主旋律，提倡多样性"，使人们的文化生活更加多彩多姿，使人人都有享受文化成果的充分权利。这里的关键是"坚持为人民服务、为社会主义服务的方向"，分清多样性的文化现象的利害、善恶和美丑，正确判断它们的价值。

文化无论属于哪种性质，无论处于哪种层次、哪种样式，都不是清一色的。有的文化是有害的，有的文化是有益的；有的文化行为是恶的，有的文化行为是善的；有的是美的，有的是丑的。关键看我们用什么标准来判断。颠倒文化价值观，就是颠倒了文化价值的判断标准。

坚持正确的文化价值的判断标准。要正确判断各种文化的价值，就要解决文化价值的判断标准问题。人们在文化价值观上的错位和颠倒，说到底，就是判断标准的错位和颠倒。那么，我们到底应该用什么标准来判断文化价值呢？

按照我的理解，判断文化价值的标准主要有两条。第一，能不能构成健康有益的社会生活。能够构成健康有益的社会生活的文化，就是应当支持和提倡的；否则，就是应当反对和制止的。第二，能不能推动社会进步。能够推动社会进步的文化就是应当支持和提倡的；否则，就是应当反对和制止的。这两条标准，是对"坚持为人民服务、为社会主义服务"的具体运用。

坚持了这两条标准，也就是坚持了马克思主义的历史原则和科学原则。马克思曾经指出："要研究精神生产和物质生产之间的联系，首先必须把这种物质生产本身不是当作一般范畴来考察，而是从一定的历史的形式来考察。例如，与资本主义生产方式相适应的精神生产，就和与中世纪生产方式相适应的精神生产不同。如果物质生产本身不从它的特殊的历史的形式来看，那就不可能理解与它相适应的精神生产的特征以及这两种生产的相互作用。"① 同样的道理，一种文化先进与否，也是具体的、历史的，要把它放在推动社会进步这样一条历史长河中考察。如果一种文化能够推动社会进步，那么它就是先进的；否则，就是落后的。而马克思主义的科学原则告诉我们，一种文化是否值得支持和提倡，要看它能否科学地反映人类社会生活的规律和发展趋势。追求健康有益的生活，是人类社会生活规律和发展趋势的集中体现。因此，值得支持和提倡的文化，就是要科学地反映人类社会生活的规律和发展趋势。

对不同的文化采取不同的态度。根据上述标准，面对多元、多层、多样的文化，我们的正确态度应当是大力发展先进文化，支持健康有益文化，努力改造落后文化，坚决抵制腐朽文化。

大力发展先进文化。就是发展面向现代化、面向世界、面向未来的，民族的、科学的、大众的社会主义文化，以不断丰富人们的精神世界，增强人们的精神力量。要做到这一点，就必须唱响主旋

---

① 人民出版社资料组编印：《〈共产党宣言〉俄文版注解》，人民出版社1977年版，第83—84页。

律，必须坚持以科学的理论武装人，以正确的舆论引导人，以高尚的精神塑造人，以优秀的作品鼓舞人。

支持健康有益文化。这类文化虽算不上先进，但是它肯定没有害处。而且，它对丰富生活、愉悦心情、活跃气氛、增进友谊、激发智慧、消除疲劳、促进健康等具有积极作用，因而被称为健康有益文化。大众日常生活中流行的或不断生成的，大量的属于这种文化。我们可以看到，对健康有益文化的界定，打破了长期以来非此即彼的形而上学思维方式。这种思维方式认为，一种文化，不是革命的就是反动的，不是先进的就是落后的，忽略或否定了很多处于中间状态的文化。但世界上的事物总是存在很多中间状态，文化也是如此。比如放风筝、跳街舞、下象棋这一类活动，虽谈不上是先进文化，但它无疑是健康有益的文化，因此应当予以支持。

努力改造落后文化。这类文化之所以是落后的，就在于落后于时代、落后于社会进步、落后于群众的主观意愿或欣赏情趣。它要么是形式落后，要么是内容落后，要么是群众参与的方式落后。比如目前农村中盛行的各种祭祖、丧葬活动，不是不能搞，但里面有很多落后的因素需要加以改造，如披麻戴孝的哀思表达方式，愚昧和迷信的思想成分，讲排场、比阔气、大操大办的奢华之风，广收"人情"聚敛财富的不良习气，等等。其他如婚事、祝寿、乔迁新居等喜庆活动，某些具有地方特色的文化娱乐方式和文化娱乐项目等，其中往往或多或少地存在一些落后的、不文明的东西。对这类文化，简单化地禁止不是办法，而是应该积极引导，改造利用，移风易俗，逐步革除其中愚昧的、迷信的、不文明的因素，使之成为健康有益的文化。

坚决抵制腐朽文化。腐朽文化是毒害人们的精神鸦片，比如赌博，不仅使不少人倾家荡产、妻离子散，而且诱发一些人沉沦、堕落甚至犯罪，引发很多社会问题。当前，我们要旗帜鲜明地反对以下几种腐朽文化。其一，奢侈文化。比如讲排场、摆阔气，贪图享乐，肆意挥霍群众血汗钱大搞大吃大喝、大建楼堂馆所，大搞毫无实际效果、劳民伤财的节庆活动，违背客观实际和群众意愿大搞"形象工程"或"政绩工程"，等等。在整个社会主义初级阶段，我们都要坚决反对奢侈文化，牢记"两个务必"，提倡艰苦奋斗。其二，封建迷信文化。现在各种封建迷信活动有沉渣泛起之势，比如占卜算命，巫婆神汉装神弄鬼谋财害命，办公场所驱邪做道场，烧香拜佛求官运，等等。对这样或那样形形色色的封建迷信文化，我们历来都坚决反对，当前更需要如此。其三，反道德文化。像"黄赌毒"、领导干部包养情妇、虐待父母、抛弃女婴或残疾子女等违背传统美德、革命道德的行为，以及宣扬这一类行为或其他背离道德行为的文化活动或文化作品，都属于我们所说的反道德文化，必须旗帜鲜明地坚决抵制。

适度吸收利用三类文化。说到这里，我们可以形成这样一种共识：坚持正确的文化价值观，基本要求就是高扬中国先进文化的前进旗帜，保持日常文化消费的健康有益。当前，随着我国经济的高速发展，社会的全面开放，人们生活的改善和休闲时间的增多，消遣文化的氛围越来越浓，外国文化习俗越来越多地走进人们的生活，历史题材的文艺作品经久不衰。我感到，这三类文化消费、文化吸收和文化生产，都有一个适度的问题需要引起我们的重视。

第一，消遣文化可以参与但不可沉迷。这里所说的消遣文化主要指日常休闲娱乐一类的文化活动，比如打扑克、玩麻将、上歌舞厅等。对于消遣娱乐文化，社会应当发展，个人也可以积极参与，但绝对不可以放纵、沉迷。适度为之，可以调节生活节奏，有益于身心健康。但如果毫无节制，沉迷于消遣娱乐，就会物极必反，不仅会伤害身心，而且严重影响工作、影响生活，甚至影响家庭和谐，影响对子女的教育和培养。现在有些同志根本没把心思用在工作和学习上，不仅几乎所有的业余时间都用于打扑克、玩麻将，而且发展到上班时间也玩，救援救灾也玩，公务出差出国也玩，简直到了"见缝插针""唯此唯大"的程度，这是十分有害的。

第二，外国文化习俗可以适当借鉴但不可盲目照搬，更不能喧宾夺主。改革开放以来，我们吸收借鉴了外国的一些文化习俗，例如创办了"教师节""护士节""记者节"等，这些劳动者的节日经过吸收改造，成了我国的法定节日，收到了很好的社会效果。但现在有些人热衷于过洋节，例如"圣诞节""情人节"等，而不管自己是不是信仰基督教，这些是不是符合中国国情。有的甚至盲目信奉西方的个人主义、自由主义思想，对西方敌对势力通过文化对我国实行"西化""分化"的图谋，丧失应有的认识和警觉，盲目接受和模仿。这种状况必须立即改变。

第三，历史文化题材可以被发掘利用，但不能厚古薄今。中华民族历史悠久，文化底蕴深厚，有非常优秀的传统文化，值得我们发掘利用。同时，由于封建主义的思想文化在我国的影响很深，遗留的糟粕也不少，更需要我们坚决地剔除。总之，在对待历史文化上，虚无主义或复古主义的态度皆不可取，应当去糟取精，古为今用。当前，我国的文化娱乐界对历史文化题材存在一种过分钟情的不良倾向，电视屏幕上充斥着帝王将相、才子佳人，相比之下反映现实生活的电视剧寥寥可数。这种现象应引起文艺工作者特别是各级文化宣传部门的重视，应及时加以引导。

　　文化建设在我国是一项紧迫而长期的系统工程，引导人们树立正确的文化价值观，是实施好这项工程的思想保证。马克思主义经典作家关于文化的科学论述、"三个代表"重要思想和科学发展观，是正确的文化价值观的根本指导思想；建设中国特色社会主义的客观需要，是正确的文化价值观的实践依据；而人们的世界观、人生观和价值观，是每一个人树立正确的文化价值观的总思想"开关"。可见，树立正确的文化价值观，需要我们从多方面去努力。

文化建设需要我们奋发有为 *

我想从更宏观的角度，跟大家谈谈我对当前文化工作的认识和想法，这里把文化广电出版体育工作统称为文化工作。

科学发展观把文化提到了空前的高位，增强文化实力，是我们神圣的职责

文化工作，新中国成立以来，党和政府一直都很重视。科学发展观的提出，使文化的地位一下就上升了很多。因为我们要以人为本，全面、协调、可持续发展，少了文化是绝对做不到的，所以文化本身就成为我们发展的目标之一。我们的社会发展，除了经济的、政治的以外，文化的发展也是一个重要目标。我们讲发展，不再仅仅是 GDP，不再仅仅是产值、利润、税收，而是必须把文化作为发展的重要内容。所以，在科学发展观当中，文化独自成了发展的目标、成了发展的内容。同时，文化还是一种实力，是一种综合国力、

---

　　* 本文是作者 2005 年 2 月 19 日在海南省文化广电出版体育工作会议上的讲话。

综合省力、综合县力。因为实践证明：文化不能仅仅被理解成文化。文化是政治，因为它有很强的意识形态性；文化也是经济，文化不仅需要巨大的投入，也能带来丰厚的回报。所以，文化不仅是一项事业，它也是一个产业，会成为国民经济的一个重要的分支。甚至，如果我们搞得好，它可以成为一个国家或地区的经济支柱。所以，文化也是一种实力。"三个代表"重要思想，要求发展先进文化，文化就是"三个代表"之一。"三个代表"重要思想及后来提出的科学发展观，都把文化提到了空前的高位。我们做文化工作的同志，一定要认识到文化的这种地位。

文化靠谁来发展？从历史唯物主义观点看，文化当然靠人民群众，人民群众既是历史的创造者，当然也是文化的创造者。各级文化干部，特别是文化部门的领导干部，都起着举足轻重的作用。我们必须重新认识文化。第一，文化是人的素质。人的素质，是人的能力的根基。素质如何，决定能力的高低，包括党的执政能力。党的执政能力要提高，取决于很多因素，但是党员的素质特别是党员领导干部的素质怎样，无疑是根基之一。文化在整个社会当中是全体国民的基本素质。素质高不高，首先看有没有文化。第二，文化是氛围。我们所有人都不是生活在真空里，而是生活在一种社会氛围当中。这种氛围到底有没有文化，影响着所有社会成员的行为。比如，在赌博现象蔓延的地区，受这种文化影响人人都想参与赌博，不参与赌博，那就是另类，让人不可思议。所以，文化氛围影响着一个人的行为。观念，是文化当中的核心部分。如果廉洁奉公成为一个地区的主流文化，那么它就会影响很多人，大家都廉洁奉公。文化作为一种氛围，不仅影响着当代人的行为，还会直接影响下一代人的培养和成长。所以，作为一种社会氛围，文化是极其重要的。

第三，文化是形象。一个地区、一个民族的对外形象如何，文化就是重要方面。广东有一位市委书记讲得非常的朴实，我觉得也非常让人折服。他说，今天对广东来说经济上的富有与贫穷，人们都能理解。假如人家说你没有文化，那是最恐怖的！文化是面子，文化是外观呀。要提高形象，很重要的一条就是要从提高文化入手。第四，文化是生活。我们整个社会的运行，不是为了人之外的某种东西，而是为了人本身，人是目的，要以人为本。在生产力极其低下的时候，解决温饱是我们的目的，是我们主要的生活内容。生产力有了一定的发展，吃穿得好一点，也是我们生活的重要内容和要求。生产力进一步发展之后，文化消费、文化享受成了生活当中最重要的内容。所以，生活也是文化。我们为什么老是不遗余力地搞"三下乡"？为什么不遗余力地推广普及广播电视"村村通"？为什么我们要求各市县都要利用周末开展广场文化活动？这些都是为了让老百姓的文化生活丰富多彩一点。现在，我们又把传统的电影向市民、向农垦、向农村推广，也是为了让这种文化艺术形式走进老百姓中间，使他们得到这方面的生活享受。

所以，我们从事的工作真的是很神圣的。我们的工作关系到国民的素质，关系到社会的氛围，关系到本地区的形象，关系到百姓的生活。对于这样一项重要工作，我们一定要增强使命感，我们的担子不轻。而恰恰我们从事文化工作的同志，都有一点自己瞧不起自己，有一点妄自菲薄，在别人面前做不到精神饱满、斗志昂扬。我们的工作伟大而光荣。在人们讨论当中，好像宣传干部不是了不得的干部，不如计划财务干部，不如组织干部。但是你要想一想，党政工作真正要搞起活动来，哪个少得了宣传？因此，宣传干部现在成了最忙的干部之一。一个市县，如果没有了我们领导的这块工作，这个市县就"黑灯瞎火"，无声无息。我们一定要从文化地位的重要性认识我们的使命感，树立光荣感。我们的工作还具有特殊性，并不是所有的人都能抓文化的。文化干部是一个特殊岗位，要求具备的专业知识很强。我讲这番话，是想坚定同志们从事领导文化工作的决心和信心。

做好文化工作需要物质基础，
但奋发的精神状态可以弥补物质条件的欠缺

文化作为上层建筑，需要经济的支撑。文化馆、博物馆、图书馆、青少年活动中心、文化站，没有一定的经济条件，这些硬件我们就建不起来。广播电视的数字化就依赖于越来越雄厚的经济实力。现在，经济条件的不足，常常使我们难堪。"世界小姐"在三亚巡游，我们就直播不了，因为设备不够，还得求助于外界。我们想找某一天的新闻联播资料，到库房翻片子；某领导离开了，想带一段在海南工作的资料片，那是要找死人哪！现在电视片的存储是数字化的，把姓名往里一打，所有的全出来了。要想了解海南关于农业的新闻报道，把"农业"再加几个限制词往里一输，所有有关农业的电视报道就都出来了。海南日报买了一台印报机，一次印78个版面，其中有24版彩色，正面、反面一次过。一捆纸放进去，到那头就是叠好的报纸。多先进呀！有毛病了，把机器开着，远在德国的工程师就知道你这个机器出了什么毛病，因为它拥有远程诊断系统。所有这些，如果没有经济实力，想都别想。

我们文艺工作也是这样。如何调动文艺工作者的积极性，如何将灯光、音响配备得很完美、效果很好，这些都需要经济来支撑。

体育，更是一个花钱的"地方"。我们要想带好"苗子"就一定要有好教练，而好教练有没有呢？我听说在有的省，一些世界冠军想找一份像当保安这样的工作都困难，我们能不能引进来？可他来了住在哪里呀？编制哪里解决呀？人家再有孩子呢？还有其夫人的工作呢？没法考虑了。说搞文化工作不需要经济的支撑，那就是不食人间烟火。文化工作的发展，有赖于经济的飞越。我们文化工作者就祈盼着海南年年都有新的经济收获，这样，我们的日子就会越来越好过。

但是，这不是我今天讲话的重点。我今天讲的重点是，在这样的经济条件下，我们该怎么办。我们不能因为经济上的困境而无所作为，不能因为经济条件的欠缺而自暴自弃，不能因为物质条件的落后而畏首畏尾。我们要振奋精神。任何地区、任何国家在创立阶段都是要靠一批人去献身的，都是要靠一批人去忘我工作的。无论世界上哪个地区的开发，都是在艰难困苦的条件下起来的。哪个企业的最初创业阶段都是靠一帮创业者齐心协力、艰苦奋斗的。三亚南山，今天我们去看都流连忘返，可开始是什么样子呢？1989年我到海南工作，第一件事情就是进行计划生育方面的调查研究。当时，三亚的同志把我领到南山。我们沿着山间陡峭的小路爬到半山腰，里面住着一个老和尚，就是2004年刚去世的方丈。他当时向我描绘了这个地方需要投多少亿元搞一个南山佛教圣地，我听了感到吃惊。我举目四望，什么也没有，除了他这座房子。就是这位当家的，他作为南山开发的先驱者、作为佛教人士在那里过日子。后来，我们的建设大军、投资者来到这里过着艰苦的生活。如今，南山成了海南省最有吸引力的风景文化旅游区。我说的是什么意思呢？我们海南建省办经济特区的时间尽管有16年了，但仍然不算长。我们思想上仍然要把今天的海南当作创业阶段。我们都要把自己设想成南山那位令人尊敬的老和尚，把我们想象成当初南山的那批创业者。

还有一个例子就是洋浦。洋浦多少年开而不发，但是一代又一代的人在那里坚持，特别是最近三四年，洋浦逐步地发展起来了。洋浦将成为海南一个重要的工业区。所以，我们不妨把现在所处的、面临的困难和条件，设想成一个公司、一个地区最初的创业阶段。在这个创业阶段，我们只有用奋发的精神状态来弥补物质条件的不足。第一，要拼命工作。我希望全体文化工作者、文化领导干部都能拼命工作。有钱没钱，有条件没条件，先拿出干劲来！没有条件再加上没有物质基础，你又不干活，请问我们的文化哪天能发展呢？永远如此，那我们这个官就白当了，这个位置就白占了！第二，要创新工作。我们搞文化工作，并不是只有拼命就够的。首先要有拼命精神，流血流汗，但是光靠汗水还不够。在今天，市场经济突飞猛进的情况下，我们要创新工作思路、创新工作机制、创新工作手段。比如说，我们市县连一个像样的文化、体育场所都没有，难道我们就没有办法了吗？别人早就想出办法了，吸引投资呀！澄迈县政府也没钱，基本上也是个穷县，但是它有一套新的思路，搞了一个很好的群众体育活动场所，设计得很漂亮。说实在的，那个设施超出了它的经济水平。记得有一年我在文昌调研的时候，文昌有个镇委书记就是这样，他说欢迎你们来盖电影院，土地我不要钱，电影院盖好了收入全是你的，我只求你给我搞电影院等文化设施。你去经营，财政一分钱不花。这不是很好的工作思路吗？只要我们动脑筋想办法，我们创新的思路一定是有的。第三，要扎实工作。扎扎实实、一步一个脚印地工作。文化是个积累。文化设施，"软"

的文化内容如作品、成果都是一个积累，需要一步一个脚印地抓出成效，抓一个成一个，扎实工作。

拼命工作、创新工作、扎实工作，有了这三条，可以比较丰满地突出我们的精神状态；有了这种精神状态，我们经济上的不足、欠缺，在很大程度上可以得到弥补。我不是鼓吹"巧妇可以为无米之炊"。我是说，"巧妇可以去找米"。没有米肯定做不了饭，但是这个米是可以找的。

就是在我们海南现有的条件下，我们花很少的钱也干了很多漂亮的事。一部《达达瑟》，跟其他省比，获全国这么多大奖，我们才花了多少钱？一台《鉴真大和尚传奇》琼剧，让人耳目一新，我们才给了多少钱？全国农村精神文明建设座谈会在海南召开，我们奉献了一台特别的节目——《文明礼赞》。坐在我旁边的周和平副部长说，你这台节目在北京至少要200万元。我说，我们这台节目仅花了19万元。我们拍了一部电视剧《王国雄——黎母山的儿子》，上、中、下三集，我认为这个片子就拍得很好。最近我们要安排几个频道放一放，作为党员先进性教育的重要教材。我们给了多少钱呢？宣传部给10万元、电视台给10万元、琼中给10万元，最后实在捉襟见肘了，我们又补了10万元，总共40万元。这个要是在内地，完全是不可想象的。

我举这几个例子说明什么呢？文化工作是依赖于经济的，但是不能因为经济上捉襟见肘而自暴自弃、畏首畏尾、无所作为。我希望全省文化战线的同志特别是领导干部，一定要把我们自己看成海南开发建设最初阶段的一批文化"拓荒牛"。正是靠我们，海南以后的灿烂文化才有了好的开端。一旦我们有了好的精神状态，就会以另外一种面貌开展工作。

文化发展的出路在改革，要通过
改革为文化工作注入活力

改革就是一种具体的创新。我们需要改革的方面还很多，应该进一步解放思想、实事求是、与时俱进，真正按照"三个有利于"来加快发展步伐。今天，面对海南经济上的困难，我们只有加大自身的改革力度，增强活力，才能够使文化生产力得到进一步的发展。海南出版社最初也很困难，后来豁出去了，一个编辑室就当一个编辑部来经营，就跟当年小岗村的农民分田到户、签字画押有点类似，就这么干。后来，实力慢慢增强了。走出这一步之后，如何把海南出版社做大做强，还要改革。不改革，海南出版社就没有明天，没有希望。海南日报这栋大楼在全国不算什么，但是在海南文化单位绝对是个牌子。走进那个院子，走进那栋大楼，那种管理，让人感到我们省还有点光彩。可我们有的出版社就不行了，就是一个小区的几个房间。省新华书店原来规模也小，现在有了一个批销中心，又有了一个连锁中心。过去，我们被民营书店逼得喘不过气来；现在反过来，我们给民营书店造成很大的挑战。靠什么？靠改革！原来有的市县新华书店还是几十年前的老样子。现在连锁经营的店都有两三万种书，从原来的 3000 多种到两三万种，老百姓选书有品种了，书的销售量就增加了。

我们在长期计划经济体制下形成的官商作风，不改革永远没有活力。改革的根本目的，就是调动全体干部职工的积极性和创造性。要调动积极性，就要打破"铁饭碗"。为什么我们按照上级要求搞转制，把事业转成企业，接着把国家事业干部转成聘用制的企业职工？就是为了打破"铁饭碗"，激发积极性和创造性。

我们还要通过改革来整合资源。现在，省新华书店如何能够以资产和业务为纽带跟各市县新华书店形成一个集团，要好好研究推进方式。我们一个很小的省，这么多报纸，这么多电视台。你放电视片，我也放电视片，你的黄金时段是这个价格，我把价格再压低一点。这不是自相残杀吗？原来省级电视台覆盖全省，你三亚电视台覆盖三亚，海口电视台覆盖海口，现在都覆盖全省了，新的矛盾又出来了，竞争又出来了，怎么办？我看最终就是要走联合的道路。我觉得你们从经济上、节目上开始联合，最后走到一起。现在，我们小家子气太严重了，就看到眼前这一点点小日子过得不错，不想多事。视野不开阔，雄心不大。我们可以少一点乱七八糟的东西，多一些集团式的"航空母舰"。希望你们拓展思路，开阔眼界，做大做强，去抢占一些资源再说。

各级文化部门要通过改革转变政府职能。本来我们的体制不是很顺，如果职能再不转变，体制上的障碍就更大。转变职能怎样做呢？中央领导同志讲得很清楚，逐步实现三个转变。其一，由办文化向管文化转变。其二，由主要管理直属单位向社会管理转变。我们的文化管理，不光是下属单位，对全社会的文化单位都应当一视同仁。其三，由主要以行政手段管理向运用法律、经济、行政等综合手段管理转变，加强社会管理和公共服务，实现政企分开、政事分开、管办分离。我们不转变职能，文化体制障碍就克服不了。我们要学习党中央关于政府转变职能的文件，赶快清理出哪些我们该管、哪些坚决不要管，把审批变成服务。大家首先要从思想上转变，做好服务，不仅为本系统服务，还要多为社会、多为企业排忧解难。一些本来没有的工作要赶快把它抓起来，比如本市县的文化发展规划，本市县的文化垃圾的清理，"扫黄打非"要好好抓起来。转变职能，要当作一件大事来做，要用心去做。海南文化的发展必须依赖于改革，有改革就有活力，不改革就没有希望。

创建文化海南的任务很重，但突出重点和特色是从实际出发的原则要求

我们的文化工作，从大文化来讲，有文化、广电、新闻出版、体育，这是大类。然后，每个类的内部还有划分。所以，发展文化工作的任务很重，需要我们通盘考虑。但是，从实际出发，抓文化工作的重点和亮点，是非常重要的工作思路。我们固然要兼顾文化工作的方方面面，但更重要的是我们要抓出本地特色，抓出海南特色。海南的社会科学队伍、成果总体上没法与其他大省比，这是很自然的。但是，我们很多社会领域在全国是一流的。经济特区理论在全国绝对是前沿，转轨经济理论也是前沿，关于精神生态的研究在全国也是领先的。精神文明建设在全国抓出了特色：在农村，创建文明生态村；在城市基层，创建文明安全社区；在各级机关，创建文明高效机关；在行业，如旅游、气象、公安、税务，创建文明规范行业。文明创建都是党中央的要求，海南就加了两个字，变成创建文明生态村、文明安全社区、文明诚信企业、文明高效机关、文明规范行业。就这中间两个字一加，创建工作就有了海南特色。我们海南文化总体上没法跟内地比，但是有几样东西在全国是有地位的。比如，党报在全国是很独特的，旅游卫视在全国也是独特的，文艺图书及引进版图书是有地位的，我们的网络在全国也是有地位的。我们完全可以有意识地抓抓重点、抓抓特色。黎族歌舞、琼剧，

绝对是海南独有的，我们非把它抓好不可。各市县，比如儋州的调声呀，保亭的泼水节呀，三亚的旅游演艺呀，应该好好发展。游客来海南，山山水水都不错，一看文艺节目、旅游演艺，层次太低，表演太低俗。文物，总体上我们是文物小省，但是民间收藏确实不错。乐东两个兄弟几十年倾家荡产搞收藏，厅里派专家一鉴定，许多文物具有很高的文物价值。我们怎么扶持？怎么开发利用？搞好了这就是海南特色！各市县的同志应努力从本地的实际出发，在独特的、有特色的文化方面狠下功夫，只要在一两个方面抓出名堂来，工作就有成绩，对外就有形象。我们全省当然更要遵循这条思路。

人才是繁荣文化的第一要素，要把用好和培养人才作为文化工作的重中之重

没有人，什么事情都干不起来。我们每个领域都要求有一批拔尖人才。有了这样的拔尖人物，就可以带动一批人。我们搞文艺晚会最有体会了。国庆晚会、五一晚会等，不同的导演去搞，面貌和效果绝对是不一样的。凡是成功的文艺晚会，都是使用了我省拔尖的导演。这次我们电视台的春节文艺晚会，给海南的干部、群众面貌一新的感觉，从来没有过这样的规模和质量，搞得非常好。这就是因为用好了一个人才。海南建省办特区以来，我们之所以能够在音乐、舞蹈、书法、绘画等文艺方面，在新闻出版、广播电视节目、体育的单项方面，有一些数得出来的成绩，就是由于有这么一批人才。但这样的人才太少了，要千方百计地网罗人才，不仅省里要做，各市县也要做。为什么我要在这个会上讲呢？因为我发现，我们有一个普遍的问题——进人的时候不进人才，进门的门槛没把好。现

在，我们的用人观有问题，用人的指导思想有问题。大量的专业人才找不到工作，非专业人才在那里占着岗位。在座的，都是有权用人的。所以，要把编制好好利用起来，不要不顾部门和单位的工作，随便进人。用人的时候不讲条件，到工作的时候就说我们没人才呀。我们要重视人才。省委宣传部就采取了一些措施：第一，凡是要进的本科生至少是名牌大学生，一般都要求研究生；第二，到高校培训去；第三，到上面挂职去。另外，谁适合干什么就干什么。有些地方我们可以照顾，有些地方的确不能照顾。比如，我们各个局的局长、副局长，市县委不能照顾，一定要是本市县一流的文化人才、领导人才；你们局内部各个股的股长千万不能照顾，你照顾他，他没法照顾你，因为你每次给他的工作他都完成不好。为了从宏观上鼓励海南文化多出人才，新的一年我们将评选海南的文化名人，评选少而精的文化名人。评出后给点奖金，让他出国或到高校进修。我们还将制定政策鼓励个人办各种展览，如个人演唱会、个人独奏会、个人画展、个人摄影展等，鼓励个人成名成家。所以，人才是我们的第一资源，文化战线的人才更加重要。我们作为领导干部应该不拘一格地培养人才、发现人才与使用人才，把人才视为我们工作的第一生命。

文化发展的关键、动力和目的 *

我们面临着文体工作发展的大好形势，这种形势会随着"三个代表"重要思想的深入人心、随着科学发展观的普及与贯彻、随着和谐社会建设的深入越来越好，文体工作会越来越得到更多的重视和支持。因此，我们对把海南的文化广电出版体育工作（以下简称文化工作）搞好是充满信心的。在这里，我讲三句话。

繁荣发展文化的关键在领导

负责和主管文化工作的领导担负着文化工作的组织实施责任。从某种意义上讲，海南文化发展的程度，取决于我们领导的力度，取决于我们抓工作的程度。总的要求：解放思想，振奋精神，开拓进取。我们只有树立这样一种精神状态，才能领导好海南的文化事业。

一是要多出思路，多想办法。我们不能与大省相比，而且市县发展也不平衡，有的财政能拿出一部分钱，有的拿不出来，怎么办？就要靠多出思路、多想办法。也可以说，思路就是钱，办法就

* 本文是作者 2007 年 2 月 2 日在海南省文体工作会议上的讲话。

是钱。比如，澄迈虽不是富裕县，但是文化体育设施建设在全省是较早建设起来的，它的成功就来自思路和办法；保亭是个贫困县，但由于有了思路和办法，文化设施也搞起来了。所以，主管文化的领导，一定要多在思路上、多在办法上动脑筋，思路决定出路，办法可以换来建设经费。

二是要依法行政，尽职尽责。依法进行行政管理是各级文化部门的重要职责。该放的要放开，该管的要管紧。放也是我们的职责，就是放开手让人去办、让下级去办、让社会企业办、让个体户办、让外来投资者办，满腔热情，方便快捷。该管的管紧，比如网吧中的违规现象，发行市场中的盗版、非法出版物尤其是政治性非法出版物、淫秽物品，都要毫不留情，把它管死。越是市县越要加强这方面的工作，因为现在大城市打击"黄赌毒"打得狠了，它就向下跑，有的甚至跑到乡镇。就像现在打击假冒伪劣产品，大商场基本扫尽，它就跑到小商贩那里；在城市待不住，它就向农村推销，致使农村的假冒伪劣产品有所泛滥。所以，我们该管的一定要管紧。执法队伍吃皇粮的问题一定要解决好。市县的分管领导一定要认真解决协调好这一问题，不要在乎这几个人的编制、工资，再也不能出现靠收取管理费来管理文化市场的现象了。

三是要转变职能，热情服务。我们一些部门存在一种不良习气，称作鼓励性的政策限制使用，限制使用的政策加倍使用，诸如此类做法要不得。我这里要特别强调，只要有利于海南文化发展与繁荣的工作，我们都要热情地去推动、去做。只要对丰富海南文化生活有利，我们就去做，即使有障碍，我们也要克服障碍去做。尤其是对社会投资者、民间资本办文化，我们一定要大力扶持。因为文化的需求量会越来越大，怎么来满足？主要靠社会资本，这一点同志们务必看清楚。将来让老百姓能享受到丰富多彩的文化生活的，就不能忽视社会资本。现在，海南还没有一台大型的旅游演艺节目，这台戏肯定要由社会资本来做，不可能由政府来做。三亚、万宁都有很好的基础，比较规范，要引导它们向规模方向发展，使其更加优质、更有效益。

繁荣发展文化的动力在改革

这已为全国的经验所证明。李长春同志不久前到海南考察工作时，反复讲的就是这件事，讲得最动情的也是这件事。为了帮助我们改革，推动我们改革，他在海南作出了一项策划，就是组织文化体制改革典型经验代表团来海南传经送宝。这些典型经验有一个共同的特点，就是只要一改革，人的精神面貌立马就变，立马就出产品、出效益。我们省内的经验也印证了这一点。省电影公司改革前，经营收入只有几百万元，百号人守着一个影院只拿40%的工资。改革后开拓了农村、校园、农垦电影市场，变一个轮子为四个轮子一起转，从守株待兔经营变为主动出击，从发不起工资变为发高工资，从悲观失望、精神涣散、管理混乱到规范管理、创新经营、争创效益，一跃成为全国先进单位。海南省新华书店通过几年改革，2005年的净利润是2000年的10倍，5年共缴税1750万元，近几年一般图书发行量年增加25%以上。全省新华书店在产权、人事权分属各市县的情况下实现了连锁经营，职工的精神面貌、思想观念也发生了很大变化，成为全国唯一被评为全国精神文明建设先进单位的省级新华书店。经验证明，海南省改革的指导思想是对的，改革激发了活力。所以，我们一定要按照中央和省委、省政府的要求，在今年加大力度、加快速度，使文化体制改革取得突破性进展。试点单位要把它做好，非试点单位也不要等、不要靠，早转早主动，早转早减少成本。要从电影院、电影公司改革做起，多想些办法；要支持全省新华书店成立集团；要加强省图书馆、博物馆、文化馆等事业单位内部改革，调动大家积极性，不能再干好干坏一个样；我们机关内部也要改革，进一步调动干部职工的积极性。

繁荣发展文化的实惠给群众

为什么要繁荣发展海南的文化事业？不是为了做给谁看的，也不是为了向上级报账的，而是为了让老百姓得到实惠，特别是农村的广大群众享受越来越多的文化体育生活。这一点，市县一级的文化设施建设非常重要。虽然中央和省级加大了对市县的支持力度，其他渠道也有，但各建各的不好，要将文化、教育、体育、科技、宣传的文化设施建在一起，形成一个文化"综合大楼"，形成一股整合力量。乡镇农村文化设施是必要的，省里将加大支持力度，市县也要咬紧牙关，把宣传文化站搞起来。为了文化这一块，中央设立了5个部局——中宣部、文化部、新闻出版总署、广电总局、体育总局，但到了乡镇什么也没有，连个地方都没有。海南几百万农民群众，就生活在这样一个没有文化的环境中，这怎么行呢？这怎么建设新农村呢？他们又怎么成为新农民呢？再加上有些地方连广播都不通，他们就穷到底了，上一代穷，这一代穷，下一代可能还穷。我们一定要尽责工作，帮助他们。而文化就是一种重要手段，让农民在享受文化中，开阔眼界，转变观念，提高素质，从而不断地发展自己。你们跟农民群众离得最近，你们的责任也最直接。其一，要把流动舞台车发动起来，不要把它锁在仓库里，要弄去赶场。我们不看车用了多少年，就看用车演了多少场，用得多的我们奖励。其二，要多搞群众性文化体育活动，比如，拔河赛，卡拉 OK 赛，排球赛，少年儿童钢琴赛、小提琴赛，用搞活动的办法来推动文体工作的开展。其三，要把广场文化搞起来。还可以组织各种比赛，比赛既是一种压力，也是一种引导，同时还是一种推动。总之，繁荣发展文化的目的是让群众得到实惠。这一条，各市县要因陋就简、因地制宜，把群众性的文体活动广泛地开展起来。

文化工作要强化宏观管理

文化行政主管部门如何转变职能？一个重要方面，就是强化宏观管理。下面我就重点谈谈这个问题。

强化宏观管理的工作内涵和任务

政府部门主要有五大职能：一是调节经济，对经济进行宏观调控；二是市场监管；三是社会管理；四是公共服务；五是生态环境保护。但是，我们传统的政府，即改革前的政府，却把工作的重点放在一审批、二订计划、三查处上，有的甚至陷于微观的经济活动中，成为市场主体，在那里办经济，干了自己不应该干的事情，而对市场秩序的维护监管，社会和谐环境的建设，为社会大众提供公共产品服务等关注过少，而且在审批、计划、查处中，审批成了主要工作，占据了主要精力，似乎除了审批就没有别的工作了。我开始主持宣传工作的时候，就特别要求文体部门，第一，既要审批，更要服务，审批就是服务；第二，既要监管，更要发展，监管是为了发展而不是让人家干不成；第三，既要服务体制内的，更要服务体制外的，让体制外的企业、个人和其他社会组织，参与到我们文化的生产和服务中。我不止一次地说过，海南将来文化发展的主要力量可能慢慢地转移到体制外。比如说，我们要搞一个大型旅游演艺，需要巨额投资，体制内几乎干不成；要搞一些大型的展览、演出，靠体制内基本上做不了；搞影视城、拍摄基地，要依靠体制外。所以对体制内、体制外要一视同仁，而且从某种意义上讲，我们更应该给它们提供周到的服务，因为它们长期不在我们关心的范围之内。省委关于完善省直管市县体制的意见当中，就明确地把转变职能、宏观管理作为重点。明确指出，省政府集中力量履行规划发展、政策指导、统筹协调、执行和执法监督。一是负责制定和实施全省发展战略、发展规划和配套政策措施；二是负责统筹全省城乡区域协调发展；三是负责全省重大产业布局安排，重大基础设施建设，重点区域和重要资源的开发、保护与管理；四是负责管理和协调全省重要的社会事务，统筹、协调、指导全省教育、文化、卫生、就业、社会保障等社会公共服务，并提供必要的财政保障；五是负责指导和监督检查市县政府依法行政、维护法制统一、政令统一和市场统一；六是负责跨市县经济社会事务的组织和统筹。如果我们不把这些东西刻在脑子里，不在这些方面下功夫，我们就无法开创工作新局面。

强化文体厅的宏观管理职责，从我们以往的工作状态中转变出来，是转变职能的着力点。在所有工作中，推动海南文化大发展大繁荣是我们的根本目标，能不能做到文化的大发展大繁荣是检验我们工作的主要标准。我们要把工作重点转移到改革发展上，转移到宏观管理上。

第一，规划布局。全省所有的文化体育业务工作都应该有一个专门的发展规划。比如文化发展规划，广播电视发展规划，体育、新闻出版、文物保护等都应该有自己专门的规划。海南省统筹城乡发展现在从公共服务均等化开始。大家知道，城乡一体化很不容易。现在已经做到工资一体化、社保一体化、医疗保险一体化，但要城乡道路建设一体化、住房建设一体化、生活水平一体化，这是相当难的。全省抓了一个突破口——基本公共服务均等化，就是从文化、教育、卫生、社会保障几大方面入手，做到城乡统筹。现在就要有所规划，如何让农民能够看到电视、听到广播、看上电影，如何让农民能够看戏、看书、看报，如何让农民能够上网，如何让农民也能健身，这些都是公共文化服务的内容。我们应当有一个奋斗目标，然后推动社会、各级政府、个人等各方面的力量去实现这个目标。

规划布局就需要对全省进行通盘考虑。一个地方修几条路是政府规划的；办几所学校、在什么地方办学也是政府规划的；要有什么样的文化设施也应当是政府规划好的。比如电影院，省电影公司这几年坚持改革，效益明显好转，放电影也被认为是有利可图的，但不能任意建电影院，城市的电影院应该有个规划布局。我们应该对海口、三亚等比较大的城市的电影院进行规划指导，既要方便群众又不要产生恶性竞争。全省哪些地方发展高尔夫、哪些地方搞足球场，总体上要为省政府拿出规划。如果有的有规划，有的没有规划，那么各市县就要各行其是，外商、内资想在哪儿搞就在哪儿搞，缺少一盘棋，必将重复建设、恶性竞争。

第二，细化推进。规划布局是蓝图、是方向。如何使之落实，变成现实，就需要细化，逐项推进。省文体厅每一项工作几乎都需要专门研究部署，比如要作专门的文化工作部署、文艺工作部署、新闻出版工作部署、广播电视工作部署、文物保护开发工作部署、体育工作部署、"扫黄打非"工作部署等。怎么安排部署呢？发文件、开会、检查指导都是办法。所以在全省文体工作会议之后，你们还要召开若干业务工作的推进会议，比如全省文化工作会议、全省文艺工作会议、全省文物工作会议、全省新闻出版工作会议、全省广播电视工作会议、全省体育工作会议。工作要想做细、做实、做具体、有力度，就都要有一次专门的研究部署推动，采用其他创新办法也可以。如果以为这样我们的工作自然而然就上去了，还是太简单了。为了推动改革与发展，我们还应该有一些更加细致的研究和部署，比如在文化工作中我们可能要有全省乡镇文化站工作会议、全省图书馆工作会议、全省群众文艺工作会议、全省广场文化现场会、全省农家书屋现场会、全省文化下乡现场会、全省基层文艺创作推动会。

我们要想把工作做好，可能细化到这个层次还不够，比如群众文艺工作可能还要具体推动群众摄影、民间剪纸、民歌传唱、舞龙舞狮、创作比赛等，使各项工作一层一层地往里想，一步一步地往里做。又如体育工作会议之后，我们还要再做具体的推动安排，如老年健身活动怎么搞，学校广播体操做了没有，农村体育搞得如何，城市社区体育如何，妇女健美操要不要推广，竞技体育如何迈上新台阶，等等。广播电视也不能指望开个广播电视工作会议就能把工作做起来，还要再具体推动，比如电视剧的生产与制作、广播剧的生产与制作，市县广播电视的转播情况怎么样，全省广播电视的传输覆盖情况怎么样，全省广电系统数字化建设情况怎么样，全省一个市县一个广播频率的情况要不要改变，还要再做一些具体的计划去推动。再如文物，要把全省的文物工作做好，要把它分解成非物质文化遗产的继承、文物市场的培育、古城古镇的保护、民间的收藏与展览等。可见，要真正把我们的力量、工作重点放到改革与发展上，我们的工作就得一项一项地抓，一项一项地推动，不从审批中解脱出来，就顾不上做这些工作；不集中精力去谋事，就做不好这些工作。

第三，资源整合。全省文化资源，一是规模不大，二是比较分散，即使同属一个系统、一条线，彼此关联度也很低，联系非常松散，因此需要整合。整合资源是强化宏观管理的一项重要任务。广电资源怎么整合，出版资源怎么整合，报刊资源怎么整合，博物馆资源怎么整合，都需要整体谋划、系统考虑。有单位的资源内部整合，有地方的资源内部整合，还有全省范围的资源整合。关于第三产业发展，要有一个产业引导政策，按照省政府的要求，文化也应该实施"大企业进入、大项目带动"，要提高门槛，不是买20台电脑就能开网吧的，而是要有一定实力。要有意识地培植全省连锁经营。一般来说，企业越大实力越强，往往经营就越正规，管理就越规范，出的问题就越少。不能听其自然，一旦出了问题我就给你关掉、砸掉，要这样下去永远没有进步，也表明海南文化产业的投资环境很糟糕。

第四，行业建设。因为文体厅是大部制厅，我们每一项工作都有一个行业建设的问题。比如新华书店，我们开始抓的是新华书店一个单位的改革，但是从一开始我们的目标就是要把全省新华书店这个行业振作起来！现在这个目标实现了，成为全国文化体制改革具有里程碑意义的一件大事。中央政治局常委李长春同志批示：浓墨重彩地宣传。电影公司我们也是从指导、支持、帮助改革开始，但是一开始我们就要求它作为全省电影放映单位的龙头，要起带头作用，现在它正在往这个路子上走。图书馆开馆的第二天，我提出：省图书馆不仅是一个单位，而且要承担起全省图书馆龙头企业的示范、带头作用，承担起行业管理的辅助作用。20年来，我们市县的图书馆基本处在一种滞后的状态，原因是上面没压力，下面不重视，图书事业虽然有所发展但是进步太慢。我们要求省图书馆承担起行业管理助手的作用，从馆舍要求、藏书要求、服务流程要求、人员素质要求、装潢布置要求，阅览室需具备什么条件，可以由省图书馆制定规范，而且要非常内行。省博物馆又要开张了，省图书馆、省博物馆应该义不容辞地承担起全省行业的协调管理作用，成为政府的助手。文体厅要有效地利用这些事业单位、企业单位来帮助我们履行行业管理职责，带头示范，成立必不可少的行业协会，扶持它们开展工作。

第五，体制改革。有两种改革，一是文体厅的工作机制改革，为了更好地体现大部制的特点，文体厅的协调机制、决策机制、执行机制、监督机制都要通过改革，体现非常便捷高效，从而廉洁地发挥作用，转变职能。引进绩效管理，解决干与不干一个样、干多干少一个样的问题。二是厅下属单位的改革。省图书馆绝不能办成一个老的事业单位，省博物馆也不能办成一个传统的博物馆，还有即将建成的演艺中心、早就存在的群众艺术馆，都是这样。文体厅的下属单位很多，体校、艺校、省歌舞团、民族歌舞团、琼剧院、出版社，推动这些单位进行改革，适应文化大发展大繁荣的要求，是我们义不容辞的责任和义务。现在全省文化体制改革虽然由省委宣传部牵头，但具体方案的制定和实施肯定要靠我们厅来抓。比如，全省这么多印刷厂，是不是都够条件？我们厅有没有责任进行印刷质量的评比、检查、监督，有没有督促它们进行技术改造？印刷品的印刷到底要不要许可？每次印个东西都主动去厅里要一个内部准印证，可我看到没有拿到准印证的照样在印。内部准印证的要求到底要不要执行，如果执行就要执行彻底。再如，知识产权保护，这是国家极其重视的一项工作，我们有没有具体办法，查电脑、保护专利、打击盗版，做得怎么样？"运动式"的管理永远形不成规矩，反而让人形成一种印象："运动"来了避一避，"运动"过了又我行我素。这种"运动式"的管理应转向建立常规的管理办法和管理机制。发展琼剧是我们的一致认识，那么我们到底要采取哪些措施来发展琼剧呢？其一，琼剧要有观众。要发展琼剧，我们的首要任务就是培养观众，不培养观众就没有市场，所以我们办《呀喏哒嘀》电视节目。琼剧是我们海南文化的一个重头戏，电视台一定要不遗余力。我们即将搞的全省戏迷大赛目的就是培养观众。其二，琼剧要有市场，本身就一定要改革。现在可供欣赏的东西这么多，琼剧还是老套路的话肯定没人看，我们现在立项推动琼剧音乐改革、唱腔改革、舞美改革、内容改革，不能老是帝王将相、才子佳人。琼剧要反映点现代生活，身边的事、身边的人，那肯定有意思啊。推动琼剧表演程式的改革，就是舞台表演改革。其三，要推动琼剧演员苦练基本功。我们计划搞专业演员武打比赛，用这个机制推动练功；通过全省琼剧乐器的比赛来促进大家练乐器。还要建琼剧博物馆、琼剧文化镇等。

第六，加强培训。培训是转变职能后应该大抓特抓的事情。比如说电影放映员的培训工作，文化馆馆长的培训工作，全省文化站站长的培训工作，广播电视维修技术人员的培训工作，现在农村严重缺少这种维修人员。要把文化工作活跃起来，业余创作培训工作也是必不可少的。可以说，有多少种文化生活，我们就要开展多少种文化培训。有的是我们直接免费培训，有的要允许市场培训，鼓励社会成立机构、从事培训业务，但需要我们去协调组织。省委、省政府这几年极其重视干部培训，形势发展这么快，业务工作越来越新，工作要求越来越高，而我们在大学读本科生、研究生、博士生时所学的东西数年之后大量贬值，不培训、不学习怎么行呢？

最后，我谈谈国际旅游岛问题。配合国际旅游岛建设是文化行政部门强化宏观管理的重要任务。国际旅游岛已经成为全省的一个建设目标，这是海南 20 年来不断探索、不断进取形成的一个极其难得的、有价值的新说法。一个地方要想发展，没有说法是不行的。海南岛从一个边远地区发展到令世人瞩目，是因为它不断有新说法。20 年前一个最大的说法就是"经济特区"；后来我们感到不满足，还想有更具体的说法。最开放的说法是"特别关税区"，一线放开、二线管死，这当然很难做到；然后我们大家又找说法，"海峡两岸农业合作试验区"是一个说法，"赶超台湾显示社会主义制度优越性的试验区""南海资源开发基地"等，都是先后出现的一些有创意的说法，但或者没有用好，或者没有形成统一认识，以致没有叫响。"国际旅游岛"这个说法，几乎得到上上下下一致赞同。一个地方找个说法，能得到大家的一致赞同是不容易的，这是 20 年来全省上下孜孜以求、不断探索，最后形成的一个新的建设目标、一个新的蓝图设想，实际上它是我们新找到的统领整个海南开发建设的总的指导思想，就是要把海南岛建设成国际旅游岛。如果是这样，全省就要进行整体规划了，哪儿是小桥、哪儿是流水、哪儿是人家，就要好好布局。工业要考虑办成适应国际旅游的观光工业，农业也要考虑国际旅游方面。这个概念是我们今后全岛开发建设的一个指导思想，要用它统领全局，就是我们将来搞自由贸易岛也不能影响它，发展新型工业、发展热带高效农业也不能影响它；相反要把它们都纳入国际旅游岛的盘子。

国际旅游岛究竟是什么含义？无非两个含义。一个是国际游客目的地。这个含义偏重于吸引国际游客，不太强调旅游品的国际元素。只要能吸引国际游客，全是海南元素也无妨。另一个称为国际旅游文化岛。这个含义偏重于海南旅游产品的国际元素，到海南就像到国外了，在海南可以欣赏到俄罗斯的天鹅湖、奥地利的交响乐、美国的现代艺术展、古希腊和古埃及的文化，这是国际旅游岛。届时，这是欧洲风情旅游区，那是非洲风情旅游区，那是印度风情旅游区，那是海南岛黎族风情旅游区……不管是作为国际游客目的地，还是作为国际旅游文化岛，两者都是一致的。海南要成为国际旅游岛，一定要有建设部署规划，不断地向国际旅游岛迈进、靠拢。不管什么含义，文化是最重要的。海南办文化，一是围绕人民需求办文化，二是围绕发展旅游办文化，三是围绕经济增长办文化。这三条无论哪一条都是我们文化行政管理部门的职责。围绕人民的需求办文化前面我已经讲过了，这里讲的是围绕旅游办文化。既然省委、省政府已经提出国际旅游岛这个概念，从事文化建设的主管部门，应该自觉地往国际旅游文化建设上靠。

强化宏观管理需要刷新精神
状态、调整工作态度

要真想把一个地方的文化发展起来，绝不是做官当老爷就行的，要求我们心系发展，多谋事、少谋人，只有这样，我们的文化工作、体育工作才能上一个大台阶。这些工作要求也基本适合市县。

刷新精神状态。推动海南社会主义文化大发展大繁荣，刷新精神状态很重要。精神状态、精神面貌如何，直接决定着我们的工作态度、工作质量。我提三条，第一，要有责任意识和使命感。我们文化干部一定要有责任意识，要有使命感，科学发展观能不能得到贯彻落实，文化城乡一体化、文化公共服务均等化能不能做得到，就看我们的工作。中央四个部委到我们省就成了一个厅，整个责任都压在我们的肩上，所以我们的精神状态绝不仅关乎个人，而且关乎海南人民的文化生活，关乎海南的文化形象，关乎科学发展观和中国特色社会主义道路在海南能不能实现，所以我提倡精神状态首先要有责任感、使命感。第二，要激情、阳光。我是希望大家有点儿激情，要激情澎湃、豪情满怀，没有这种状态就做不好工作。当然，作为社会人首先是理性的。理性包括理论、思维、逻辑、观念等，理性还与性格上的成熟与否有关。有人说得好：没有理性的激情是盲目的，没有激情的理性是枯燥的。一点儿激情没有，或是激情很少，过多的理性，成天板着个脸，什么事情都引不起他的激动，既引不起他的高兴也引不起他的愤怒，什么事情都引不起他着急，这也不好。人要有激情，没有激情就没有做事的动力、工作的热情，这个激情来源于责任意识，来源于使命感，来源于对我们所做工作的热爱。另外，人要阳光一点儿，就是公开、透明、坦然、坦荡，不要一天到晚高深莫测，不知道头脑里想什么，发表意见先看别人眼色，那是不阳光。第三，不打个人小算盘。不斤斤计较于个人，要公正无私。所以，我所要求的刷新精神状态就是要有责任意识，要有使命感，要有工作的激情。

调整工作态度。 就是把我们现在的工作态度作一些调整，调到什么程度？第一，积极主动。要积极主动地去工作，而不是被动地去应付工作，什么事情都要以一种假如我是厅长、假如我是省长这样一种主动的态度去做。第二，成人之美。我们政府是提供服务的，要尽量让人能把事情办成，而不是像少数相关干部那样尽量让人办不成。我们似乎已经形成了一个独特的思维模式：一件事情、一个申请拿过来，首先看看有没有做不成的理由。我希望现在倒过来，我们首先找支持他的理由，给他办的理由：只要是对党的事业有利的事情，对海南发展有利的事情，对老百姓切身利益有利的事情，就得大胆去试、去闯、去干，帮人家把事情办成。第三，敢于负责。调整工作态度，要调整到敢于负责上。有些同志养成了一个习惯，没做事先请示。如果安徽小岗村村民搞联产承包责任制之前先请示，就没有中国改革的今天。交通警察发现有人闯红灯，处理之前还要先去请示吗？在职责范围内的事情你就要去管，请示无非怕负责任、怕得罪人、怕犯错误。另外，很多改革让上级没法表态，我们自己把握自己做，就是要有一种敢想敢干的精神，敢于承担风险。要有一种为了事业发展敢于负责、承担风险，不计较个人得失，可以把乌纱帽丢在一边的气魄，我们很多同志缺少这种气魄。

总之，海南文化要大发展大繁荣，就要调整工作态度，积极主动、成人之美、敢于负责，这三种工作态度，也是三种精神状态。

创新工作思路。工作思路不创新我们也难承担起责任。当年新华书店已经被民营书店逼得无路可走，民营书店在全省都有连锁店，新华书店是门可罗雀，如果教材再不给发行，就没有路子了。我们创新工作思路，进行"三步走"改革，新华书店到今天已成为全国第一个跨省区的文化产业集团。给农民送电影，我们财政困难不能拿钱，难道电影就不能放了吗？我们创新工作思路，把电影放映过程变成广告载体，领导出面请企业赞助，"你帮我把电影送到村头，我帮你把美名扬到农家"。因为放电影的过程是很好的广告载体，短片、幻灯片、讲话、气球、拱门、车身、机器上可以宣传企业，放映活动可以用企业命名，特别是涉农产品、涉农行业。结果我们不但把百部科教电影送给农民, 而且连续三年赢得了金光集团的支持, 搞出了一个"金光耀琼州"电影放映活动, 这就是创新工作思路。按照我们传统的思路, 这些事情我们做不了, 为农民放电影, 政府拿钱买单, 政府不拿钱我们就没办法做。现在, 我们在很多方面都面临着工作的创新, 对于文化行政管理部门来说, 尤其需要创新。

强化宏观管理要求带领和用好干部

第一, 一定要引导干部把心思放到转变职能、创新工作上。一个风清气正、团结和谐、人人心情舒畅的局面正在形成。我希望大家继续努力, 使得我们干部能够没有任何后顾之忧, 没有任何心理负担, 把心思用到转变职能、创新工作上。要把心思用在干事业上, 把精力用在抓落实上, 不浮躁、不虚夸, 兢兢业业做好本职工作, 踏踏实实解决实际问题。

第二, 一定要把解放思想、开拓创新作为开创工作新局面的突破口。解放思想就要把我们的思想从那些不合时宜的观念当中解放出来, 从那些不合时宜的做法和体制当中解放出来。作为经济特区的干部, 一定要把解放思想、实事求是、与时俱进作为自己的重大责任和突出品格。解放思想首先要解决好想干事、敢干事的问题, 解放思想归根结底要落实到改革发展上, 一个地方、一个部门、一个干部, 解放思想就是要在推动发展方面有新思路、新招数、新作为, 能够打开新局面, 就是要在改革发展方面勇于挑战阻碍发展的条条框框, 用深化改革、扩大开放的新举措不断促进各项事业向前发展。

第三, 一定要把配齐、配强领导班子放在重要位置上。我们厅的下属单位领导班子近来陆续作了一些调整, 工作有了一些起色, 还要继续调整，一定要把领导班子配齐、配强。在用干部时，一定要坚持正确的用人导向，旗帜鲜明地鼓励他们解放思想，保护、重用、提拔思想解放、能干事、品质好的人。对那些思想保守不想干事甚至给改革发展设置障碍的干部，要将其坚决地从岗位上调整下来。厅内干部要实行轮岗。省委要求在同一职务、同一岗位任职5年以上的，原则上都要轮一轮，轮一轮就有动力、有活力。

当好文化发展的参谋部、策划部、协调部、指挥部 *

今天，我就宣传部门在推动文化发展繁荣中所承担的工作作一个专题报告，主题就是如何认真履行使命，推动海南文化大发展大繁荣。

借助文化大发展大繁荣的强劲动力

党的十七大报告设专章部署推动社会主义文化大繁荣大发展，这是我们乘势而上，大力繁荣发展海南文化的强劲动力。

近几年，我们一直致力于全省的文化建设，致力于推动海南文化不断发展、不断繁荣。比如，我们千方百计把马克思主义中国化的最新成果大众化，因此想了很多办法，如理论下乡、理论进社区、理论进机关等。在理论下乡当中，我们策划了"万名农民培训工程""理论之星读书竞赛活动"，效果非常好。我们还开展了富有

＊　本文是作者 2007 年 11 月在海南宣传文化系统学习贯彻党的十七大精神会议上所作的专题报告。

海南特色的社会主义精神文明创建工作，实施了"文明生态村、文明高效机关、文明规范行业、文明诚信企业、文明安全社区"五大创建活动，现在又进一步把"文明安全社区"发展为"文明和谐社区"。前天，海口市举行市委全会，有一位领导同志就以我们宣传文化系统的工作为例子激励与会者。他说，要想办事，权并不重要，关键在责任，宣传部居然把社会主义新农村搞得这么成功。这就是说，做任何工作关键在责任，只要你有责任感，就能干成事、干好事。

这些年，我们的文学艺术工作者不断地推出文艺精品，比如，"颂海南"歌曲荟萃、《海南历史文化大系》丛书、黎族歌舞诗《达达瑟》、大型民族舞剧《黄道婆》，以及韩少功、李鸿然等的精品力作。我们正在致力于振兴琼剧，大力创建大致坡琼剧文化镇，已得到上级机关重视。我们又跟中国剧协合作，在大致坡创建中国戏剧家活动基地，土建工程已经基本完毕，马上进行装修，到 2008 年 4 月建省办经济特区 20 周年举行基地落成典礼，中国剧协将组织"梅花奖"得主来海南演出，把一流戏剧大家的精彩演出奉献给海南观众。我们连续几年支持个展、个演、个唱，为的就是鼓励创作，鼓励创新。海南这么一个小省，在海南省书画院一个地方，一年举办书画展 37 场，平均每月 3 场，每 10 天一场，这样的密度在全国也是很高的。频繁的书画展览活动也极大地带动了我们正在打造的"书法之乡"的工作。

电影、电视剧有了很好的发展势头，电影《记者甘远志》一炮打响，轰动全省。中宣部、中国记协把这部电影作为第八个记者节的一个优秀献礼作品，刘云山同志和中央宣传各部门、各单位领导将观看电影，中宣部、国家广电总局、中国记协下发文件把这部电影作为新闻战线"三项教育"的生动教材。

　　文化在各个市县也得到了前所未有的重视，县、市财政只要能喘一口气，马上就考虑建文化广场、建文化活动中心、投资广电，积极推进乡镇宣传文化站建设。海口市、三亚市都在谋划大型旅游演艺。省委、省政府把文化建设摆在越来越重要的位置上，下决心在建设文化公园的同时，建立文化事业专项基金。海南财政在不宽裕的情况下，对文化投入这么大，表明省委、省政府高度重视文化。它们的理财观念牢牢围绕科学发展观，给文化发展以极大支持。中央要求资金配套的，全省基本配套，很不简单。

　　党的十七大报告专门用一个部分讲文化，而且通篇在讲发展、讲繁荣，唯独文化用了"大发展大繁荣"。其他工作没有"高潮"的说法，更没有"新高潮"的说法，却在发展文化方面用了一个词，为"兴起社会主义文化建设新高潮"。用了三个"越来越"指明了文化的重要性，"文化越来越成为民族凝聚力和创造力的重要源泉、越来越成为综合国力竞争的重要因素，丰富精神文化生活越来越成为我国人民的热切愿望"。报告还提出激发全民族文化创造活力，提高国家文化软实力，使人民基本文化权益得到更好保障，使社会文化生活更加丰富多彩，使人民精神风貌更加昂扬向上。党的十七大精神既是我们发展文化的强大精神动力、重要指导思想，也是我们推进海南文化大发展大繁荣的宝贵机遇。同志们务必认清这个形势，抓住这个有利时机。

履行文化大发展大繁荣的神圣使命

　　文化大发展大繁荣在海南，谁承担着直接责任？当然就是省委宣传部，也可以说，海南社会主义文化大发展大繁荣的使命就落在我们部、省文体厅、在座的干部头上。我们必须认清形势，认清我们的使命。我把使命具体化，概括成四个"部"，不一定贴切，大家可以来完善。

当好省委、省政府发展繁荣文化决策的参谋部。文化建设是省委、省政府的重要工作，而省委、省政府抓文化的职能具体就落在省委宣传部、省文体厅这两个部门身上。我们要充分履行好职能，认真思考文化大发展大繁荣的若干重要问题，认真拿出具体而切实可行的建议供省委、省政府决策时参考。

当好全省文化大发展大繁荣的策划部。策划，就是根据中央和省委、省政府的要求、决策、政策来具体策划全省文化如何大发展大繁荣，通过什么样的途径、手段来大发展大繁荣。比如，社会主义核心价值体系怎样才能深入人心，和谐文化、文明风尚怎样才能得到建设和培育，中华文化这个中华民族的精神家园在海南如何建立，文化创新、文化活力在海南如何才能被激发起来，等等，都要求我们拿出具体的策划方案。

当好全省文化建设力量的协调部。文化建设是我们的职能，但是我们不是从事文化建设的唯一部门，许多部门都负有推动文化建设的任务，我们要做好协调工作。文体厅、财政厅、民宗厅、建设厅、发改委、外办，几乎没有一个省委、省政府的部门跟文化建设没有关系。中组部、省委组织部的工作任务，很多都是文化方面的。比如党员教育、党员培训、党员之家等，这些都是文化。不仅上下左右的文化建设力量我们要协调好，还要协调好和中央有关部门的关系，特别是在座的各个处室与中央部委有关司局之间的关系。中央部门的同志站得高、看得远，力量大，有智慧、有水平，我们要多汇报，多请求指导支持。总之，要协调组织好各种社会力量办文化。

在海南省文化体制改革中，政府职能转变的任务除了政企分开、政事分开、管办分离外，根据海南的具体情况，还有三句话。

既要审批，更要服务，审批就是服务。现在我们文化部门是审批权限最多的。比如网站，有没有新闻资质就需要我们审批，审批时把好关是我们的任务。但是不要忘了，你更要做好服务，而且要把审批当成服务，而不能"做官当老爷"，不是为了显示"衙门"的威力。

既要监管，更要发展，监管是为了发展。文化监管的任务很重，意识形态离不开监管，但是监管不是为了造成万马齐喑，不是为了市场萧条，而是为了思想理论、文学艺术、文化产业、文化事业大发展。监管是为了推动发展，所以我们不仅要解决不能做什么，更要帮助全社会知道应该做什么、怎么去做，发展是我们工作的出发点、落脚点。

既要支持体制内，更要支持体制外。体制内的如新华书店、电影公司、歌舞团、琼剧院、出版社、报社、广播电视台等，我们要对其好好帮助、服务、支持。但是，我们更要支持体制外的。为什么呢？长期以来它们游离于我们之外，我们对它们多有凶狠、少有温柔、多有处罚、少有扶持。要转过来一视同仁，在某种意义上还得更加亲切一点，让它们感到我们的温暖。大家必须认识到海南文化的大发展大繁荣固然离不开财政投入，离不开体制内的文化单位，但是真正的大发展大繁荣主要靠社会、靠市场。历史将表明，社会主义文化大发展大繁荣的主要力量将来会转移的。所以我们要改变观念，不分体制内、体制外。我们不仅协调上下左右、机关单位，还要把全社会的力量调动起来，让它们投入文化事业。

当好全省文化发展任务实施的指挥部。指挥部，就是我们不仅要参谋、策划、协调，更重要的是组织实干，带头实干。希望大家转变一个观念，全社会也要慢慢转变这个观念，即"宣传工作是虚的"这个观念一定要转变。宣传文化工作是实的，实实在在。做思想工作是实的，我们的对象是实的；我们宣传文化的全部手段都是实的，我们的成果也是实的，成绩是实实在在的。其他各项工作成果也都像文明生态村一样实实在在，新闻阅评是实的，舞蹈是实的，社会宣传的标语口号是实的，大红灯笼挂在街道两边是实的。所以宣传文化工作是实的，我们不是要"虚功实做"，而是要"实功实做"。这就需要我们扎实地做，要有实干的能力。现在宣传干部特别要解决一个当你有好思路之后，怎么把它操作下去的问题。有一种偏见认为干部的本事就是搞关系。如果搞关系是指拉拉扯扯，是为了一己利益，当然不好。但我告诉大家，一个干部为了工作，如果能够协调各方面的关系，把大家弄得心平气和，而且能够热情饱满，愿意干，这是个大学问、大能力。很多人不具备这个能力，反而弄得鸡飞狗跳，很伤脑筋。

所以，对干部的要求很高，不仅要有思路、要能策划、要能协调，还要能实干。干部是个不简单的职业。一句话，这就要求我们提高每一个人的执政能力。党的十七大报告写得非常好，以提高执政能力和保持先进性为核心，加强党的建设。党的建设的两大核心，一个是保持先进性，另一个是提高执政能力。

文化大发展大繁荣的神圣使命，我们就要落在四个"部"上，当好参谋部、策划部、协调部、指挥部。

文化大发展大繁荣的启动工作

为推动和迎接海南社会主义文化大发展大繁荣，当前我们要做什么工作？我把这些工作称作启动工作。

一是动员。任何战役都离不开动员。前天，省歌舞团、省艺校带着《黄道婆》出征"八艺节"，我们当领导的前去动员，鼓励它们拿奖。既要商演还要拿大奖，这就是动员。文明生态村经常要采用动员大会的形式，文化体制改革离不开动员，新华书店要全省整合我们又开了一个动员会。文化大发展大繁荣同样需要动员。

首先，是系统动员。我们一定要把全省宣传文化系统的同志动员起来，自觉承担起组织海南文化大发展大繁荣的神圣使命。其次，是干部动员。我们要把全省各级领导干部动员起来，支持文化建设，参与文化建设，推动文化建设。所以同志们走到哪里，吃饭也好，平时串门也好，都要宣传文化大发展大繁荣，把每一次跟其他战线领导同志的接触都当成一次动员来做。最后，是全社会动员。通过这种层层动员，把我们的思想认识统一到党的十七大精神上来，统一到省委、省政府的部署上来，统一到文化大发展大繁荣的目标上来，激发全社会文化创造活力，提高我们海南文化软实力，使人民生活、文化权益得到保障，使社会文化生活丰富多彩，使人民精神风貌更加昂扬向上。

二是规划。文化大发展大繁荣一定要有规划，并且在规划的指导下逐步地推进，我们要制定三种规划。

第一，全省文化发展的中长期规划。"十一五"规划干什么？到2020年干什么？至少要把这两个规划作出来。

第二，**行业规划**。比如，出版发展规划、发行发展规划、演艺发展规划、报业发展规划、图书馆事业发展规划等。在省图书馆开馆的第二天上午，我把文体厅分管文化工作的领导、图书馆馆长、文化处处长请过来，就谈一件事：如何以省图书馆为龙头带动全省图书馆事业的振兴。因为长期以来海南的图书馆存在着块块不重视、条条没压力，各家图书馆基本上放任自流的问题。也难怪，财政都很困难，没办法重视图书馆。你不重视图书馆，老百姓也不重视图书馆，图书馆就是徒有虚名。现在省图书馆成立了。我要求省文体厅赋予省图书馆行业协调管理和行业指导职能，变成省政府文化行政管理的延伸。省文体厅要以省图书馆为龙头，担负起全省图书馆事业的示范功能、服务功能、推动功能。"示范、服务、推动"，我讲得非常具体。所以，图书馆事业要有图书馆事业的规划，文物保护要有文物保护的规划，非物质文化遗产要制定规划，旅游演艺要制定规划，这就称作行业规划。

以省级文化单位为龙头带动全省，已经有了成功的先例：省新华书店已经带动全省图书发行系统，省电影公司正在带动全省电影放映系统，我也希望省琼剧院能把全省的琼剧带动起来。另外，省图书馆要建立新体制新机制，不搞"铁饭碗"，实行聘用制，财政工资进了馆里统一分配，论功行赏。

第三，**专项规划**。比如，我们马上想搞历史文化名人雕塑园，就得专项规划；想以省电影公司为龙头带动全省的电影事业，也要专项规划。

三是项目。规划的落实、文化的发展要体现在一个个项目上。比如，为了推动哲学社会科学大发展大繁荣，同时为了解决学者出书难问题，可以自 2008 年起设立"海南文库"，分哲学卷、法律卷、社会学卷、民族卷等，一年出一二十本，5年就很可观。持续不断地做下去，这个书库就可能出到上百卷。为了推动文学艺术更加繁荣发展，可以设立"海南文艺书库"，鼓励文艺创作。诗歌、小说、散文分门别类，一年出个十本八本。为了繁荣影视艺术，我们要拍电视连续剧《23年红旗不倒》《琼崖纵队》《解放海南》等。文化的大发展大繁荣，规划的落实，都要具体体现在这些项目上。现在，我们每年都有文化事业建设费，要用好、用出成效，既要集中办大事，也要会"撒胡椒面"。比如，参加比赛缺两万元钱，缺个音响，缺个摄像机，就干不了事，我们就要补助一下，"胡椒面"不撒也不行。无论办大事还是"撒胡椒面"，都要把这些钱用好。从部长办公会议开始，从我们手上不允许有一分钱"跑冒滴漏"。要争取在全省政府体系中，文化建设基金用得最有成效、最清廉。省委宣传部拨钱很干脆，不需要别人请客送礼。

全省乡镇宣传文化站建设是个大项目，用两年时间把全省208个乡镇宣传文化站都建起来。建起来后配专职干部1个，配兼职干部1—2个，用中小学教师。全省乡镇文化站工作会议就可以开了，中央五部委要求落实到基层的任务也就有人做了。所以说文化项目很重要，我们要策划一批项目，并推动项目的落实。

四是政策。文化大发展大繁荣必不可少的工作，就是要制定鼓励政策。通过好的政策鼓励创业、鼓励投资、鼓励贡献。鼓励创业，使越来越多的就业者成为创业者。开饭馆、开音像店、搞创意策划、搞动画设计，这些都是在自己创业。用心去想，很多事情值得我们去创业。通过我们的政策去落实党的十七大精神，鼓励更多的人从事文化工作，也有利可图。还要鼓励奉献、鼓励业绩、鼓励成才。要体现越干越光荣，不能"干的不如看的，看的不如捣蛋的"。现在有这样的情况，有些同志就是由于能干，敢于改革，敢于拍板，敢于得罪人，一旦得罪一两个人，就麻烦了，层层向上告，不立案调查他就不罢休，导致干事的风险非常大。在宣传文化系统，我们要鼓励干事，让干事的人得到保护，受到肯定。

五是人才。我们鼓励干部读书学习的政策没变，你学什么都好，我们都支持。中国人民大学文化创意产业研究生班招生，条件好的可以拿到硕士学位，部里支持大家去读这个书。将来有钱了，我们还要培养 MPA 硕士，在全省文化单位选拔一批有培养前途的年轻人专门"走出去"，为全省的文化产业、文化事业培养后备干部、经营管理人才。这也是落实省委干部培训的战略思想。

干什么都要靠人才，一个单位、一个地区、一条战线，从某种意义上讲就靠一个人。这个人要是"混蛋"，整个单位就都遭殃了。一个处室也是这样，所以各位处长要做好带头人。人才储备、人才培养、人才启动是我们最重要的工作之一。

文化大发展大繁荣的体制保障

我们要按照党的十七大的要求，深化文化体制改革，创新体制机制，努力消除文化大发展大繁荣的体制机制障碍。我们确认了 4 个市县、10 个单位进行试点改革，但其他市县、单位不要等。改革首先要在试点地区、试点单位搞扎实、搞出成效，然后再推广到全省，我们还鼓励一切地区、一切单位自主改革、自主创新。通过体制机制保障要达到以下五种效果。

一要增强活力。文化大发展大繁荣依赖于一个单位、一个地区的创造活力，没有这个活力，大发展大繁荣就谈不上。这就需要通过内部改革，有必要通过转企改制。内部改革又包括分配制度改革、用人制度改革、激励制度改革等。

二要解决问题。通过体制改革，使遗留的问题能够得到妥善解决，各方面的合理诉求得到适当的满足。一些地区、一些单位老是有怨气，老是被问题缠着，无法大发展大繁荣。比如，有的单位对群众呼吁十几年的问题久拖不决，到底能解决还是不能解决？能解决就赶紧解决，不能解决就说清楚道理，平息群众的诉求。群众反映怀疑这个项目有问题，我们就组织查一查，有问题解决问题，没有问题说清楚。

三要整合资源。通过体制机制改革，把资源有效整合起来。整合资源这条路肯定要走，就连政府机构的设置都需要整合。党的十七大报告就要求探索大部门管理体制。这也包括大部门的文化管理体制，就是要求整合资源。实际上很多部门都可以整合。全省的集团化道路是一定要走的，一步一步地来。整合以后，现有的单位仍然是独立核算，肯定没有"大锅饭"，更不会出现"打土豪、分田地"的情况。一方面要加快资源整合，另一方面请各单位放宽心，我们不会搞"一平二调"。穷的和富的，好的和坏的，硬拉在一起平均分配，这不是在搞资源整合，而是在瞎折腾。整合资源只会加快每个单位的现有发展，不会削弱，更不会剥夺大家的现有利益。

四要增加投入。通过体制机制改革，各方投入能够增加。政府投入增加，社会投资增加，个人捐赠、捐献增加，资本市场运作融资增加，达到这一步，体制机制改革就成功了。

五要多出成果，或称作文化繁荣。通过体制机制改革，要达到这样的效果：增强活力、解决问题、整合资源、增加投入、文化繁荣。朝这样的目标努力，推动体制机制改革。在实际工作中，我们可以从以上结果推导改革过程，推导改革措施。

以上是我对全省如何推动文化大发展大繁荣的初步思考。这些思考并不是文化发展繁荣的具体措施，还停留在思想动员的水平上。大发展大繁荣的文章还要各级领导做，部里的全体同志做，全社会做。希望这次报告能够激发大家的热情，共同开创海南文化大发展大繁荣的新局面！

以改革创新思路推进文化建设 [*]

文化建设是党委、政府所肩负的重要责任。要抓好文化建设，就要有改革创新的思路。

以创新精神推进文化建设

创新是文化工作的灵魂，没有创新就没有活力。党的十七大报告就明确提出："在时代的高起点上推动文化内容形式、体制机制、传播手段创新，解放和发展文化生产力，是繁荣文化的必由之路。"遵循这一思路，我们在文化建设中要充分发挥主动性和创造性，在创新中实践、在实践中创新，摸索出许多创新的亮点。

第一，创新载体。文化是精神产品，文化的传播只有借助一定的形式和手段，才能从"虚"转为"实"，从"无形"变为"有形"。这种形式或手段就是我们说的载体。好的文化配上好的载体，就能

---

　　* 2008 年 11 月 7 日至 8 日，由中共中央文献研究室、中国社会科学院与深圳市委、市政府联合主办的"中国特色社会主义理论与实践研讨会"在深圳召开。本文是作者在此次研讨会上提交的论文。

迅速在群众中落地、生根、发芽。因此，能否根据文化的内容设计创造出一个好的载体，往往成为开展这项文化活动成败的关键。

比如，群众性的精神文明创建活动，如果只停留在写标语喊口号、组织宣讲、突击整治等形式上，就很难深入人心，也抓不出成效。海南省的做法是，将精神文明创建活动的内容细化，形成文明生态村建设、文明和谐社区建设、文明诚信企业建设、文明高效机关建设、文明规范行业建设五大系列。每一个系列都是精神文明创建活动的载体，区别在于触角不同、侧重点不同、运行机制也不同，讲求针对性、可持续性。在文明生态村创建中，我们把建设生态环境、发展生态经济、培育生态文化作为重点，使农民能得到实惠，干部能干出政绩。因而从2000年创建活动开始，全省上下的热情一浪高过一浪，已建成文明生态村约8000个，占全省自然村总数的1/3以上，初具规模和品牌效益。现在，我们又把文明生态村作为社会主义新农村的综合创建载体，将二者的目标、任务、内涵统一起来，进而在领导体制、工作机制和投入机制上统一起来，形成更加强大的创建合力。

如今，文明生态村等五大系列已经成为海南精神文明建设的五大亮丽品牌。特别是通过在农村创建的文明生态村和在城市创建的文明和谐社区，海南实现了精神文明建设城乡全覆盖。城乡居民在得到经济实惠的同时，在精神文化层面上也得到了提升。

第二，创新思路。如何在市场经济的大潮中扶持文化企业，发展文化事业，这是对各级党委和政府管理智慧的一种考验。市场经济的本质属性决定了文化企业作为市场主体一般以盈利为目的；而文化产品的特殊性要求我们必须把社会效益摆在第一位。因此，依靠传统的政府投资方式和行政命令不行，不闻不问、放任自流更不行。必须创新管理思路和发展思路，既要依靠市场机制，激发文化企业的生产活力，又要加强扶持和引导，推动文化事业的健康发展。

借"题"发挥是海南在加快文化建设过程中创新思路的经验之一，即借助现有的资源，重新进行整合、规划，注入新内涵，把它做大、做强并发挥其带动效应。大致坡琼剧文化镇的崛起就是一个成功案例。大致坡镇地处海口市东南部，是一个只有两万多人口的小镇。在琼剧艺术日益低迷的时候，它却成为海南民营琼剧团最多、演出最活跃的农村文化市场。这一现象引起我们的关注，并把它作为在市场经济条件下培育文化市场、保护传统文化的一项重大课题加以研究。经过精心构思、策划，我们把它定位为"大致坡琼剧文化镇"并启动了创建工作，目标是把大致坡建设成为琼剧市场集散地、琼剧文化展示区、琼剧发展推动站、琼剧品牌小城镇。朝着这个目标，我们通过加大基础设施建设、出台优惠政策、购买服务等多种方式，扶持大致坡民营剧团，推动琼剧市场的繁荣；通过创办中国戏剧家活动基地，举办琼剧文化节、琼剧文化周等活动，提升琼剧地位，振兴琼剧艺术。现在，大致坡琼剧文化镇的发展思路和模式不仅得到了社会和市场的认同，越办越红火，而且已经被文化部列为"国家文化产业示范基地"。

"影企联姻"是海南在开展电影下乡活动中创新思路的具体做法。当电影的市场化运作日趋成熟，"大片"在城市风靡时，农村却遭到了冷落。几十元的电影票，农民买不起；长期免费给农民放电影，电影公司又做不起。经过深思熟虑，我们决定采取"电影＋广告"的模式来打破这种尴尬局面，即通过开辟电影放映场所和将放映过程作为广告载体，赢得企业赞助，实现在农村放电影的目的。"电影＋广告"模式启动后，先后有50多家企事业单位出资

460 多万元，全部用于农村免费放映电影。此举既惠及了农民，企业也树立了良好形象，电影下乡活动的被动局面得到彻底扭转。

第三，创新战略。改革开放后，我国的经济建设一路高歌猛进，文化建设则处于相对滞后的位置，基础薄弱，空白点多。各地方的文化建设既面临着巨大的发展空间，又遭遇到重重压力。是全面出击，还是重点突破？是做大做强，还是做精做特？这些问题所涉及的就是一个地方的文化发展战略。创新战略的关键，在于依托本地资源，走具有地方特色的文化发展之路。

当前，海南文化发展的重点之一是围绕旅游办文化。海南省是旅游资源大省，热带海滨风光秀丽怡人，全国独一无二。但过去海南旅游业的发展是与文化脱节的，光有自然景观，缺少文化内涵。确立围绕旅游办文化的发展战略后，海南各地特别是海口市、三亚市纷纷甩出"大手笔"，全力打造旅游文化。世界小姐总决赛、天涯海角国际婚礼节、中国海南欢乐节等一系列大型文化活动，国际铁人三项赛、高尔夫球巡回赛、环海南岛国际公路自行车赛等国际体育赛事，《浪漫天涯》《印象海南岛》等大型演艺节目，都大大提升了海南岛特别是三亚市在国内外的知名度和美誉度，高端游客纷至沓来，使旅游业实现了转型升级，相应的文化产业也得到迅猛发展，形势非常喜人。最近，国务院已批复同意海南全面启动"国际旅游岛"建设工作。可以预见，在"国际旅游岛"建设的统领之下，海南旅游产业和文化产业必将携手迈入更加广阔的发展空间。

创新战略，海南还把打造文化精品作为文化生产的重要任务，催生出一批文化品牌。从黎族舞蹈史诗《达达瑟》、大型民族舞剧《黄道婆》，到海南历史上首部纪实性电影故事片《记者甘远志》，这些打着"海南制造"的文化产品一次次在全国引起轰动；天涯社区、凯迪网络名列国内乃至全球著名中文网站前位；《天涯》杂志在读者中赢得"北有《读书》、南有《天涯》"的美誉；10卷本104册的《海南历史文化大系》隆重面世……精品战略的实施使海南这个小省在文化建设上也收获了丰收的果实。

第四，创新理念。我们原有的文化理念存在一定的偏差，往往会把评奖放在文化生产的第一位，传播则在其次，文化产品常常因为缺乏群众基础而被束之高阁，很难惠及平民百姓。造成文化资源的浪费。近年来，我们秉承"全民文化、共创共享"的理念，使全体城乡居民都能充分享受到文化蓬勃发展带来的实惠。

历时两年多的"颂海南"创作歌曲征集以及推广活动，是海南音乐文化史上最大规模的艺术工程。经过筛选，共挑选出800首歌曲汇编成《天堂海南岛——"颂海南"创作歌曲集》，并被制作成系列CD和VCD。之后，我们又通过开展歌手大奖赛、全省巡演等多种形式的活动来普及推广这些歌曲。仅歌手大奖赛，全省就有18个市县200多个乡镇的上万名基层群众参与比赛。这次群众性文化活动起到"一石三鸟"的效果，既收集到大量有关海南题材的创作歌曲，又满足了广大群众文化生活的需要，还增强了广大群众热爱海南的感情。

"大特区讲坛"是我们为群众提供的又一项文化福利项目，以免费领票的方式向市民开放，让老百姓与文化名家共享先进文化成果。自2007年开讲以来，市民参与热情持续高涨，成为周末椰城一道亮丽的"文化风景线"。海口市的"海口讲坛"，三亚市的"三亚大讲堂"，同样受到群众热捧。

"全民文化、共创共享"的理念给海南的文化建设带来了勃勃生机，大量旨在扩大群众广泛参与的文化活动纷纷登台亮相。手机短信文学征文大赛、书法普及活动、东西南北中广场文艺会演等，在普通百姓当中形成一个接一个的文化热点。此外，我们还通过实施文化信息资源共享工程、文化下乡、文化进社区、社区图书室援建等工程，为农民群众送去精神食粮。这些活动都极大地丰富了全省城乡居民的文化生活，也极大地提高了城乡居民的整体生活质量。

深化文化体制改革是文化建设的主要任务

深化文化体制改革，是党中央在科学判断国内、国际形势，全面把握当今世界发展趋势，深刻分析我国基本国情和战略任务的基础上，作出的一项重大决策，是继经济、政治、教育、科技、卫生体制改革之后启动的又一次全国性改革。它姗姗来迟，说明它非同一般，复杂而又困难；它终于出台，说明它难度再大也非做不可。

海南自建省办经济特区以来，可以说从来没有停止过文化体制机制的改革和创新，在市场化运作、政府职能转变、事业单位内部体制改革、资源整合等方面进行过许多探索，虽取得一定的成效，但也存在种种问题，迫切需要进一步深化文化体制改革。近几年，我们把深化文化体制改革作为文化建设的主要任务，加大力度积极推进，在认真落实中共中央、国务院《关于深化文化体制改革的若干意见》各项要求的基础上，着重在以下三个方面明确改革的目标与任务。

第一，通过体制机制改革，转变现有的文化生产和消费模式，解放和发展文化生产力。我国传统的文化生产和消费有三个特点：政府投资、国家生产、免费消费或公款消费。这种生产和消费模式由于不是依靠市场机制而是依靠行政手段进行调节配置，所以弊端非常明显——政府财力力不从心，生产门类残缺不全，消费主体也主要集中于城市上层，普通市民和广大农民很难同样享受到文化的润泽。因此，要改变这种文化生产和文化消费之间严重失衡的现状，就迫切需要进行体制机制改革。在实行文化体制改革后，海南乃至全国的文化生产体制方面已经出现了三个变化。一是投资主体发生变化，由单一的政府投资逐渐实现了投资主体的多元化；二是生产主体发生变化，由国家生产转变为不同性质的单位都可以参与文化产品生产；三是消费主体发生变化，普通百姓可以自由地在文化市场上购买到种类繁多的文化产品。文化的投资、生产和消费逐渐依靠市场机制来调节配置，这既是文化体制改革取得的重要成果，也是文化生产力得到解放和发展的体现。据国家统计局提供的数据显示，2004—2006 年，海南文化产业平均年增长 17.1%，高于同期 GDP 增长率约 5.8 个百分点，发展势头明显加快。下一步，我们将紧紧抓住改革的机遇，乘势而上，开放更多的空间来发展文化产业，使文化生产和文化消费相互促进、协调发展。

第二，通过体制机制改革，转变政府职能，实现文化管理的科学性和公正性。文化事业和文化产业属于特殊的行业，科学的管理必不可少。但在文化管理过程中，我们有意无意地厚此薄彼、差别对待的现象明显存在。比如，对体制内的文化单位一般以呵护扶持为主，对体制外的文化企业则以监督处罚为主，至于信贷支持就更谈不上。对文化企业进行管理原本无可厚非，但这种差别对待是不公平的。这种监管体制的局限十分明显：重审批、轻服务，重监管、轻发展，重体制内、轻体制外，既造成管理效能的低下，又阻碍文化产业的发展。因此，文化产业的发展尤其需要文化管理体制的改革。作为行政管理部门，既要审批更要服务，既要监管更要发展，既要支持体制内更要支持体制外，给一切文化企业以"国民待遇"。为了做好政府监管和服务工作，2007 年，我们按照国家统计局于 2004 年印发的《文化及相关产业分类》的统计口径，对全省文化产业状况进行拉网式的普查，摸清了家底，有效地提高了制定政策、提供服务的科学性和针对性。我们还召开全省文化产业大企业（大项目）负责人座谈会，倾听企业家的心声，尽最大可能帮他们解决发展中的难题，赢得了企业家的信赖。

第三，通过体制机制改革，整合配置文化资源。传统的文化产业特点是小型、单一、分散、受地域限制等。在市场经济环境下，要提高文化生产的效率，文化资源的配置就必须实现规模化、集约化，建立多种经营模式相互补充，形成开放的文化生产体系。改革开放后，我国在经济资源整合方面迈出了新的步伐，经济发展突飞猛进。历史经验证明，发展现代文化产业，也必须加速推进文化体制机制创新，实现文化资源的合理配置。根据海南的实际情况，我们考虑整合的文化资源主要包括广电、报刊、出版、博物馆、文艺院团和新华书店六个方面，其中新华书店的整合重组已取得实质性的进展，成为海南文化体制改革的一大亮点。

海南省新华书店的改革是从 2003 年年初开始的。由于与市场经济的竞争体制不相适应，书店的经营当时正处于极度萎缩的状态。为了扭转这种局面，我们制定出新华书店系统"三步走"的改革发展实施方案，第一步是进行内部人事、劳动和分配三项制度改革，规范行业管理；第二步是整合全省系统资源，实施连锁经营。我们通过行政划拨的手段，将全省各市县新华书店的人、财、物上交给省新华书店进行垂直管理，对全系统的资产实行重组和优化。在成功实施第一、第二步改革后，新华书店迎来了勃勃生机，书店净利润逐年增长，员工收入逐年增加，而海南省新华书店集团有限公司的正式组建，更使新华书店系统成为真正意义上的联合舰队。

但是，我们并不满足于前期改革取得的成果，企业今后的发展仍然面临许多困难和问题。因此，我们果断地推出第三步改革方案：组建集团、引资合作、实行股份制改造。这次改革取得了成功。由海南省新华书店集团有限公司与江苏省新华书店集团有限公司合资组建的海南凤凰新华发行有限公司于 2008 年 5 月成立，其中江苏省新华书店集团有限公司以现金投入，占 51% 股权，海南省新华书店集团有限公司以全部净资产出资，占 49% 股权。"海南凤凰"是全国出版发行行业首家跨省、跨地区重组的发行企业，它的成立打破了"条块分割、地区封锁"的市场格局，打破了"按行政级次、行政区域配置资源"的旧体制，必将对我国的文化体制改革特别是出版发行的体制改革起到重要的导向作用。不少舆论认为，在这次重组中海南方面不求控股，只求发展的思路，充分显示出海南省委、省政府崭新的理念和气魄，这是重组成功的重要原因之一，值得总结和推广。

从理论的认识到实践的应用，海南的文化建设正在形成具有自身特色的发展模式。当然，这是一个远未成熟的模式，需要时间和效果的检验。经过多年的努力，海南广大干部群众已经有了这样一种共识：要像抓经济一样抓文化，不抓文化就像不抓经济一样不可容忍，在文化建设上无所作为与在经济建设上无所建树一样不可原谅。在这样一种共识之上，只要我们继续敢于尝试、勇于坚持，继续发扬吃苦耐劳的精神，海南文化的大发展大繁荣指日可待。

换出团结、换出正气、换出动力 *

这次换届关系着海南文学艺术的繁荣，关系着文艺工作者的明天，关系着我们领导群体的形象。所以，今天对八个文艺家协会的换届进行动员，目的是提高认识，统一思想，搞好这次换届。

文学艺术在社会生活中的作用日益彰显，各文艺家协会的作用功不可没

无论我们自己，还是社会上的干部群众，都明显感到我们省的文艺创作越来越火热，老百姓的文化生活越来越丰富，文艺工作者的人气越来越旺，全国获奖作品越来越多，文艺家队伍越来越大。这些现象的出现，各文艺家协会立下了汗马功劳，是各个协会主席团精心策划、认真组织、悉心培养的结果。

这些年，海南省文艺在社会生活中的作用，表现在以下三个方面：第一，极大活跃了人民群众生活。我们的演出不断、展览不断，

---

* 本文是作者 2004 年 12 月 9 日在海南省文联各文艺家协会换届工作会议上的讲话。

我们的足迹遍城乡，我们的声音通过广播电视响彻千家万户。老百姓看得多了，听得多了，参与得也多了，生活大大地活跃了，满足了人民群众对文艺的要求。第二，精品力作层出不穷，并且产生了很好的社会影响。第三，在全国树立了海南的文化形象。过去一提起海南，在人的头脑里是没文化的地方，现在没有人再这么想了。当然，我们也知道自己的水平和层次还亟待提高，但我们绝不是没有人才，绝不是没有作品，绝不是没有影响。我们10个文艺家协会，有10个领域在全国已经争得了一定的地位，树立了一定的形象。这就是我们文学艺术在海南社会生活中发挥作用的几个重要表现。至于它产生的社会效应，鼓舞人、教育人、引导人，那更是数不胜数。一首诗朗诵把全场说得热血沸腾，一首歌颂海南的歌曲把人们唱得充满自信，一场精彩的舞蹈把人跳得心花怒放，一部电视剧把海南推向全国；一批书画作品、曲艺作品，把海南新人、新事、新风貌展示给观众，一台戏剧把海南作者的最新作品通过舞台演绎给广大观众……民间艺术从群众中来又回到群众中去，它的作用非常大。

前天，我到乐东去看望两位民间收藏家，3000多件收藏品，专门请博物馆专家去鉴赏，结果许多都是珍品。不简单啊，节衣缩食，孩子上大学都困难，但他们倾尽家庭所有进行收藏，真是体现出对文化事业的痴情。我们文艺家协会的工作带动了更多的人，不仅培养了大家欣赏的情趣、欣赏的能力，而且组织和动员了很多的"新兵"参与我们的文学艺术创作。我本人就是你们组织动员影响的结果，开始是写字，成为书协积极分子，现在又开始写歌词，向音协靠拢。总之，海南的文学艺术氛围越来越浓，作用很突出。它的意义是多方面的，最根本的，对提高海南人民素质的作用是潜移默化的。我们的工作很有价值，我们的运作很有成效，所以文艺家协会功不可没。

讲这个的意思，就是请大家一定要充分认识我们工作的作用、价值、分量。在座的都是主席团成员，都是领导班子，我们进来了好像不觉得什么，在很多省写不了一手好字的人当不了理事，更不要说副主席了。在座的已经是"城里"人，在"城外"的人就把这件事看得很重，的确很重。成为这个会的会员，就意味着是艺术家。这是广大的基层年轻人一辈子梦寐以求的事情。所以，我们的工作任何时候都不能不当回事。我们每一个协会就是一种团结方式，组织、管理、协调全省文艺分支，关系到全省文艺分支的文艺工作者和爱好者。工作分量很重，一定要认识肩上的担子，认识协会的担子。我们几个协会工作很不平衡。有的协会活动一个接着一个，有的一年到头几乎没有什么活动；有的协会工作很有水准，有的工作组织能力、作品、层次还有待提高；有的协会在这个分支当中的形象、地位很高，有的协会人们就不大买账，甚至还有怨言，这些情况必须改变。既然我们成立这个协会，其作用就要充分发挥出来。从上到下成立这个协会，不是让主席团的人沾这份荣誉，而是靠我们组织大家、带领大家，把这方面的文艺工作繁荣起来，把人才培养起来，要做事啊！各个协会一定要你追我赶、相互学习，经常进行检点，绝不能使这个协会可有可无。既然打着这个旗帜，那就要干好。

过得硬的协会领导班子，是文艺繁荣的迫切要求，是广大会员的殷切期盼

海南文艺繁荣，要求我们各个文艺家协会都有一个过得硬的领导班子，广大会员也真心盼望有一个过得硬的领导班子。怎么过得

硬？几方面过得硬？只要在三方面过硬，我们海南文艺繁荣就大有希望，会员就会十分满意。

第一，品行过硬。领导班子过得硬，首先是品行过硬，无论是人品还是艺品都要过硬。品行，首先要讲政治，顾大局，热爱文艺。如果不热爱文艺，没有创作劲头，不了解我们的文艺就是为党的事业服务的、为人民大众服务的，这样的班子是带不出一支好队伍的。艺品表现很多，相互尊重、相互学习，多看别人的长处，少看别人的短处，都是艺品。还有人品，我们各文艺家协会领导的人品，要在做人上过硬，要像个人，不能不像人；做事不像人做的事，说话不像人说的话，这样还能做领导吗？到底什么样的语言像人，每一个人都有尺度，因为每个人都能评价别人，当然，每个人都有自知之明来反观自己。

第二，艺术过硬。各文艺家协会领导班子成员的艺术水平，在全省这个门类艺术上应当是过硬的，这就是我们提出的换届的权威性要求。你写的字不像字，拍的照片不像照片，剧本创作、舞台演出都不像个样，舞蹈缺乏基本功，曲艺家连口才都不行，绘画像涂鸦，在省内这个行当达不到省内一流水平，就不配做这个艺术家协会领导班子的成员。我们文艺家协会领导班子成员一定要带头创作，文联应该作出规定和任务，作为考核领导班子的指标。

第三，服务过硬。因为文艺家协会领导班子不光是管自己，还要管这条线，要有为大家服务的意识。这些人必须想干事、会谋事、能干事、干成事。所以，协会领导班子不光是艺术标准问题，还应该要求有这个方面的能力。光是在艺术水平上过硬，在这方面空无能力，也根本不符合领导干部的要求。只管自己，不热心公益事业，不热心协会的事业，甚至连开会都不来，这样的人最好也不要进领导班子。最好把名额让给符合前两条又加上热心为大家服务的人。将来文联、协会应该作个规定，各协会的活动，他参加的次数少于某个百分比，中途就劝他退出。不肯为大家服务，这样的品行也不好。

品行过硬、艺术过硬、服务过硬，我们每一个协会领导班子都要以此为目标，也应当以此为要求。只有这样，才能真正发挥我们文艺家协会的作用。

换届目标是要换出团结、换出正气、换出动力

通过这次换届，要形成更加团结的局面，要树立昂扬的正气，要激发冲天的干劲。

首先，要换出团结。文艺家协会首先是团结、组织、带领各文艺工作者的群众团体，它的任务就是团结大家。我们自己闹不团结，能做到团结大家吗？不团结现象与协会的使命显然不相符，格格不入。文艺家协会必须是团结的，文艺队伍必须是团结的，文艺队伍的团结就靠文艺家协会来做。必须团结所有的文艺工作者，一个都不能少，团结95%以上的人，就行了吗？别的就不管了？那不行，那不是我们文艺家协会团结的任务。要做到团结，每一个协会、每一个领导班子成员都要做到"三不分"。一不分地域，你是什么地方人，内地的，还是海南的；文昌的，还是万宁的，不管在哪里，都是我们海南的，都应该有这个概念，都是文艺工作者。如果光拿地方来看，拿地域来看，就不配进我们领导班子。二不分山头，地域当中还有山头，你是哪个山头，我是哪个山头；你是哪个门派，我是哪个门派。如果一个协会的领导班子代表某一个山头的，充其量就

是一个山大王，不能成为我们全体公认的协会领导。一定要用重炮把每一个山头削平、摧毁，不立新山头。我们应该紧密地团结在一起，牢牢占领我们这块文艺家阵地，这才是我们应该有的一个班子。三不分亲疏，人一般都有朋友圈子，有的交往多一点，有的交往少一点，但是这种交往不能成为我们评奖、用人、表彰等的依据。有什么好事，想到的就是哥们，经常在一起扯啊、玩啊、喝啊，那些平时过年不打电话、不打招呼，甚至背后还说我两句的人，我就坚决把他压住。这就是以亲疏来对人。更有甚者看拍我的马屁的程度，这就更坏了。"三不分"，做到对待每一个人平等、公平、公正，把机会均等地让给每一个人，让每一个文艺工作者都得到我们文艺家协会的关怀、关心和帮助。唯才是举、唯质是举，唯才唯质。所以我们要换出团结，做到"三不分"，都是海南人，都是文艺工作者。

其次，要换出正气。文艺想繁荣，文艺队伍要有正气。风气不正，心情不畅。风气不正，根本不可能产生精品力作，即使有精品力作的产生也是少数的、偶然的，不可能长久下去。什么风气？通过换届，通过新的领导班子的工作，树立"四个风气"。一是刻苦学习，文艺工作需要丰富的知识结构和创作经验、健康的心理、科学的思维、娴熟的表现技巧，要实现这些，就需要学习。我们能够达到今天的位置，达到今天的水准，不知道下了多少功夫学习。决不能自满自足。要有决心投入学习，要向一切有长处的人学习，要向理论学习。我们文艺工作者不仅要表现，还要钻研理论，而且要搞研究，研究舞蹈、摄影、声乐、作曲，研究书画理论，研究我们这方面的专业理论。文艺工作很奇特，你的素质怎么样，外在表现就怎么样，这个一点不含糊。你小家子气、不大方，你的作品就不能大气磅礴。你文化功底不够，你的作品就欠火候、欠深度。所以，各个文艺家协会的同志一定要树立一个学习的风气。要组织学习，要带头学习，还要促进学习。二是精心创作。无心创作这是第一种不良风气；偷懒、粗制滥造，这是第二种不良风气。有的人也创作，但不负责任，东抓一把、西抓一把，我就只好说是剽窃了。到处借鉴，自己不好好学习、琢磨，就喜欢从别人的作品中东拼西凑，这是第三种不良风气。总之，就是无心创作、粗制滥造、东拼西凑。各个文艺家协会内部要定一些奖励、激励措施，展演、展销、展示的措施，用各种措施来激励各文艺工作者精心创作。三是相互尊重。相互尊重就比团结更为具体了。不学文人相轻，我们要树一代新风，即我们文人要相互尊重。会前与美术家协会的几位领导交换意见，大家还是认为只有相互尊重，才能相互取长补短，我们的画才能受到欢迎。你说我的画臭，反过来我说你的画比我的还臭，相互拆台，你这个作品能有什么形象呢？从利益来讲，也要相互尊重，更何况艺术家需要相互尊重才会有进步。所以，不要你告我、我告你，你说我、我说你，相互瞧不起。这种风气很不好。我参加一个演员的独唱音乐会，发现本单位一些搞声乐的人就没有来。来捧捧场嘛，对你对别人都好呀，谁搞画展、影展、书法展，我们大家都来捧捧场，来看看嘛。这就是相互尊重的表现。相互尊重不是相互吹捧，这是两码事。相互尊重是队伍团结的一个重要保证。不相互尊重就不能团结。四是乐于奉献。海南经济还不发达，我们的待遇还不高，并不是我们所有的劳动都能得到精神和物质的回报，更多的时候是奉献。

最后，要换出动力。艺术创作，绝对需要动力。没有动力，没法创作。动力哪里来呢？想出名也是动力，想出名绝对是受到鼓励的，这是"名"。想得到市场认可使作品有个好价格也是动力，这是

"利"。你追我赶也是动力，这是"争"。有个好环境、好气氛也是动力。领导和同事的鼓励、关心也是动力。从动力的来源和组成可以看到，稍有不慎，就把一个人的动力弄没了。不讲"五湖四海"，讲山头、讲地域、讲亲疏，人家干得没意思，动力就没了。真正倾心搞创作的人，得不到肯定，不在你的眼皮里，那些拉拉扯扯、吹牛拉票的得到你的表彰、重用，人家动力马上就没了。所以动力是复合的，来源是多方面的。我们要通过换届换出动力，如果换届搞不好，大家一看没戏了，动力马上也就没了。换届能够让大家精神振奋，艺术就能够繁荣。

在这里我表个态，省委宣传部将为海南文学艺术的繁荣竭尽全力，为各位艺术家的工作、创作，为各个协会的工作，竭尽全力创造条件。近两年来，我们不仅采取了一些措施来推动海南的文艺工作，也做过一些策划来推动海南的文艺工作；我们还想继续策划、继续开展工作来履行宣传部的职责。比如，我们推动作家协会的创作，我们鼓励一切为海南、为人民搞文艺创造的学者专家创作好的作品。我们采取措施繁荣海南的影视市场，比如不送票，实行买票看戏。又如降低文艺宣传的广告费，《海南日报》的广告打3折。再如成立影视创作委员会，策划、组织、协调海南的影视生产。我们组织大家、鼓励大家，帮助大家筹措资金，包括帮助提供广告宣传，组织业余的交响乐团、民乐团，创作音乐来表现海南开发建设的历史。我们正在请专家把海南开发建设过程中典型的、关键性的人和事理出来，通过音乐将其反映出来，以海南的乐器为主，配上适当的民族音乐和西洋乐器，搞一台海南乐器的交响乐。交响乐不一定是西洋乐器，我们当地的土乐器也可以搞交响乐，木鼓敲敲、鼻箫吹吹、树叶吹吹，同样可以搞的。我们要搞高等院校师生的舞蹈音乐和器乐展演，我们将鼓励书法家、美术家创作大手笔的作品。这大手笔是什么呢？集中表现海南某一方面的特色；用我们的笔写出或者画出能够轰动中国的书法作品或美术作品；书写某个历史的文献，集中创作海南某个现象，如文明生态村；描绘和创作海南劳动模范、革命英雄人物和红色娘子军；等等。我们鼓励书法家、美术家组织起来，一方面进行个体创作，另一方面组织大规模的能够影响海南乃至全国的创作，鼓励琼剧艺术通过改革创新，扩大观众范围。请戏剧家协会考虑一下，我们可不可以在海南搞一个琼剧艺术节，在此期间我们探讨琼剧的历史，研究琼剧，把精品力作展演给观众。大致坡镇已经自发地成立了 10 个剧团，我们通过调查和研究、鼓励宣传之后，它们来电说现在增加到 12—13 个剧团。我们初步考虑要对大致坡镇进行文化包装，把它包装成琼剧文化之乡、琼剧文化镇。戏剧家协会、文体厅，还有部里的同志，我们齐心协力，做好这个镇的规划，将来可供人参观，发展旅游，带动经济，这是海南一绝呀。中国不可能再有很多像大致坡这样的戏剧镇。琼剧要创新，遗憾的是我们戏剧界人心不齐，一个琼剧新作的出现，我们一定要满腔热情地去帮助、支持它，而不是兜头泼一盆冷水，甚至还看不起。我们竭尽全力去支持和扶持琼剧，在工作和宣传上应该说作出了很大的努力。戏剧家协会、戏剧界的同志们，你们一定要做得比我们更好。我们曲艺家队伍还不大，我们鼓励支持更多曲艺工作者加入这支队伍。我们鼓励摄影家、民间文艺家，都要想一些将来可圈可点的大型创作活动。鼓励所有的文艺工作者，继续从事个体生产、个体创作和学习。特别希望你们有大的构思、大的设想。比如音乐家，我就很希望多出几首能够唱响全国的海南歌曲，歌颂海南。我们正在策划一项工作，把海南从建省以前到目前的音乐作品先收集起来，再出书，然后请专家评选，请歌唱家来唱，并制成 CD。从明年开始要把相当一部分公益文化在一年当中进行安排。每一个协会都要策划一个有影响的项目，明年我们一起招标、招商，宣传部搞组织和策划，给各文艺家协会广大文艺工作者提供广阔的空间和舞台。《海南日报》做得不错，有作品就进行宣传，有成绩就宣传，电视也要跟上去，宣传那些有成就、有特点的文学艺术工作者和他们的作品。另外，我们还给予适当的经费支持。现在各文艺家协会都没有办公经费，我们从有限的经费里抽出一些给每一个文艺家协会一点办公经费。将来如果我们日子好过了，再提供更多的支持。

作为全省宣传文化的主管部门，我们决心为海南文化艺术的繁荣发展竭尽全力，你们也要竭尽全力，虽然条件有限，但是过去的日子比现在更苦，你们不就是在那种条件下成名成家的吗？现在条件再苦也比以前好多了，更何况海南的经济一年一个样，海南文艺发展的物质条件也会越来越好。

打造文化三亚 *

党的十六届六中全会提出了建设和谐社会的战略任务，其中和谐文化建设既是重要内容，又是精神动力。关于构建文化三亚的问题，我准备讲三个方面的问题。

引领三亚发展的是经济还是文化

三亚这些年发展得非常迅速，我们回过头来看一看，推动三亚发展的有哪些重要因素，尤其是带头因素。我想得出文化这个结论。一个地方的发展首先是经济的发展，是物质生产，文化发展是以经济发展为基础的。这是人类社会的一般规律。然而这不是绝对的，在特定条件下，文化发挥出独特的功能，三亚就符合这样的情况。20 年前三亚并不被人们青睐，后来为什么一步步地成为人们关注的焦点，向往的目的地？这并不是因为三亚富有的经济，也不是三亚漂亮的市容，而是三亚的天涯海角和鹿回头。我在内地时，人

＊ 本文是作者 2006 年 10 月 27 日在海南三亚市领导干部理论研讨会上的讲话。

们和我谈到海南，首先就谈到天涯海角，天涯海角并不是地理位置的概念。因为谈到地理位置，成片陆地的最南端不在天涯海角。那几块大石头全国到处都有，有些比它还奇特。它之所以能够成为三亚的标志、海南的标志而享誉全国，就是因为"天涯""海角"这四个字。可见，引起人们对三亚关注的，首先是文化。

在三亚发展过程中，使三亚形象一度受损的也不是经济。三亚财政能力弱、工资水平低、经济不太发达，这类议论虽有，但使三亚形象受损的往往还是文化。所以"成也萧何，败也萧何"。

近几年来，三亚名声大振，受世人关注，是由于 GDP 的高速增长吗？是人均收入的大幅提升吗？自然不是。是连续三届世界小姐总决赛，是南山海上观音的落成，是世界太极拳大赛，是国际婚庆节、南山长寿节，尤其是世界小姐和南山海上观音，可见还是文化。这些好戏连台的文化大餐，为什么能够起这么大的作用？这就是文化的独特功能：它给人以信号——三亚前景广阔，发展潜力巨大；它给人以信心——三亚一定能发展起来，三亚一定很有希望；它给人以动力——各方面的人怀着各自的动机在三亚置产立业，施展身手。

今天提这个问题，说文化引领三亚的发展，它不是一个事实判断，而是一个价值判断，是为了引起大家对文化的重视，是为了打造文化三亚；三亚未来的发展，还是要靠文化的引领。

文化三亚要大抓文化建设

我们要打造文化三亚，一定要认识文化的价值和意义。我在不少场合都讲文化是政治、文化是形象、文化是环境、文化是生活、文化是经济。这当中的任何一句话，都足以调动我们打造文化三亚的热情和干劲。

要努力提高三亚旅游的文化含量。2005 年春天，丁关根同志在三亚就向我提过这个问题，现在回过头来看，老人家是有眼光的，他或许觉得我们文化含量还不够，或许认为我们三亚人应该看得更远，要有竞争力，光靠自然风光还不行。不管出于什么考虑，他是给我们提出了这个任务。三亚市委、市政府非常明智，请专家加以研究，已出成果。三亚作为旅游城市，现在正在着力打造"一市两都三中心"，提高它的文化含量是很值得的。专家学者提出打造以崖州古城、贬官流放、慎终追远和与民同乐特色的天涯文化；以大海漂泊、船坞制造、顽强不息和放歌乐天为特色的黎苗文化；以不畏艰险、情爱浪漫、人物自容和憧憬未来为素质的情爱文化；以大道建成、超然脱俗、普度众生和感悟和谐为核心的宗教文化；以健康美丽、休闲娱乐、回归自然、独立自强为内涵的时尚文化。他们认为，所有这些天涯文化、黎苗文化、情爱文化、宗教文化、时尚文化应该综合起来，成为我们提升三亚文化含量的文化要素。这个有道理。

2005 年"五一"期间我到绍兴，走进宾馆的大堂看到接待总台的背景，悬挂世界各地时间钟表的背景墙上是绍兴名人的书法——王羲之、周恩来、鲁迅、徐渭的。绍兴的名人多啊！过道、走廊上不是书法就是绘画，要么就是摄影。走进房间，床头背景上是一幅完整的徐渭的草书。我受到强烈的震撼，绍兴就是绍兴，绍兴就是以文化为品牌、为环境。所以回来以后，我倡议在全省进行书法推广活动。活动搞了一年多，书法活动一个接一个，很多领导拿起了毛笔，书法活动带动了美术、摄影、舞蹈、民间艺术，你追我赶，就这么被带动起来了。现在我们进一步用文化装扮环境，省委宣传部、省文体厅、海南日报、广播电视台、文联带头,你们看看它们机关的办公室、走廊和楼梯口,都挂起了书画作品,给人的感觉是很有文化品位。

打造三亚的旅游文化,提升旅游文化含量,有很多事情要做。精心设计编排一台具有国内外影响的旅游演艺,是必需的。海南是旅游大省,三亚是旅游大市,没有一台叫得响的旅游演艺,始终是我这个宣传部部长的一块心病。我就把希望寄托于三亚,一定要搞起来。景区导游员、景区说明提示、景区的饭店厕所等一切公共场所,如何提升文化品位,都值得我们去研究。不要放过任何一个细节,要给人一种强烈的文化感受。

要大力发展文化产业,健全文化门类。现在文化产业正在三亚兴起,三亚还专门出台了《关于加快文化产业发展的决定》,已经有了品牌,有了规模,比如以世界小姐为代表的会展。我一直建议把世界小姐大赛留在这里,把世界小姐总部争取从伦敦迁到三亚来,每年补贴它一点都值啊。至于是不是每年都在三亚举办,看情况。莫莉女士是很精明的,她说如果连续在三亚举办,影响力就会递减。如果到波兰去办,然后再回到三亚,就又成新闻了。如果有一个世界机构的总部设在三亚,其影响是了不起的!

通过市场运作、政策引导、政府服务,动员方方面面的力量在三亚大办文化产业,把三亚文化门类健全起来,形成一个文化圈。比如影视基地、出版产业、文物书画市场,以旅游为目的的各种博物馆。现在全省的博物馆正在整合,以历史为主要线索的博物馆海南只需要一个,不需要市县都有。所以全省十几个博物馆,我们正在考虑整合,将文物集中。我们祖先用过的小砍刀、小石刀,很珍贵,应该很有观赏性。但是由于我们多年不发展,很封闭,小砍刀我们还在用着呢，谁会去博物馆看你那玩意啊，所以我们本地人不会看。外地人到海南，三日游、五日游他没时间看，因为还有更好看的东西让他看。所以一般的博物馆我们不能再办了。要办就办专题博物馆，要办博物馆就是声、光、电一起上。省博物馆研究布展，我说一定要把观赏性摆在第一位，而不必考虑历史的连续性、全面性。还要留存足够的场所，不断地吸引外国、外省重要的展品来海南展览，这样博物馆才有人看啊。要不然我们竭尽全力建造博物馆，等于竭尽全力为自己增加了一个负担。所以三亚博物馆还真要动脑筋，怎样用起来、用好？如果我们办一些很有特色的专题博物馆，一定会吸引人的。你看国外的博物馆、艺术博物馆、自然博物馆、汽车博物馆、船舶博物馆，还有宝石博物馆，都很专业。

作为一个城市，不能没有科研院所。当然科研院所有两种，一种是事业型的，另一种是产业型的。我们主张发展产业型的科研院所。不能没有大学教育，要继续发展大学，有利于提升三亚的文化层次，让更多的人了解三亚，效益是多方面的。

除了设立文联，三亚还要建立社科联。大家绝不要小看社会科学。苏联"红旗落地"，国家"变色"，不是苏联的科学技术出了问题，而是意识形态、社会科学出了偏差。中国20多年改革开放的成功，并不是由于科学技术的发展，而是社会科学的进步产生了邓小平理论。海南也是如此。社会科学在海南经济特区整个发展过程当中，产生了很大的作用。但是它不直接创造效益，有时候还跟你要科研经费。不重视社会科学，是真正的没文化，那是很恐怖的。所以，你们要引进一些社会科学的人才，加强社会科学的研究。这些投资绝对是赚钱的，不吃亏。

要大办文化事业。广东现在市一级的文化设施应有尽有。一个演艺中心投资了几亿元，一个老年活动中心投资几亿元。一个文化场所就是一个城市品牌。在目前三亚的经济水平上，我们只能是几年建一个，但是一定要有这种意识。

更重要的是基层文化设施，现在全省欠账太多，城市社区居民没有文化活动场所，乡镇文化站形同虚设，没有房舍、没有经费，一些文化站站长不适应文化工作。为了文化，党中央、国务院有五个部门：中宣部、文化部、新闻出版总署、广播电影电视总局、体育总局。省里面有两个，市里也有两个，但是到乡镇没有了。国家的文化战略到市县再往下脱节了，这就是为什么我们全民的文化素质提升速度不够理想的一个重要原因。如果再考虑到教育，这方面的欠账实在是太多了。所以三亚能不能带头，把乡镇的宣传文化中心建好，把人配齐？编制太紧，你就给一个站长，另外再找几个中学教师来兼职。这样书画、文艺、体育、广播电视、科技普及、普法教育，就有人管有人抓了。此外，村村一定要通广播电视。一个地方再偏僻，只要通了广播电视，农民就拉近了跟文化、政治、经济中心的距离。有一次几个领导在一起谈到一个现象，领导下乡了，孩子们围过来看。领导打招呼："你几岁啊，姓什么？"结果孩子们一哄而散，全跑掉了。领导不理他们了，他们又上来了。孩子们没见过世面，穷乡僻壤，怎么培养他成才啊！首先"村村通"广播电视，然后宣传文化站不断地搞文化活动。

关于教育，我跟教育厅建议，教育上你配好一个教育局局长，这个局长就知道配什么样的校长，校长配好了就知道要什么样的教师。现在什么情况呢？现在教师队伍质量严重不合要求，艺术门类的教师几乎没有。我为什么不会唱歌、不会画画啊？粗门大嗓子的教师教我音乐，等我毕业了又教人家音乐，你说这些学生能有音乐感吗？上体育课就是反反复复玩"丢手绢""瞎子摸瘸子"。小学毕业那年到了县里看到洋鼓洋号，把我看傻了。我从小就喜欢音乐，拉二胡、吹笛子、吹口琴，但是没有一样学出来，为什么？没有教师教啊，那时候要是有教师指点，说不定我现在是二胡演奏专业工作者。但是我们艺术院校学美术、音乐的学生分不出去。有一个学校打报告上来要美术教师，可是教育部门给他配的是学物理的。所以，教育在几次省委常委会上都成了热议的话题。如果我们以经济拮据为借口、为理由，原谅我们现在基层文化教育的现状，那是贻误未来。人的培养不是一朝一夕的。所以三亚今后的发展，要从现在开始抓文化教育，尤其是抓基层的文化教育。

我始终顽固地认为，海南这么好的地理位置、气候条件，不应该贫穷。条件再差也是满眼葱绿，充满活力和生命。种什么长什么，不种它也长，难怪有人说，插根筷子也能发芽。但是海南的农民穷的太多，什么原因？如果我们通过各种文化的途径，让更多的人想致富、会致富，光是提高单位产量这一项，海南的农业产值就会成倍增长。这里水稻亩产才400斤左右，而在江苏、浙江，农民一年两个月种田，目前800—1000斤一亩就像玩似的。如果我们的亩产量从400斤提高到800斤、1500斤，你说我们农民的生活状况是什么样？更何况我们海南水稻还不是主要的，甘蔗、水果、南药，个个都是摇钱树。"家前家后，种瓜种豆"，到了海南我才明白，那说的是北方，我们海南根本没这个习惯，大量的土地在闲置，这是他们长期的生活习惯造成的。谁来改变他们？要靠我们各级党委、政府来引导农民想致富、会致富，这就要靠基层文化工作来解决。要不然，没完没了地扶贫，没完没了地贫穷。所以做事要抓源头。市委、市政府很重视农村基层工作，经常对口结对，也要把基层的文化教育摆在重要的位置上，治病要治根。

推进文化体制改革。三亚市已经被确定为省文化体制改革的试点。一定要在市委的领导下，把试点工作搞好。文化体制改革大概有如下几项任务。

第一，一批事业单位要转成企业，主要是新华书店、电影公司、电影院。保留事业单位的，要大力进行内部改革，这就是报社、电台、电视台、图书馆、群众艺术馆、博物馆等，这是公益性的文化事业单位。在很多地方的图书馆门可罗雀，一方面是因为人们读书找资料的办法多了。另一方面是我们的图书资料进得少了。还有一个重要原因，就是图书馆的经营很不够。电影公司也好、图书馆也好，凡是国有的文化事业单位，基本服务态度就是"守株待兔"，坐在家里等人。"兔子"来了，他还顶着一张大黑脸把人吓跑了。"没有！""不行！"——你说这样谁还来呢？因为有人来没人来没关系，他照样拿工资，旱涝保收还有级别。图书馆馆长很有可能跳去当文化局副局长啊。所以，这种体制再也不能继续下去了。一定要狠抓内部改革，通过内部改革激发活力，调动积极性。

博物馆、图书馆一定要不断地搞活动。我老是说，你们见过人家怎么卖药的，怎么推销化妆品的？锣鼓喧天，让你看呗，让你注意呗。我们图书馆、博物馆什么时候做过这样的事情啊？没有，它们就发挥不了作用，必须通过内部的改革激发活力。

第二，整合资源。全省的广播电视、报刊，我们主张适当时候进行整合。一个是媒体内整合，如报纸整合报纸；另一个是跨媒体整合，比如广播电视、报纸可以整合到一起。还可以跨行业整合、跨地区整合，我们正在考虑引进外省的文化企业来整合我们的文化企业。这叫大企业进入、大项目带动，文化也是如此。

第三，转变职能。宣传文化部门转变职能。首先，从办文化向管文化转变。过去我们自己办了很多文化，现在我们管文化，文化让社会去办。比如说国庆节到了，我们想搞一台国庆晚会，以往的做法通常是让文艺科室去抓呗。现在不必了，可以招标、政府采购，找几家剧团或导演竞争，谁好给谁，谁的价格低给谁，到时候看质量。群众性的体育设施没有，我们不必去建体育馆啊，给政策，让企业去建。

从单纯的行政手段向综合运用法律的、行政的、经济的、政策的手段转变，还有从只管体制内向同时管体制外转变，等等，这就是转变职能。我给文化部门提出的要求更具体，我们的职能转变，除了做到中央的几条之外，还要做到以下几个方面。一是不仅要审批，更要服务。二是不仅要监管，更要发展。我举个例子，书画拍卖会，监管的任务是管哪些画不能卖，但是不能到此为止啊，你要告诉人家怎么把拍卖会搞起来、搞好，带动、推动海南的文化市场，这更是你要做的。我们现在行政执法，更多的就是吹胡子瞪眼睛，只说能做或不能做，而不是告诉他怎么做、怎么做好。三是不仅要支持体制内，更要支持体制外。体制内的，就是新华书店、电影院、电影公司。我明确地说，海南的文化发展靠体制内这几杆"枪"力量不够！文化的发展越来越多地需要靠体制外，靠社会企业。过去我们习惯于对体制内的爱护有加，连贷款信任程度都不一样；对体制外的百般刁难，这不行那不行。我说要改过来，一视同仁，实行"国民待遇"。而且从我们长期愧对社会企业来讲，更要支持社会企业。

第四，建立文化市场体系。我们可以有意识地在三亚培育几个文化市场体系，图书音像发行体系、古玩市场、电影、文博市场、花鸟市场等。《海南日报》登过一篇稿子，说东湖边上那个古玩市场问题很大，说里面有国家二级保护植物花梨。看到这篇报道，我出了一身冷汗啊，担心它被取缔，因为这件事情在海南出现过。海口宝岛牌三九胃泰，被深圳999牌三九胃泰说成侵权，我们雷厉风行，工商总局不分青红皂白查封，最后厂领导在走投无路当中被人介绍到我这里来。我一听，没有侵权啊，我首先在海南召开新闻发布会，然后到北京召开新闻发布会，找到国家商标总局的官员，官员强调"三九胃泰"商标是合法的。我说你以合法的形式注册了一个非法的商标。我批不能成为商标，只有你批才能成为商标，这是合法的。但是，三九胃泰是个药名，"三九"是成分，三叉苦、九里香，"胃泰"是功能，成分加功能是个完美的药名，而且被载入了药典。现在你把药名变成商标，等于你把电视机商品名变成了商标，以后做的这个玩意就不能叫电视机了。新闻发布会一下子30多篇报道在北京各大报纸、电视台播起来了，也对法院正确认识这场官司起了积极作用。最后海口制药厂胜诉了，接着搞股份制，股票上市，最后经营什么情况我就不知道了，我就不再关心了。

执法部门长期以来形成了一个习惯，就是鼓励性的政策限制使用，吝啬得很，比如能够涨两级工资，也可涨一级工资，一般给你加一级，而限制性的政策加倍使用。我说的虽可能有偏颇，但情况的确存在，要多为市场服务，建立一个市场体系。另外，文化市场执法大队一定要吃皇粮，不能靠向音像书店收管理费过日子，收管理费就是保护费啊，怎么"扫黄打非"呢？我希望三亚在文化体制改革中解决这个问题。

提高文化素质，提高文明程度。这是我们文化建设当中的一项重要任务。党的十六届六中全会提出建设和谐文化当中特别强调，要树立社会主义核心价值观，其中马克思主义指导思想是灵魂，中国特色社会主义共同理想是主题，以爱国主义为核心的民族精神和以改革创新为核心的时代精神是精髓，社会主义荣辱观是基础。要引导市民、机关干部看书学习，知书达理，文明礼貌，交通有序，办事规范。这就是文明的表现，反之就是不文明的表现。

文化三亚呼唤领导的文化品位

在我国，许多事情办得成办不成关键看领导。因此，文化三亚强烈呼唤着领导的文化品位，呼唤着各级领导践行"三个代表"重要思想，贯彻科学发展观。关于这个方面，我想有以下几个方面要逐步做到。

不断提高自身的文化层次。由于这样那样的原因，我们一些同志没能有机会进行专门的、脱产的大学学习；有些同志进了大学没能读到本科；有些同志读了本科，但工作又不是自己的专业。这都不要紧，不过一定要自学，不断学习，使自己的文化层次不断提高。一般说来，文明程度和文化层次是息息相关的，但不是绝对的，有些人文化程度很高，但是道德很差，这要看一般、看概率。"文化大革命"中的舆论给我印象很深啊，说医学院校要六年，结果培养出来书呆子，而我们工农兵学员来自实践，有丰富的实践经验。驴肚子里有肿瘤，他卷起袖子，从肛门里面一伸，把瘤子就抓出来了。也许给他抓对了、抓准了，但是你都这么抓行吗？所以不能用个别的例子否定一般。

一般说来，文明程度和文化层次是相关的。思维的逻辑、思维的能力往往也是与之相关的。所以我们要不断提高自身的文化层次，这就要读书学习。有些专业知识更新得更快。现在一些地方在干部配备上，往往是一个单位任何人都可以当领导，一个领导可以到任何单位当领导，这种情况是要慢慢改变的。当然你没有做过这一行不要紧，但你一定要学习、懂行。"以其昏昏，使人昭昭"，你只有自己钻进去、懂行，才能把事情搞明白。

我自己有切身体会，我到海南日报后，报纸老是断纸。一小时几万张啊，一断就不得了，接起来重新上墨，上千张就浪费掉了。所以海南日报光卖废纸，一年就卖100多万元，你说这是多大的浪费啊。怎么老断纸呢？我利用到深圳的机会去请教，总结出断纸的问题要注意8个方面32个环节，把大家听呆了，说这个社长学文科的怎么懂机器啊。后来我让他们到深圳跟班，让广州印刷厂的师傅来海南日报带班，才知道怎么保养机器。我想说明的道理是，你没干过不要紧，但是你要赶快去学习。

另外，一定要有胸怀，引进人才。未来的社会靠人才，现在也是靠人才。打造文化三亚没有文化品位的人才，怎么打造呢？对于一个人我们不讲学历，看德看才。你没上过大学，但是很能干，道德很好，可以提拔重用。但是对于一个队伍的建设，则一定要讲学历，也就是入口一定要讲学历。现在研究生、本科生、名牌大学生多得很，你不用好的而用学历低的，请问你有什么考虑吗？

这次换届，我多次和有关领导商量，市县委宣传部门是一个特殊的岗位，宣传部部长一定要选派有文化素质和理论素养的干部担任。组织部的同志告诉我，非常遗憾这一要求很难满足。不要说文化素质和理论素养，就连一个本科生都很难找的。市县的后备干部文化层次高的很少，这要是在"文化大革命"结束的最初阶段还情有可原，到现在还是这个状况就说不过去了。所以干部要有战略眼光，一定要大度，现在正是我们有权抓队伍的时候。我最喜欢廖逊同志那句话，他喜欢把部下用起来，让其成名。他说个人的成名是集体的财富。他希望个个超过他，这样好啊，领导干部就得有这样的胸怀，否则事业上不去。当然我这是说的一个方面，就是整体队伍一定要讲学历，而干部的使用和培养不仅是学历的问题，还需要全面地去考察、去培养。

不断增强责任心和使命感。领导干部一定要有责任心和使命感。领导干部是官，从人类社会出现开始就有了官，官的责任就是管理。从某种意义上讲，官就是责任。就像打猎一定要有工具一样，官履行责任一定要有手段，这个手段就是权力。因此，领导干部手中的权是以履行责任为目的的。履行责任就要做事，不做事就没法履行责任。所以做官一定要做事。做好官、做好事就一定要做好人。只有把人做好了，你这个官就是"人官"，否则人家背后骂你"狗官"。人之为人，就在于人有道德。没有道德的人不是人。刚出生的婴儿是生物学意义上的人，还不是社会学意义上的人，因为他没有道德概念。道德是后天的，没有道德的人不是真正的人，至少不是社会学意义上的人。要有道德就要知荣辱，知道什么是荣、什么是耻。知道荣就有了道德理想，懂得应该追求什么。知道耻就树起了道德良心，知道不应该做什么。知荣固然重要，知耻更为根本。一个人最怕的就是不知羞耻。一个没有责任心的人，一个没有使命感的人就是不知羞耻的人。那些滥用职权、吃拿卡要、贪污受贿的人是颠倒了荣辱观的人。

现在我们领导干部生活条件好了，越来越注意自己的形象。早上起来出门，整整领口，熨熨衣服，看看领带系好没有，这是好事。领导干部一定要注意形象，注意小节，因为我们是公众人物。但是这并不是领导的主要形象。有喜欢吃拿卡要的干部去检查、去执法，背后有人就骂，这帮官又来了；你刚走人家就骂了。但是我们有些人不以为耻，反以为荣，以为威风。只注意穿着打扮的形象，而没有注意甚至完全不顾自己身为领导干部、执法人员的形象，这是非常可怕的事情。所以我们领导干部的所作所为，一定要想一想，我在人们心目当中，我在管理对象的心目当中留下了什么样的形象。官就是责任，要履行责任就要做事。不做事等于白做官。要做官、做事就一定要做人，做人一定要讲道德。我们常常看到有些干部有了职务忘了责任，有了地位忘了使命。老百姓还在盼他给我们带来新的起色。我们愧对百姓啊。

不断增强公仆意识和服务本领。领导就是公仆，政府就是服务。你要盖房子，你要买土地，我给你办红线图，我给你批规划；你要上学，我给你办学校，你要评职称，我给你组织专家评审……所以领导工作就是服务，跟服务员倒茶、递毛巾没有区别，只是服务的产品、方式不同罢了。所以我太赞成我们党的理论了，称领导是公仆，政府是服务，为市民服务，为投资者服务，为旅游者服务，即使监管也是服务。

长期以来，大家把政府理解为审批，我不批你干不了，因此要想我审批，你就得求我。而且我还不能让你把批文拿得这么容易，否则你不知道我的分量。办一个户口要跑十趟八趟，递一个申请要跑十趟八趟，这在建省初期是常见的。所以我在宣传部提了要求：我们该给市县的钱不准让它们跑第三趟。第一趟可能手续不全，你要一次告诉人家，第二次就得给钱。给钱、给批文、给执照这样的事情，迟给早给迟早都要给，迟给不如早给。服务就要把服务的对象服务得舒舒服服、开开心心的。

我们在第一线的部门和同志很辛苦，却长期得不到人们的理解，可能就要从这方面找原因。比如没有城管大队，我们的市容能这么整洁吗？没有交警，行人能这么有规矩吗？以人为本啊，首先要把人家当人看啊。我们把老百姓当人看，老百姓就会把我们也当人看啊。再说你这也不准摆摊，那也不准摆摊，你总要给农民、小商小贩一条活路啊。这就是执政能力和水平的问题。

不断激发我们的正义感，提高判断是非的能力。我认为一个地方的投资环境好不好有三大标志：一是办事效率。一定要提高办事效率，政府提高办事效率，非政府机构比如邮局取包裹、银行结汇等，都要提高办事效率。时间就是金钱啊，办事效率就是形象。

二是社会信誉。社会充满信誉，政府讲信誉，该履行职责就履行职责；市民有信誉，模范遵守交通规则，尊老爱幼，不欺生不欺诈；司法有信誉，公正办案，不徇私情。一个地方只要各个环节都讲信誉，这个环境绝对达到一流。但是我们这种设想只是个良好愿望，任何社会、任何时代，不讲信誉的单位和人总是存在的，好在人们是有办法的。在与不讲信誉作斗争的长期过程中，人们有权力的法宝，就是用公正对待不讲信誉。你不讲信誉，我的办法就是用公正来对待你。这就是舆论公正，报纸批评你，民间议论你，让你无地自容；政府公正，你告到政府，政府给你判断，该怎么样就怎么样；仲裁公正，你不讲信誉，由仲裁机关提供公正；最高的公正就是司法公正，法院的使命是提供公正，没有公正这个法院形同虚设，也就没有生命力。不提供公正的法院比没有法院坏100倍。如果法院公正有问题了，这个社会就没有多少公正可言了，因为人们通过舆论公正、仲裁公正、行政公正没有讨到公正，最后才打官司。法院的公正是暴力支持下的公正，法院是暴力工具，所以最具有权威性。这既是我们公正的最后关口也是最后的希望。如果这个关口出了问题，环境受影响，诚信更受影响。

三是社会服务。在这个地方投资办事情，凡是能得到的东西都能够有，看病有好的医院，螺丝钉有地方配，电线什么样的规格都有。菜农只管种菜，有人上门收购，种子化肥到时候有人送过来，甚至有专业的队伍给你治虫等社会化的服务。台湾农民到我们海南来搞热带农业，一个很大的不适应就是社会服务体系不健全。我们很多投资商差一个螺丝要跑到广州，这都是我们先天发展不够，后天要加强配套。

为了形成信誉和公正，我觉得每个领导干部都应该有正义感、有激情，敢爱敢恨，敢抓敢管。如果领导干部没有这样的特点，这个地方就没有是非、没有正义可言。你埋头实干得不到表扬，跑官要官得不到批评；你夸夸其谈得到好感，你求真务实不为人知；你执政为民被认为是白痴，你以权谋私被认为是有能耐；你舍己救人死了白死，你横行乡里我睁眼却看不见。你干与不干一个样、干多干少一个样、干好与干坏一个样，你这个地方就没有正义可言，没有正确的是非观。

所以，领导干部第一要有正义感，第二要有判断是非的能力。一旦判断出是非，我一贯主张，对待存在的问题要像消防队员看到火情那样扑上去解决。我们很多地方，今年总结是这个问题，明年总结是这个问题，后年总结还是这个问题。为什么？领导做老好人，不敢抓不敢管，还谈什么环境建设？还谈什么现代化建设呢？

当然敢爱敢恨是有原则的。我指的是爱那些该爱的人，恨那些该恨的现象。敢抓敢管是有方法的，不讲方法的敢抓敢管往往适得其反。

　　为了打造文化三亚，我们要靠领导干部高素质的文化品位作保障，靠我们良好的环境作吸引，靠我们的正义感、敢抓敢管、敢爱敢恨树正气。在这方面要推行行政首长负责制，比如办事效率上的行政首长负责制，反腐败的行政首长负责制，官员队伍形象素质的行政首长负责制，我唯你局长是问。群众反映强烈，问题很多，我就给你警告，限一个月整改。一个月整改不了，群众反映仍很大，我再给你一个月。两个月面貌如旧，我就有理由断定，你身为一局之长，不抓内部建设，不抓行风建设，你当不了这个官，这就要换人了。

　　人是要有压力的，我们自己也是如此，上级领导对我们抓得紧，我们就动得紧。如果市里始终有一种压力给各个局，大家就会更加自觉地做事。人都是这样，人有惰性，这就是领导管理者要加压力、加动力。

　　三亚经过这么多年的发展已经有了很好的基础，三亚的知名度很高，三亚的城市建设越来越像样，看中三亚的投资者越来越多了，三亚旅游度假的意境很值得骄傲了。今天三亚市委通过举办研讨会总结经验，提高理论素养，交流思想，提高认识，对三亚的发展是很有意义的。我相信三亚的未来一定会比今天更加光彩夺目。

三

新兴的文化产业

规范和发展文化娱乐市场

文化产业和文化体制改革的亮点与做法

履行好文化市场稽查职责

有发达的文化产业才会有全面小康

不重视文化产业不算真懂经济

文化自信需要发达的文化产业

文化创意的价值追求

保护和利用文化遗产

📖 文化产业是一个朝阳产业。现在文化和技术深入结合，文化产业快速发展，从业人员也在不断增长，这既是一个迅速发展的产业，也是一个巨大的人才蓄水池，在"十四五"规划中，要重视这项产业。

📖 文化产业既有意识形态属性，又有市场属性，但意识形态属性是本质属性。……一定要牢牢把握正确导向，坚持守正创新，确保文化产业持续健康发展。

《坚守人民情怀，走好新时代的长征路——习近平在湖南考察并主持召开基层代表座谈会纪实》，《人民日报》，2020 年 9 月 21 日

规范和发展文化娱乐市场 *

　　前一阶段，全省人民众志成城抗击"非典"，海南省文化娱乐业以大局为重，为防治"非典"工作作出了重大牺牲。目前，防治"非典"工作已经取得了阶段性胜利。省政府要求在继续抓好防治"非典"工作的同时，抓紧做好各项经济工作和文化市场的恢复工作。各文化娱乐场所应认真做好准备，经检查合格后，尽快恢复营业，把损失降到最低限度。

　　最近，中央对文化产业和文化市场的发展作出了一系列新的重要指示，对文化产业和文化体制的改革提出了新的要求。文化娱乐业是文化产业的重要组成部分，海南文化产业的发展离不开文化娱乐业的发展。那么，海南文化娱乐业如何发展？如何繁荣？如何解决在管理方面存在的"一放就乱，一管就死""开了关，关了开"等问题？

　　我谈几点意见，涉及经营业主的，供大家思考；涉及管理部门的，请大家研究。

---

　　* 本文是作者 2003 年 6 月 27 日在海南省文化娱乐市场发展与管理座谈会上的讲话。

趋利避害，大力发展文化娱乐业

文化娱乐业是一个特殊产业，是整个社会经济发展的"晴雨表"。 文化娱乐业由企业投资、市场运作，具备产业的两大特征，毫无疑问，这是一项产业。但是，文化娱乐业是个特殊产业，它有性质上的差别，即有先进与落后之分，有向上与颓废之分，有健康与不良之分。所以，国家对文化娱乐业有严格规定。国家对文化娱乐业的态度从严到放，再到严，是针对一系列触目惊心的问题提出来的。比如，消防问题，达不到条件就不能开业。克拉玛依一场大火就吞噬了 300 多人的生命。电子游戏本来是很好的高科技产物，但在一些人手中却变成了赌博的工具。我们从事文化娱乐业的业主和管理者对这一特殊性一定要有清醒的认识。

文化娱乐业需要进一步发展。 为什么呢？一是人民群众有需求，文化娱乐业可以满足人民群众的精神文化需求；二是可以繁荣文化；三是可以发展经济，可以解决就业问题，可以增加税收，增加 GDP。现在海南文化娱乐单位小规模、低档次的不少，够规模、上档次的不多。我们要多多发展够规模、上档次的文化娱乐场所。我们要鼓励文化娱乐业的发展，而不是限制它的发展。

文化娱乐业的发展历程和现状喜忧参半。 喜的是，文化娱乐业在满足人民群众精神文化需求，繁荣海南文化，发展海南经济等方面作出了很大贡献。忧的是，一部分文化娱乐业经营单位步入了歧途，最集中的表现就是"黄赌毒"。搞"黄赌毒"受到查处理所当然，但有时候"城门失火，殃及池鱼"。由于对市场行为不好甄别，管理部门采取"一刀切"的政策难免伤及无辜。我们的管理也面临着一个更加科学、规范和依法管理的问题。大家要好好研究如何解决文化娱乐市场中存在的问题，为投资者提供一个良好的文化投资环境，为消费者提供一个健康的文化娱乐消费环境，或者说提供健康的文化娱乐产品。

鼓励和支持健康的文化娱乐业。文化娱乐业搞好了就是利，走偏了就是害。一段时间以来，有的娱乐场所的部分演出给人们造成了一种扭曲的期待，给社会造成了不良的影响。娱乐演出场所一定要给人们提供高品位高档次、健康向上的文化娱乐，一定要把正气树立起来，一定要把错误的经营理念纠正过来，一定要把不良形象逐步扭转过来。这几年，海南的形象正在逐步好转，文化娱乐业为树立和改变海南的良好形象进一步发挥了积极的作用。我国现在的文化政策逐步走向开放和开明，大力发展先进文化，支持健康有益文化，努力改造落后文化，坚决抵制腐朽文化。主张弘扬主旋律、提倡多样化。对主旋律作品，不仅要求内容健康向上，而且要求精益求精；提倡多样化需要一个宽松的环境，凡是能使人受到启发、教育，内容健康的都可以发展。国家的文化政策还是非常宽松的。广大业主一定要遵规守法，大力发展健康有益的文化娱乐产业。不然，你们麻烦，我们也麻烦。我们管理部门不是天生想得罪经营者，但是你们违法了，我们就得管。如果不管，那是我们失职。

科学、规范、依法管理，促进
文化娱乐业健康发展

首先，管理的目的要明确，是为发展、繁荣、健康而管理。那些故意跟企业过不去、没事找事、莫名其妙的管理行为，都是与管理目的不相适应的。管理部门要转变管理理念，转变政府职能，把管理和服务有机结合起来。

其次，要进一步发挥政府宏观调控作用。一要总量控制，要根据人口和经济发展情况来决定文化娱乐场所的档次和数量，达到总量了就不能再批了，批多了就是制造恶性竞争。二要有市场准入限制，就是具有什么样的资格才能经营什么样的档次。要根据实际情况进一步研究文化娱乐市场的准入条件。三要坚决取缔无证照经营行为。五指山的民族风情度假村投资1亿多元，现在没人去看，原因是沿途建了很多小的黎村苗寨，投资很小，既无证无照，又蒙人坑人。这说明政府管理部门要支持、保护重大项目的投资，打击、取缔低档次、无证照经营的行为。

文体厅是文化产业的主管部门，要主动会同公安、工商、税务等部门一起研究，充分发挥宏观调控的作用，积极引导和发展文化娱乐业。

最后，要提高政策和法律的执行水平。管理部门要防止出现鼓励性政策限制使用，限制性政策加倍使用的情况。执法部门一定要提高政策水平和执法水平，只有这样，我们才能准确地执行政策和法律、法规。海南的文化娱乐业要繁荣发展，业主经营行为和政府管理行为都要规范。有几个课题值得我们研究。一个是可不可以在文化市场搞综合执法？综合检查、综合执法，统一年检、统一培训，既行使了政府的职能，又为企业减少了麻烦，避免多头频繁执法。涉及对企业进行关停处理的问题，文化、公安、工商等几个部门最好沟通一下意见，以免造成管理脱节。一个是能否清理一下有关政策规章。把过时的规章废止，把现用的统一印发给每个业主，公开办事程序和规则，为企业服务。再一个是建立让企业投诉申诉的机制，把文化市场行业协会建立起来，把协会活动开展起来，通报国家政策，交流经营情况，反映企业的困难和呼声，加强行业自律，互相监督。

文化产业和文化体制改革的亮点与做法 [*]

全国政协"促进我国文化产业发展"专题联合调查组来海南调研，我代表海南省委宣传部首先表示热烈欢迎！现在我汇报四个方面的情况。

文化产业的亮点

海南省文化产业规模虽小，但有自己的亮点或者特点。

第一个亮点是宣传文化单位进入市场的门槛比较早。早在 1988 年，《海南日报》从成为省委机关报开始，就是自收自支，企业化经营，靠广告、靠印刷、靠其他经营方式来生存和发展。其他报刊绝大部分都是自办自营，比如《海南特区报》《海南经济报》《环球体育》等。我们的出版社从成立到现在，没有拿过财政的钱，都是自我滚动发展。在无资金投入的情况下，出版社大胆探索，实际上是以各编辑室为独立的出版单位，"编印发一条龙"。由于海南市场

---

　　* 本文是作者 2003 年 11 月 8 日在全国政协"促进我国文化产业发展"专题联合调查组海南汇报会上的发言。

小，它们到内地以图书发行公司的名义驻扎下来，组稿、编辑、印书。这些做法在当时可以说是违规的，但使它们克服了初创时的困难。省广播电视总台，财政拨款也是严重不足，靠经营来补充。现在，海南省宣传文化经营单位大多已经有了一些闯荡市场的经历和经验。

第二个亮点是党报《海南日报》。这份报纸内容吸引人，版面好看，年年有改进，干部群众都爱看。发行总量最多时达 17 万份，目前是十四五万份，绝对量并不大，但创造了国内省级党报的几个第一。一是零售量全国第一，海府地区零售每天有 3 万多份，市民早上买党报已形成独特的文化现象，这在内地是很少见的。二是自费订阅率全国第一，自费订阅差不多占发行量的一半。三是人均拥有量全国第一，比如有一个省级党报发行 40 万份，全省 8000 万人口，平均 200 人一份，我们是平均 49 人一份《海南日报》。四是"母报"养"子报"，全国独特。目前党报普遍经营困难，靠"子报"异军突起"供养"党报。但是《海南日报》始终独占海南传媒广告的鳌头，海南广告市场总量的 50% 以上是《海南日报》的，集团内部的杂志、小报、网络等都是靠它来养的。

第三个亮点是旅游卫视。在中央有关部门的支持下，旅游卫视办成了全国省级第一家专业频道，打出了品牌。许多省区纷纷投来惊奇和羡慕的目光。旅游卫视现在正在规范和扩大经营，节目和经济效益有望更上一层楼。

第四个亮点在出版行业。虽然从总量上讲我们上不了台面，但是也有自己的特点。比如海南出版社在出版引进版图书方面，在全国已是小有名气，如《数字化生存》《网络为王》等知名图书都是由这家出版社出版的，出了很多这样的好书、有影响的书。南海出版公司出版的文艺书籍，在全国也颇有影响，国内几乎所有的著名作家，甚至不少十分热门的韩国作家，都在这里出过书。

第五个亮点是文学综合刊物《天涯》杂志。该杂志品位很高，许多大家、学者都以能在《天涯》发表作品而感到高兴，文章转载率特别高。业界评论说"北有《读书》，南有《天涯》"。

第六个亮点是民营文化产业异军突起。民营的创新书店，大概从1999年起步，开始时是一个小书店，然后连锁经营，覆盖很多市县，现在在海口办文化超市，总营业面积近2万平方米，图书品种多，购书环境好，经营理念新，服务质量好。群众自发地创建琼剧院团，海口市的一个镇，名叫大致坡，就驻有10个剧团，每个剧团30—35人，几乎每天都有演出任务，有的团最多时一年演出295场。海南的红白喜事、孩子升学参军、华侨回乡都喜欢请戏，所以这种民间艺术经营活动就应运而生了。还有十来个民间剧团在这里开设窗口，设办事处，挂牌承接演出任务。这启示我们：只要经营得当，传统艺术也有大市场。至于民办的文化娱乐场所如歌舞厅等，就更多了。

文化体制改革的进展

党的十六大以来，我们在发展文化事业的同时，积极发展文化产业。已经做的事情大致有以下几项。

成立文化体制改革和文化产业发展办公室。通过成立这个办公室，把宣传部和文化出版主管部门连为一体。党委宣传部担负着文化体制改革和文化产业发展的领导责任。其他许多省市的经验和以往的经验告诉我们，党委的宣传部门和政府的文化主管部门，在管理上常会因为工作角度的不同而出现一些摩擦或不协调。我们通过这个改革发展办公室，把两家连为一体。部厅协调动作，同步推进改革和发展，开展了一系列工作。

大力推动文化经营单位内部改革。海南日报社先走一步，把经营管理提上重要的议事日程，在编委会之外又成立了经营管理委员会，下设办公室，负责统筹全社的经营管理，做到新闻采编和经营管理两个轮子一起转。海南日报社在内部推行五项重要改革。

一是经营管理的目标责任制改革。凡是能够独立核算的单位，不管是否为独立的法人，我们都把它视为相对独立的经济实体。比如广告部，过去一直是报社的职能部门，现在我们把它作为一个经营单位，实行经营管理目标责任制，报社收取广告总额的80％，20％由广告部自由支配，其中15％—20％给广告公司作为代理费，余下的就作为广告部自身的费用：工资、福利、设备、差旅费等。仅这一项改革，就给报社带来两项大的收入：一项是把进账率从55％提高到近80％；另一项是广告部内部的开销300多万元，过去由报社开支，现在全部在那个20％中解决。至此，海南日报社的广告、印刷、物业管理、"子报"、"子刊"等9个部门全部实行独立核算。内部管理改革使效益大增。新创刊的《南国都市报》第一年预算亏损800万元。我们的措施是先扣工资的一半，如果年终亏损控制在800万元以内，返还工资；如果减亏，减亏额度的10％作为奖励，其中一半奖励给职工，另一半奖励领导班子，领导班子的一半奖励给"一把手"。结果减亏340万元。

二是分配制度改革。分配严格与经营目标、写稿发稿的数量和质量，与编辑的版面挂钩，在海南日报形成了一心一意抓经营管理、一心一意搞采编的局面。同时，我们提前悬赏奖励：谁争得采编考核第一名，年度奖励 3 万元。有的记者月收入可在万元以上，少的也就两三千元，从而拉开了收入差距。难的是报社机关的分配改革，做得还不够理想。

三是财务制度改革。所有的经营单位统一建账，内部资金虽可以相互调动，但必须是有偿使用。经营单位账面资金再多，所有的开支也必须符合财务规定，比如招待费、住宿费、交通费的比例和项目都应符合财务规定。

四是人事制度改革。我们采取老人老办法、新人新办法，凡是新进人员一律实行"招聘进门、竞争上岗、合同聘用、档案随人"。所有进入报社的人员，一律实行聘任制，杜绝了批条进人的现象；竞争上岗，消除了内部"跑官要官"现象；合同聘用，实行进人调档制度。

五是新闻改革。改革新闻报道，改革报纸版式，增加版面，彩色印刷，实现"让党报更好看"。《海南日报》目前是 16 版，是全国为数不多的版面较多的省级党报之一。

海南日报的内部管理经验，我们已开始向其他宣传文化经营单位推广。

对文化经营单位实行目标责任制管理。如对各出版社，我们从码洋入手，通过一系列的调查和测算，确定年度利润等指标，完成了如何奖励，没有完成如何惩罚，大致参照了海南日报的管理经验。2003 年，与 5 个出版单位签订了"双效"目标责任制，这项工作，今年至多算是开头，还不配套，如财务监管还未跟上。2004 年将要推进到报社、广播电视台、新华书店、电影院等，全面推行经营目标责任制。

以股份制、集团化为目标，推进新华书店系统改革。新华书店是国有企业中最后一个需要改革的领地，计划经济的东西被保留下来的很多。民营书店不断地蚕食市场份额。新华书店经营一般图书不仅几乎是分文不赚，还要亏损，完全靠教材维系生存；教材一旦实行招标发行，它们就没有任何能力生存。我们部厅意见一致：趁现在还有一定实力，能够支付改革成本，抓紧改革。改革分"三步走"：第一步，定员定岗，减员增效，清产核资。这一步已经基本完成。第二步，实行连锁经营。不搞连锁经营，成本太大，新书太少，有的新华书店 2000 年以后的新书一本没有。第三步是我们的目标，即股份化、集团化一步到位。通过股份化实现集团化，全省 18 个新华书店组成一个集团，同时吸引其他国有资本进行股份化改造。今明两年做好各项准备工作，条件成熟时即可实施。

推进演艺团体的改革。海南省的演艺团体作为老国有事业单位，人员多、人才少。现在从裁减冗员开始，实行竞争上岗，分流任务很重。了解到大致坡琼剧民间演艺团体的繁荣现象之后，我带领有关部门，包括文体厅、琼剧研究会、琼剧院的有关人员，到那里现场调研，发现至少有三点经验值得我们借鉴。一是面向市场，随行就市。8000 元一场也演，1000 元一场也演，哪里需要就到哪里演，不讲条件。二是新型的分配制度。以前的主演演员在省琼剧院拿一两千元，只要到那里领衔，一个月 8000 元，跑龙套的只有 500 元，差距相当大，能者多劳，多劳多得，向一线倾斜，向骨干倾斜，向业绩和贡献倾斜。三是敬业精神值得我们学习。最多的一年演 295 场，最忙时连演 90 场，天天不间断。从这种现象中我们认识到：不是琼剧没有市场，我们不要抱怨老百姓的欣赏情趣，误认为人们现在不愿看琼剧。为什么会自发地产生这么多的演艺团体？只能说明我们至今仍然没有市场意识，没有基层意识，也没有刻苦精神。我们发掘民间演艺团体这一生动经验，并学习借鉴，推动国有演艺团体的改革。当然，民间团体也有自身的问题，如在知识产权、作品定位等方面，需要加强引导和管理，但要以管活为前提，不能管死。

文化体制改革的重点

全省文化产业如何发展，文化体制如何改革，我们要在中央的部署出台之后，才能形成总体方案。就目前我们所能做的、所想到的而言，2004年要重点抓好转换观念、转变职能、转变经营机制。

第一，要纠正管理上的"两多两少"，全面加强系统内各单位的经营管理。过去我们宣传文化部门对下属单位的管理，一直存在着"两多两少"的倾向：一是从意识形态角度，从政治上、导向上管得多，从经济责任角度管得少，甚至是基本不管。二是从行政规章方面管得多，从内部管理和经济效益方面管得少，比如到期就要年检，违规就要警告，至于分配是不是合理、体制是不是顺畅、经济效益是不是良好、持续发展是不是能得到保证等，基本不管，各单位在经营上基本处于无上级主管部门的状态。结果造成这些宣传文化单位使用着国家的垄断资源，如电视频道、刊号、书号，名义上是国有资产，实际上是小团体的利益。除去提供精神产品和上缴税收之外，对全省的文化建设基本没有经济上的贡献。从现在开始，我们将着力解决这个问题。解决这个问题，我们不是要索取，而是要敦促它们进行内部经营管理改革，敦促它们做大做强。

第二，要对民营文化企事业单位给予"国民待遇"。对国有事业单位和民营文化企业，要一视同仁，给予它们平等的待遇。以前对系统外民办单位的管理就是监督、找毛病、处罚，对它们很少关心与照顾，召开工作会议，传达文件等，也把它们排除在外。我们认识到，随着社会主义市场经济体制的不断完善，国有的宣传文化单位很难增加，民营文化企事业单位会越来越多，我们管理、扶持和帮助的目光应该放到全社会一切能够创造先进文化的企事业单位中，而不仅仅是体制内的"亲儿子"。"系统内"这个概念的外延要全面覆盖所有文化企事业单位。

第三，要切实转变职能，转变机关作风。过去，我们的管理主要是审批，是"找茬儿"，比如申报一个企业，手续烦琐，主管部门尽量找你的毛病，让你办得很费劲，甚至办不成；今后，我们要做到凡是需要我们审批的，只要符合国家政策，一定要帮助它，直到办成为止，也就是说，要从审批转向服务，审批也是服务。最近，海南省有一位歌手希望举办个人音乐会，遇到了很多问题，首先议论他够不够资格，然后是部厅审批过程拉得很长，最后人家自己努力，请到了中央部门的有关领导来看，我们的同志却打电话告诉领导同志，说他这是个人行为，并劝其不要来。这件事对我的震动很大，它说明了我们管理部门转变观念、转变职能有多么重要。今后在海南全境，一切艺术人才，凡是要举办个人音乐会、演唱会、演奏会、展示会、展览展销会等，一律予以支持和帮助，鼓励个人出名成家。任何展示活动名义上是个人行为，但都需要集体创造，实质上是集体创造先进文化的行为。我们要从代表先进文化前进方向的角度，大力扶持、帮助，责无旁贷。

第四，要分期分批对国有文化企事业单位的可经营部分，进行股份制改造。党的十六届三中全会明确指出，要使股份制成为公有制的主要实现形式。股份公司也有经营不善的，不是因为股份公司本身不好，而是股份公司运作不到位，名义上是股份制，实质上还是国有企业的运作方式。

出版业着重改革内部经营机制。彻底改变现行的书号自上而下层层分配、利润自下而上层层上缴、"编印发一条龙"的小生产运作方式。这种经营方式比较灵活，有利于调动编辑人员的积极性，这对海南出版业从无到有、从小到大的发展，起到了积极作用。然而他们自己说，就其实质而言，出版社成了个体户的联合体，严格地讲，这也不符合国家出版规定。因此，必须转换机制，找到一个改变这种小生产运作的方式，既能够调动职工的积极性，又能快速壮大集体实力的新的经营机制。创造条件，组建全省性出版集团。我们现在还不具备这个条件，有的出版社自身还没有走出困境。现在要是组建股份集团，加上如果体制不顺，搞不好的话，势必造成以弱拖强，而不是以强带弱。但我们要有组建集团的目标。

做强做大海南日报报业集团，实行以办报为主的多种经营，鼓励兼并。比如，促成海南日报开辟商业印刷。海南地区的商业印刷，如商标、挂历、画册等，每年流到珠三角的业务就有3亿多元的产值，如果我们能抓住其中1/3，就是1亿多元，而投资只要2000多万元。海南日报总的发展战略是以报刊经营为主业，以产业拓展为方向，以资本运营为杠杆，以体制创新为动力，以人才工程为保障，实现报业发展的集团化、多产业和高效益。在广播电视业方面，创造条件，把全省3个广电台的8个电视频道、8个广播频道，组建成海南广播电视集团。把8个电视频道建成专业频道，如新闻频道、旅游卫视频道、公共频道、财经频道、农村频道、影视频道、教育频道、都市频道等。这需要得到国家广电总局的支持。

新华书店的改革分"三步走"。第一步，清产核资，定岗定编，减员增效。这一步已经基本完成，成效显著。第二步，整合资源，连锁经营，已经制定实施意见和相关的三个配套办法（"连锁经营实施办法""信息网络建设管理办法""财务管理办法"）。从现在起，争取在一年以内完成。第三步，股份制、集团化一步到位。在这三步走完之后，我们的主观愿望不仅是让它们卖图书，还希望推动它们搞物流配送等，成为一支新的销售大军。

在演艺团体的改革和发展方面，对由财政供养的文艺团体实行目标任务管理。如规定每年必须完成的演出场次、节目创作和人才培养，以这种"三规定"的指令性指标，促进国有演出团体出精品、出人才、出社会效益。改革内部分配制度、干部人事制度、财务制度。实行全员聘用，变身份管理为岗位管理，收入向一线岗位倾斜，向业绩和贡献倾斜，向重点人才倾斜。对演出团体和剧场实行股份制合作，使演出场所有剧目上演，使演出团体有场地演出，开拓演出市场；推进演出公司和演出剧场组建新的股份制企业。省演出公司一直经营得不好，濒临破产，而民营公司却通过组织演出赚了很多钱，比如最近组织俄罗斯演出团体来琼演出的《天鹅湖》《一千零一夜》等芭蕾舞剧都获得了很好的效益。为什么我们的演出公司不能做到呢？

扶持、引导、规范民间演艺产业的发展，活跃城乡文化生活。

对文化娱乐市场实行规范管理，行业自律。要彻底改变过去"一管就死、一放就乱""开了关、关了开"这种无序状态。我们将协调公安、工商、文化三个部门，明确文化市场的管理以文体部门为主，公安和工商部门配合，坚决杜绝"黄赌毒"，为文化娱乐业创造比较稳定的经营环境。着力发展旅游演艺。我们设想分别在海口、万宁和三亚，创作三台有海南特色、树海南形象的旅游专场文艺演出，就像深圳的"世界之窗"、珠海的"圆明新圆"大型主题晚会，相对固定演出场所，丰富游客文化生活。

建议和希望

调研组要求我们对全国文化产业发展提些意见和建议。我们考虑得不成熟，初步试提如下几条，仅供参考。

第一，文化产业已开始勃兴，既要放开，又要进行宏观调控。文化产业发展要吸取经济领域的教训，防止文化产业发展中的"一窝风"现象，防止低水平重复建设。

第二，对文化产业实行政策扶持，尽量减轻税负，甚至部分地实行免税。减免税以后的文化产业发展对财政的直接贡献也许不大，但它的影响和带动是多方面的，对丰富生活、安排就业、促进文化消费的贡献是很大的，就像对待农业一样，这点税是完全可以减掉的。

第三，对文化市场实行集中统一管理，避免多头查处，多头管理。文化、工商、公安、消防、卫生防疫、税务等部门分头管理，分头查处，这样不利于文化产业的健康发展。

履行好文化市场稽查职责 *

今天我来文化稽查总队调研有几方面的原因。一是最近加强和改进未成年人思想道德建设，总队的战果辉煌、业绩显著，但任务还遥无穷期。二是总队担负着一部分"扫黄打非"的工作，我作为这方面的主管，作为全省"扫黄打非"领导小组的组长，来看望大家，了解工作。三是稽查总队是我们省级文化口唯一的稽查队伍，这支队伍怎么工作，是不是文明，是不是规范，是不是廉洁，事关文化发展大事。

利用这个机会，我谈两点想法和认识。

稽查总队担负着神圣的职责

文化市场是我们国家继生产资料市场、生活资料市场、金融市场、劳动力市场等之后开放的又一个市场。文化市场是我们国家市场体系当中的重要组成部分，是和老百姓日常生活息息相关的市

---

　　* 本文是作者 2004 年 6 月 22 日在海南省文化市场稽查总队调研时的讲话。

场。这个市场除了其他市场所具有的共性之外，还有独一无二的特性，就是意识形态性质、政治性质。通过这个市场，争夺与反争夺、腐蚀与反腐蚀的斗争从来没有停止过。由于利益的驱使和意识形态斗争的原因，我们的文化市场未达到健康、规范的治理要求。所以，我们稽查总队就代表着正直，代表着健康，代表着人民群众，受政府的委托做市场的规范、稽查工作。正是这支队伍保障着海南省文化市场总体上向前发展，这支队伍承担着神圣的使命和职责。

1994 年总队成立以来，历任领导不断地规范队伍、健全制度、履行职责，甘当文化市场的园丁，查处了很多和我们政治、意识形态和法律、法规不相符合的文化产品，打击了很多带有严重政治问题的市场行为。特别是对未成年人的思想道德教育工作，中央也进一步加大了工作力度，同志们一直奋战在第一线，做了很多的工作，受到社会广泛的关注，而且同志们的工作是在条件不是很好的情况下进行的，交通工具、办公条件、经费、人员都不健全，很不容易。稽查总队对全省文化市场的发展作出了重要的贡献。

要成为一支依法执法的文明稽查队伍

我们稽查市场，是为了繁荣市场；查处非法，是为了鼓励合法。这个任务，千万不要背离。如果今后我们的工作使文化市场枯萎了，合法经营也受到了牵连，也受到了处罚，那稽查总队存在的价值就走到了它的反面。如果这样，宁可不要这支队伍：公仆成了老爷；为人民服务，成了人民为他服务；为人民谋利益，成了为自己谋利益。这种现象，引用马克思主义的概念，就是"异化"，自己的劳动成果，自己的创造物，反过来成了压迫自己的力量。成立稽查队伍本来是维护市场的，结果成了破坏市场。由于这支队伍的存在，市场得不到健康的发展，没有它，老百姓反而幸运；有了它，老百姓更加遭殃——这就叫"异化"。

稽查是为了繁荣，查处是为了健康，稽查作为"园丁"真正的意义也就在这里。

下面，我提六条具体的要求。

第一，加强政治责任感，周密稽查。文化稽查工作在我们新中国历史上是个政治任务，因为这个行业的意识形态性很强，我们的稽查不能违背我们的意识形态，不能违背我们法律的规定，所以我们要加强政治责任感。因为省总队就 14 个人，我们就这么一支力量在总管，两只眼睛要严密地注意市场，两条腿就是要在市场里走来走去，不能有死角，不能偷懒，不能有任何疏忽大意。拿城管队伍来说，我就感到有时候他们很辛苦，我说的这个意思是我们加强责任感就应该始终如一，每天每时都要稽查，要把稽查形成一个规矩，不要打摆子。

第二，时刻注意形象，文明稽查。有的人狠，怎么狠呢？他有权就狠；没权的人，也有狠的，我也见到过穷狠的，那是被逼急了没办法，横竖就一条命，你看怎么办吧。但终归是有权的更狠。我们权很大呀，我说你非法你就非法，把你执照、许可证都吊销了，我叫你关门。所以我们有权的话一定要依法用权，文明用权。现在实行人性化的管理，这是很好的开端。既要有礼也要有节，虽然理在我们这一边，但是也要有礼有节，也要把人家当人看。我们与稽查对象是平等的，千万不能颐指气使，不能当众喧闹，不能高人一等，更不能像土匪，千万注意自己的形象。

第三，建立严格程序，规范稽查。你们已经在规范化方面做了很多工作，但要进一步研究。因为规范与反规范是个无止境的事情，你"道高一尺"，我"魔高一丈"。在一个不文明的国家里，大家都是想方设法超越规范以不受规范的制约，比如某人车子里放着大盖帽来冒充警察，车子前面贴着采访车来冒充记者，他就是想超越某些规范的约束。针对这些特殊人群，我就是特殊队伍。系统是倾向于无序的，如果一个系统不加以维护，那就是无序。人生来究竟是性本善还是性本恶，我们不去争论，但要防范性恶，所以在文化市场稽查中要特别规范。我是主张应该有一个制约的机制，文体厅应该有一个更高的监督或者裁决这样的机构，以分管厅长为首，稽查总队长参加，有关处室领导组成，定一个时间集中讨论。我建议建立起来，以避免日后的行政复议，该加重的就加重，该纠正的就纠正，不违反公正办案就好，具体你们自己操作。该规范的事情还有很多，包括东西到仓库怎么管，是一把钥匙还是两把钥匙，不能再把东西从这里流出去，你们有入库登记就好。规范，就是什么都要规范，要有一定的程序。在特殊的场合和条件下，容易诱发人性当中邪恶的一面。靠思想觉悟教育能解决一些问题，但是不能从根本上解决问题，这就要规范。我谈过一个观点：95%以上的干部是好的和比较好的，说起来固然让我们感到自豪。但是这个认识对反腐败有害无益，它容易使我们不以为然，认为95%都是好的，那剩下的5%算什么？它容易使我们掉以轻心，所以反腐败必须有一个理论假设：任何一个领导干部在不加以监督的条件下都有可能贪污腐败。

第四，依法公正办事，严格执法。首先是依法，超出法律范围的，我们不要做。但是法是有很大空间的，比如判3年以上7年以下，到底判几年，全由法官说了算。再如罚款1000元到10000元，到底罚多少，还有一个可罚可不罚，这些都是考验我们执法水平的时候，我们一定要公正办事。

第五，严格要求自己，廉洁稽查。我非常担心廉洁问题，这是一件大事情，到目前为止，还没有发现这种不廉洁的现象，但是你们不要掉以轻心。有人就相信什么事情都能靠金钱来搞定——子女上学靠金钱搞定，项目审批靠金钱搞定，提拔干部他认为也能靠金钱搞定。他不断地给领导送东西，包括送钱，他就是有"金钱万能"这个信念在里面。这种人也曾有成功的范例，他花了几千元钱，避免了一场灭顶之灾。因为他有这个成功的范例，所以就产生了这个坚定不移的信念。在我们周围，始终都有怀有这种信念的人，所以我们时时刻刻都是被糖衣炮弹打击的对象。有时候我们挨了一颗"子弹"还不一定致命，但是换了糖衣炮弹我们都会致命的，哪怕坐牢一年，哪怕被开除，都是致命的。

所以，大家一定要廉洁稽查，这也是我对这个队伍很挂念的一个重要原因。大家谋得这份工作很不容易，我们的父母把我们养这么大不容易。我们自己也有儿有女，有这么一个好爸爸、好妈妈不容易。政府对我们信任，把这么大的权力委托给我们也不容易。从方方面面多想想，一定要廉洁自律，在自己周围筑起一个坚固的长城，使任何"炮弹"都打不倒我们。

第六，加强领导，理顺关系。一是"扫黄"办与总队的关系。"扫黄"办要进一步加强与总队的联系、监督、协调，总队反过来也要进一步加强跟"扫黄"办的联系。虽然总队不单是"扫黄打非"，但很大一部分工作是"扫黄打非"。你们两家要多合作、多配合，你们两位领导要多沟通，不分彼此。"扫黄"办可以给总队下达任务，可以调动力量，可以经常过问总队最近的工作情况，也可以到市场上去督促检查，发现市场的违规情况，发现薄弱环节，都可以跟总队沟通、商量。二是总队与市县稽查队的关系。刚才我所说的，既是对总队说，也是对全省 138 名稽查队员说。有些地方过去稽查队伍中有的人就是恶棍，能称得上"打手"，我们共产党的执法队伍不能这样。我们这支队伍的整体素质一定要搞好，文化层次要高一点，考试要真考，不能假考。如果用人的时候想办法把自己的人照顾进来，结果工作人员水平上不去，工作质量上不去，出了很多问题，两个人顶不了一个人，三个人顶不了一个人，好的队伍应该一个人顶三个人，这就是素质。另外出现了很多问题，吃、拿、卡、要，态度野蛮，什么名堂都有，这就是队伍的素质问题。所以，你们要强调队伍素质，要搞一个计划，每年都考一次，让有些人出去、让有些人进来，"流水不腐，户枢不蠹"，队伍不活没有生机，素质也高不了。一定要把住入口关，一定要有学历要求。我在几次会上讲过的，不看学历这个观点是片面的，对具体的个人可以不看学历，队伍的整体建设一定要看学历。党要管党，队伍要管队伍，这是很重要的。三是稽查与繁荣的关系。我们稽查是为了促进繁荣，这个道理前面讲了，就不多说了。

今天我来到这里，了解到你们的工作范围、工作性质，跟你们学到不少。以上这些是我有感而发，供你们参考。

有发达的文化产业才会有全面小康 [*]

发展文化产业，既能够满足人民群众日益增长的精神文化需求，又能够创造巨大的经济价值。文化产业的发展本身就包含物质文明、政治文明和精神文明的发展。全面小康社会的实现，离不开发达的文化产业。

发达的文化产业是全面小康的重要内容

我国人民生活总体上已经达到小康水平，但是，目前的小康还是低水平的、不全面的、发展很不平衡的小康。其中，文化建设相对滞后，文化产业发展不足，人民群众的精神文化需求尚未得到充分满足就是一个突出问题。因此，大力发展文化产业，对实现全面小康极为重要。

第一，**推动社会全面进步**。全面小康，首先是经济、政治、文化三个方面的协调发展，没有文化发展的社会发展，只能是片面的

---

[*] 本文是作者 2004 年 11 月 27 日在"科学发展观与中国的发展"学术研讨会上提交的论文。

发展。文化产业具有精神生产和商品生产的双重属性、物质文明积累和精神文明创新的双重功能、社会效益和经济效益的双重属性。发展文化产业能够提高文化资源的使用效率，实现文化的自我积累和长期稳定发展，形成文化发展中独立的扩大再生产机制，为社会提供更多、更好的文化产品和服务。同时，文化产业的发展又会促进经济建设和政治建设。党的十六大报告指出："当今世界，文化与经济和政治相互交融，在综合国力竞争中的地位和作用越来越突出。文化的力量，深深熔铸在民族的生命力、创造力和凝聚力之中。"就经济建设而言，文化产业所蕴含的价值导向、所造成的消费心理、为社会所提供的精神动力和智力支持，都是影响经济创新能力和可持续发展能力的重要因素。就政治文明建设而言，只有发展先进政治文化，使公民意识、民主意识、法治观念等深入人心，政治文明建设才能卓有成效。

第二，促进人的全面发展。全面小康包含人的全面发展。要实现人的全面发展，就必须提高其科学文化素质。文化产业是从事精神文化生产和人才培养的部门，它为人民群众提供精神文化食粮，创造丰富的文化生活，能够极大地提高全民族的科学文化素质。实践证明，新闻、出版、影视等能够方便、快捷地普及科学文化知识，实施广泛的文化教育，为全民灵活学习、终身学习创造条件，对国民素质的提高和人力资本的积累发挥重要作用。

第三，解放和发展社会生产力。现阶段，人们日益增长的物质文化需要同落后的社会生产之间的矛盾仍然是我国社会的主要矛盾。发展文化产业是进一步解放和发展社会生产力，不断丰富人民群众的物质文化生活的必然要求。文化产业是一个新兴产业，潜力巨大，前景广阔。而且，文化产业具有知识密集型、高附加值、技术含量高、无污染、可重复开发和不断转换等特征。文化产业的发展不仅是经济增长、社会进步的主要动力和源泉，也是降低经济增长的资源消耗、减少环境污染、缓解我国资源环境约束矛盾、推进经济增长方式根本性转变的有效途径。我国要走科技含量高、经济效益好、资源消耗低、环境污染少、人力资源得到充分发挥的现代化道路，就必须大力发展文化产业。文化产业受地理环境、自然资源的制约较小，一套著名品牌、一位杰出人物、一个非常项目，乃至一次出奇制胜的策划，就能创造巨额财富。深圳的"锦绣中华""世界之窗"等主题公园，国产影片《英雄》《十面埋伏》，等等，经济收益巨大。专家指出，我国文化产业的市场前景非常美好。随着我国人均收入水平的提高和人民群众休闲时间的增加，人们的消费结构不断改善和升级，在精神文化方面的消费需求会有更大幅度的提高，文化消费市场潜力巨大，从而为我国文化产业的发展提供广阔的市场发展空间。

建构解放和发展文化生产力的新体制

我们党历来重视文化建设，"文化产业"概念的提出是党管文化的重大进展。1985 年，国务院关于产业统计的文件把文化列入第三产业，一石激起千层浪，文化系统开展"以文补文""多业助文"活动，乃至于文化产业的勃兴有了重要的理论和政策的支撑。全国人大九届二次会议审议的《政府工作报告》和《关于 1998 年国民经济和社会发展计划执行情况与 1999 年国民经济和社会发展计划草案的报告》分别明确提出"积极引导居民增加文化、娱乐、体育健身和旅游等消费，拓宽服务性消费领域"，"推动文化、体育、非义务教育和非基本医疗保健的产业化"，可见，"文化产业"已是呼之欲出。党的十五届五中全会在《中共中央关于制定国民经济和社会发展第十个五年计划的建议》中，明确提出要"完善文化产业政策，加强文化市场建设和管理，推动有关文化产业发展"，这是党的文献中第一次把"文化产业"作为概念提出来。党的十六大郑重提出文化建设和文化体制改革是全面建设小康社会的三大任务之一，并进一步区分和论述了文化事业和文化产业的发展要求，为文化产业的发展指明了方向。2003 年 8 月 12 日，中共中央政治局集体学习研究世界文化产业发展状况和我国文化产业发展战略。党的十六届三中全会提出科学发展观，更是空前地突出了文化的地位和作用，也更加突出了发展文化产业的紧迫性和重要性。现在，从中央到地方都高度重视文化体制改革和文化产业发展，并已经提上重要议事日程，成为一项必须经常研究、部署和检查的工作。

改革开放以来，我国文化产业取得长足发展。同时也要看到，我国的文化产业仍较为落后，全国当前文化产业增加值仅占 GDP 的 3% 左右，各省文化产业增加值占 GDP 的比重也只在 2%—4%，与发达国家存在较大差距。

文化产业发展不足，发展相对滞后，仍然存在较多的体制性障碍。

由于文化历来被作为事业来看待、管理，国有文化单位的市场和效益观念淡薄。我们历来重视文化的意识形态属性而忽视其商业属性，对文化单位实行官办、官养，造成文化单位"等、靠、要"思想严重，有的还存在严重的官商习气和作风，缺乏法律意识、市场意识、竞争意识、质量意识、服务意识和忧患意识；文化生产只讲政治，不讲市场，不管能否卖出去，不管老百姓是否喜欢。文化产品只作为奖品、展品、贡品和礼品摆设。

国有文化资产所有者缺位。长期以来，国有文化资源的所有权和使用权问题没有得到应有的重视。宣传文化部门对下属单位从意识形态角度，从政治上、导向上管得多，从经济责任角度管得少，甚至是基本不管；从行政规章方面管得多，从内部管理和经济效益方面管得少。各单位在经营上基本处于无上级主管部门的状态。这些单位使用着电视频道、刊号、书号等国家的垄断资源，名义上是国有资产，实际上往往只惠及本单位职工。在一些单位，国有文化资产不仅不能为国家增加积累，扩大再生产，而且事实上造成流失。如何在管人、管事、管资产、管导向相统一的前提下，搞好国有文化资产管理，这是一个全新的课题。

市场发育不充分，非公有制文化企业的"国民待遇"问题尚未得到彻底解决。由于长期实行计划经济体制，国有文化单位集中了大量文化资源，垄断经营，社会资本难以进入，有的部门和单位挟政府权力进入市场，导致权力寻租现象严重，增加交易成本和社会负担。政府职能部门往往对公有制和非公有制文化企业实行双重标准。对前者爱护有加，对后者多为监督、处罚，在投融资、税收、土地使用等方面也存在政策歧视。近年来，一些地方提出给予非公有制文化企业"国民待遇"，但是"审批多、服务少，控制多、支持少，查处多、规范少，收费多、扶持少"的问题仍然存在，甚至巧立名目收费，吃拿卡要。最近，文化部特别出台鼓励、支持和引导非公有制经济进入文化产业领域的一系列政策措施令人鼓舞。有数据显示，在文化部门管理的文化产业中，非公有制经济所创造的文化产业增加值已经占到全部文化产业增加值的一半以上，就业人数占到2/3，已经成为文化产业发展的生力军。因此，破除所有制歧视，给予非公有制文化企业"国民待遇"，刻不容缓。

目前，改革文化体制，解放文化生产力，是摆在我们面前的一项紧迫任务。

改革国有文化资产管理体制，依法履行出资人职责。抓住资产处置、社会保障、人员分流等关键问题，扎实推进经营性文化事业单位转企改制。文化产业是一个特殊的产业，政治性、专业性很强，可考虑在宣传或文化主管部门名下，成立国有文化资产管理委员会，对国有文化企事业单位实施经营和管理。在这方面，上海市已经进行了有益的探索。研究在管人、管事、管资产、管导向相统一的前提下，建立新型国有文化资产管理体制和运行机制。

认真研究、制定各项优惠政策，扶持文化产业的发展。建立文化产业统计指标体系，将文化产业发展纳入国民经济核算序列；研究设立文化产业发展基金，采取贴息贷款、低息贷款等方式，扶持、促进文化产业发展；积极研究出台税收扶持、产业准入、市场开放、经营性文化事业单位转制为企业等优惠政策；鼓励民营资本投资文化产业，参与市场竞争，在市场准入、土地使用、信贷等方面，给予其与国有经济投资同等的待遇。

加快文化经营管理人才培养，积蓄人力资本。人才是文化产业的"第一资源"。要根据文化产业发展需要，加大教育投入，抓紧培养复合型人才，促进文艺人才与产业经济的交流与合作，努力培养一批既懂管理、善经营，又具有一定文化专业特长的文化经营管理人才。面向社会广泛引进经营管理人才、文化经纪人和科技创新人才等文化产业急需的各类人才，做到"引得进、留得住、用得活"。创新分配制度，坚持劳动、资本、技术和管理等生产要素按贡献参与分配的原则，允许有特殊才能的文化人才、经营管理人才以其拥有的知识产权、创作成果和科研技术成果等无形资产参与收益分配。

按照现代企业制度的要求，加大宣传文化单位内部改革的力度。深化干部人事制度改革，唯才是举，竞争上岗，实行全员聘用制，变身份管理为岗位管理；深化分配制度改革，打破"大锅饭""铁饭碗"，向业绩和贡献倾斜，向重点人才倾斜；深化财务制度改革，独立核算，集中管理，严控成本；深化经营目标责任制管理，严格考核，奖惩分明。

整合文化资源，走集约经营之路。我国文化资源丰富，目前内地（不包括港、澳、台地区）拥有报纸 2119 种，杂志 9038 种，图书出版社 568 家、音像出版社 290 多家，新闻广播电视播出机构 1969 家，新闻网站 150 多家，还有以新华社、中国新闻社为骨干的遍布全球的通讯网。[①] 如能优化配置这些文化资源，充分发挥其作用，我国文化产业就能实现跨越式发展。目前，我国已经在报业、出版、图书发行等领域建立了一批企业集团，关键是做大做强。要继续深化文化企业集团内部改革，进一步厘清经营管理机制；鼓励文化企业跨地区、跨行业发展；支持企业走向世界，对海外办报、办刊、办台给予政策倾斜。

发展文化产业的打算

海南的文化产业虽有一些在全国有独特的亮点，但总体上仍较为落后，同北京、上海、广东等内地省市的差距很大。但是，海南具有得天独厚的政策、资源和环境优势，只要有好的文化体制，好的文

---

① 柳斌杰：《现代媒体的社会职能和公共责任》，《新华文摘》2004 年第 3 期。

化产业政策，海南的文化产业就能实现跨越式发展。目前，全省已经把文化体制改革和文化产业发展提上重要议事日程，并已启动相关改革。

加大宣传文化单位内部的干部人事、分配、财务和经营目标责任制"四项制度"的改革力度，构建文化产业发展的微观基础。海南日报、海南广播电视台、出版社和新华书店系统已经率先启动这些方面的改革，为经济效益是否良好、经济责任是否落实、运行管理是否规范、分配制度是否合理、持续发展能否落实等建立起有效的激励和约束机制，激发了活力。

以股份制、集团化为目标，整合报刊、广电、出版、图书发行等可经营性资源，走集约经营之路。新华书店系统的改革已经完成"清产核资、定编定岗、减员增效"的任务，并已迈出"整合资源、连锁经营"的步伐，现正在积极酝酿组建发行集团，实行股份制改造；报业资源的整合进展顺利，海南日报报业集团已正式挂牌成立。集团以海南日报为主体和龙头，兼容和拥有6家子报和1家新闻网，已初步形成以报业为主体，发行、信息、印刷、广告协调发展，同时经营产品销售、广告代理、社会办学及服务性行业等综合发展的产业格局；我们正在构想全省广播电视频道资源的整合，走集团化路子；我们正积极推进出版单位清产核资，组建发行股份公司，以发行的体制创新带动出版业的发展。同时，积极创造条件，整合全省出版资源。

制定支持文化产业发展和经营性文化事业单位转制为企业的各项政策。从税收、融资、土地使用等方面支持文化事业单位转企改制；放宽市场准入，鼓励、支持和引导非公有制经济进入演出、影视、音像、文化娱乐、文化旅游、网络文化、图书报刊、文物和艺术品，以及艺术培训等行业；支持非公有制经济以投资、参股、控股、兼并、收购、承包、租赁等形式参与国有文化单位的重组改造，推动国有文化单位的产权结构调整；积极扶持中国城、创新书店等市场前景好、发展潜力大的非公有制文化企业做大做强；抓紧制定人才引进和培养的各项配套政策，努力造就一大批出类拔萃、德艺双馨的文化专业人才，引进和留住一大批既熟悉文化艺术，又懂得市场运作、善于管理的文化经营人才。

深化行政审批制度改革，转变政府职能，切实把文化行政管理部门的职能转到主要为市场主体服务和创造良好发展环境上来。 加强市场监管，打击盗版，扫除落后文化，培育开放、竞争、有序的市场环境；由文体部门牵头，联合公安、工商等部门进行综合检查、年检、培训等，避免多头管理，减轻企业负担，为文化娱乐业创造比较宽松的经营环境；加强文化产业发展的宏观指导，积极研究和制定产业发展的中长期规划，落实产业政策，做好信息服务。

在抓好存量改革，盘活现有文化资源的同时，我们积极开拓新的领域，培育新的亮点。

发展旅游演艺。 海南是旅游胜地，这里有秀丽的自然风光，又是全国最大的经济特区。但是，一个地方的旅游仅靠自然景观是不够的，只有增加旅游的文化内涵，才能使游客流连忘返。特别是全省要打造度假休闲旅游胜地，如果不迅速增加旅游资源的文化含量，不迅速增加旅游业的文化附加值，那么旅游作为产业的功能就难以更好地被展现出来。目前，海南的旅游演艺单位大多规模小、档次低，市场管理也不够规范。我们正在出台一系列优惠政策，培育市场，走商业化的路子，包括降低场租费、广告费、税收，简化手续，宣传文化部门带头买票观看演出等。努力以高品位高档次、健康向上的文艺作品占领文化阵地，占领娱乐市场，繁荣文艺舞台，满足人民群众的精神文化需求。同时创造新的经济增长点，增加就业和税收，提高 GDP 水平。我们正在按"企业投资、市场运作"的思路，在三亚和兴隆建设场馆，组织力量集中排演一批有海南特色、树海南形象的旅游文艺精品，争取每年演出几百场，以此带动全省旅游演艺市场的发展。

建设影视基地。电影有着"火车头"效应，不仅创造票房价值，而且带动录像带、VCD、音乐磁带、外景地旅游开发、利用影片形象进行促销等"后电影产品"的发展。如由迪士尼动画片中的米老鼠、唐老鸭、白雪公主等生动的卡通形象衍生的产品，零售额非常可观。影视剧生产一直是海南的弱项，现在我们准备以海南电视台影视中心为基础，引进社会力量，发展全省影视生产。同时，利用海南独特的自然文化景观，创建影视拍摄基地，吸引海内外影视剧到这里拍摄制作。

打造体育冬训和比赛基地。体育产业潜力巨大。海南气候条件优越，四季如春，发展冬季训练的条件得天独厚。2004 年就有几十支足球队、2000 多人来海南冬训，产生了较好的经济效益和社会效益。喀麦隆和韩国等国外球队也来琼冬训，彰显了海南成为国际足球冬训基地的潜力和前景。目前应抓住机遇，全面开发冬训资源，大力建设和完善高水平、高档次的体育场馆设施，积极引进体育项目，招徕国内外体育队伍，努力把海南建设成为全国足球、排球、帆船、帆板等体育项目的最理想的冬训基地。同时，积极组织境内外、国内外重大赛事，以赛事推动体育产业发展。

培育会展业。会展业在西方发达国家已有着 50—60 年的历史，并已成为支柱产业。举办会展不仅为中外厂商展示产品、交流技术、洽谈贸易、收集行情、拓展市场提供了平台，而且带动了运输、通信、咨询、宾馆、餐饮、广告、安保等服务业的发展，经济效益和社会效益十分可观。有关专家指出，会展业是城市经济的拉力器，是一棵不折不扣的"摇钱树"，它对旅游、住宿等商业及交通等相关产业的拉动力是1：10甚至1：12。由于会展业对地区第三产业发展的强力带动以及对打造城市品牌的巨大推动作用，近年来，国内许多城市纷纷提出要把自己办成"国际会展都市""国际会展中心""中国会展名城""中国区域会展中心"等。目前，中国会展经济正以每年20%—30%的速度快速增长，会展业已步入一个高速发展的新阶段。海南的会展业虽起步较晚，但基础不错。凭借优越的自然条件，近年来，每到冬季海南都会迎来数以千计的会展和会议。海口、琼海、三亚各大酒店，被来自全国各地以及大型跨国集团的会议安排得满满当当。博鳌就是海南一个成功的会展受益区。一个在世界地图上连坐标都没有的小地方，因博鳌亚洲论坛而一夜成名。当前，要积极引导会展业向产业化方向发展，按市场化方式进行运作。大力支持、鼓励和引导民营经济投资建设高档次、多功能、大展厅的现代化会展场馆，以及参与国有会展场馆的重组改造和经营管理；树立品牌意识，加大力度培育重要会展与品牌会展；深入挖掘博鳌亚洲论坛的潜力，依托其知名度和优越的设施，举办重大会展活动；加强与国内外知名会展机构、企业的交流与合作，吸引国际知名会展服务公司在海口设立地区总部、分公司或办事处；加快对复合型人才的培养和引进，突破人才瓶颈，努力建设一支熟悉会展业务、富有管理经验、能参与国际竞争的会展专业队伍。

21世纪是经济兴旺、科技发达、文化繁荣的世纪，既是国际上开展文化和文化产业竞争的世纪，也是我国实现文化强国梦想的世纪。我们有源远流长的传统文化，有庞大的文化生产大军，有10多亿人口的文化消费群体，有上万亿元待开发的文化市场，只要转变观念，改革体制，完善机制，明确战略和思路，坚持科学的发展观，以现代企业制度打造文化企业，文化产业就一定能为实现全面小康作出卓越的贡献。

不重视文化产业不算真懂经济 *

今天，省文改办和省发改委等几个单位在这里举行海南省第一批重点文化产业园区（项目）的授牌仪式暨企业家座谈会。为什么要举办这个授牌仪式？这缘于我们的独特考虑。首先，这是一种象征。通过授牌表明省委、省政府有关部门非常关注你们（产业园区）、重视你们，可以说，这个牌子也是一份荣誉。其次，这是一种推动，推动大家把文化产业做得更大、做得更好，使文化产品越来越过硬，市场越来越大，经济实力越来越强，对海南 GDP 和税收的贡献也越来越大。最后，这是一种期望，期望你们发挥好带头作用，在你们的影响和带动下，能有更多的社会团体、民营资本和个人来海南投资办文化产业，一起来打造文化海南。所以，这个牌子的含义很多，分量也很重，希望被授牌的 11 家单位和企业能够担当起这份期待，肩负起这份重任，也希望到会的其他单位和企业能够加快发展，迅速成长为海南省文化产业的重点园区、重点项目。

把文化划分为文化事业和文化产业两大门类，是这些年中央关

　　* 本文是作者 2009 年 3 月 20 日在海南省第一批重点文化产业园区（项目）授牌仪式暨企业家座谈会上的讲话。

于我国文化发展思路和文化体制改革的重要成果。人民群众需要文化，满足群众基本文化需求要由政府来投入，我们把它称作文化事业。它既可以通过广播、电视、图书馆、博物馆、群艺馆、文化广场、社区文化、娱乐、健身等一系列载体来体现，也可以通过乡镇文化站、村文化室等来体现。除了基本的文化需求之外，人们还有更多、更高的文化需求。那怎么办？我们就通过发展文化产业来实现。鼓励社会团体和民营资本，通过市场运作来投资文化产业，提供基本文化需求之外的文化产品，满足人民群众多方面的文化需求，这就是文化产业。通过发展文化产业，一方面满足人民群众的需求，另一方面企业和个人也获得应有的回报。

文化既然成为产业，它一定要服从产业发展的一般规律和通行规则，尤其是要遵循市场规律。但是，文化又有其特殊性，它跟意识形态、跟政治联系得比较紧密，因此它又要遵循精神文明建设的规律。所以，发展文化产业是社会效益和经济效益相统一，社会效益是第一位的。但是，大家千万别以为强调文化产业社会效益第一位，就意味着不要求大家讲经济效益了。恰恰相反，当我们的文化产品符合精神文明建设的前提时，经济效益越大，它的社会效益也就越大。比如，一场演艺在符合精神文明建设的要求之下，它的票房价值越高，社会价值也就越高。一部电影、一部电视连续剧，看的人越多，受教育的人也就越多，从而它的经济效益和社会效益就能双丰收。我希望在座的企业家，包括重点产业园区和重点产业项目的负责人，当考虑发展的时候，既要把社会效益考虑进去，要符合精神文明建设的要求，也要把市场研究好，把社会效益和经济效益很好地结合起来，使我们的园区或者项目能够产生很好的经济效益。

今天获得重点产业园区称号的单位，希望你们一定要把项目的进驻作为重点工作，没有项目，这个园区就是空的，就是名不副实的。投资项目要抓档次，一定要上档次，质量不高的项目到头来是白投入。所有园区、项目都要开拓市场，网罗人才。

你们当然知道，文化产业投资是自己的，最后盈亏也是自己的。因此，请你们一定要研究市场。海南的旅游演艺，先后有过多次尝试，三亚有《浪漫天涯》《火凤凰》，海口曾有《天涯情》《巴黎·红磨坊秀》，现在又有了《印象·海南岛》，兴隆地区也有旅游演艺。它们都编排得相当不错，但很多没能坚持下来，到底是什么原因？是从节目自身、营销上找原因，还是从旅游秩序、旅游市场规律上找原因，我看这几个方面可能都有。但我感到现在特别要研究游客到海南来到底是追求什么。这一点很重要。现在游客到了广西，看了山水之后，晚上就会看《印象·刘三姐》。到了海南，白天游了南山、游了天涯海角，晚上去干什么？只有把旅游者的目的、心理、动机研究透，旅游演艺最后才能获得成功。从目前的情况看，企业家在探索发展海南文化产业的过程中精神可嘉，可谓不屈不挠、前赴后继，但付出的代价也是很沉重的，留给我们一份沉甸甸的经验教训，要好好地加以研究。鼓励、支持探索，这是一方面，慎重投资是更为重要的另一方面。你们选择项目，要凭可行性研究，不能凭一时冲动、心血来潮，更不能凭拍脑袋。

文化产业发展一定离不开政府支持，而且政府要给予大力支持，不是一般的支持，而是一些实实在在的支持。要想把海南的文化产业做好，在座的各个职能部门，宣传部、省文改办、文体厅、发改委，还有政策研究室等，都要努力做好三个方面工作。

第一，规范市场。要千方百计规范市场秩序，这是特别要下功夫去做的事情。要不然，再好的旅游演艺，不给回扣导游不带客人来，反而让乱七八糟的东西抢了市场的风头。规范市场是政府部门的责任，这个问题一天不解决，政府的责任就一天没有尽到，我们在机关拿着"俸禄"应该感到脸红。政府各相关单位，包括今天没有到场的工商部门、文化市场的稽查部门，要通过规范和打击两条途径来解决，把市场整顿好、规范好，否则我们对不起文化企业。

第二，优质服务。各级政府职能部门一定要为文化企业提供优质的服务。企业在登记注册、更改经营范围、更换企业名称、遇到不公以后的投诉、遇到暂时的困难等，是哪个部门的事情，哪个部门就应该及时提供周到的服务。否则，根本就不能称作人民政府。

第三，颁布政策。要研究颁布有利于文化产业发展的政策。省政府于2007年出台的25号文件《海南省人民政府印发海南省支持文化体制改革和文化事业文化产业发展的若干政策》，是有含金量的。比如，文件要求各级政府根据财政状况安排文化产业发展专项资金，采取投资、贴息、补助等方式支持文化产业发展。既然有了政策，就要去落实。又如，对省委、省政府鼓励的新办文化企业，自工商登记之日起，免征企业所得税；对在全国和国外获得大奖的文化产品，政府给予奖励，具体办法另行规定。这些办法就要抓紧制定。对进入文化产业园区的文化企业，符合条件的，实行与海南高新技术产业园区同等的优惠政策。此外，各媒体发布宣传文化经营单位广告、各类文化艺术性展演活动的广告，实际收费不高于公布价格的30%，就是3折优惠。这些政策各部门虽在抓落实，但整体上还是从支持国有文化事业单位转企改制角度出发的，覆盖面还比较窄。现在，我们迫切需要一个面对社会企业和个人办文化产业的统一的优惠政策。请有关部门牵头制定政策的时候，把大家反映的这方面要求考虑进去。

政府部门把规范市场、优质服务、颁布政策三件事做好了，再加上企业认真去研究市场，宣传、推介、打造精品，我们文化产业就没有发展不起来的。而且越往后，文化产业在海南越具有旺盛的生命力。为什么这么说？因为文化产业符合海南省提出的建设国际旅游岛的目标，符合建设生态文明示范省的目标，符合发展经济的目标。文化产业搞好了，其附加值是很高的。海南文化产业的发展才刚刚开始，这就意味着空间很大。只要我们把文化产业发展好了，海南的经济也就上去了。现在致力于推动发展经济的各级部门，特别是经济部门，希望你们把目光同时瞄准文化产业。抓经济就要抓文化产业，抓经济不懂得重视抓文化产业，就不能算真懂经济。

今天的会议，也是表明政府的态度，我们各级领导部门，要采取一切能够采取的措施，支持文化企业和文化产业的发展。

文化自信需要发达的文化产业 [*]

我想以这个题目，谈谈文化产业对于文化自信的价值和意义，或者说，文化产业在文化自信中的地位和作用，因为这是一个文化产业论坛。我的观点是，文化产业是文化自信的重要来源和重要根据；坚定的文化自信需要发达的文化产业来支撑。

文化自信的"文化"构成如何

文化自信的"文化"指的是什么呢？这是一个值得好好理一理的问题。理清楚了，对于过去的文化，可以知道去梳理和继承什么；对于现在和未来的文化，可以知道着力去建构什么。

习近平总书记在庆祝我们党成立95周年的讲话时，明确指出了传统文化、革命文化和先进文化三个部分，他说："文化自信，是更基础、更广泛、更深厚的自信。在5000多年文明发展中孕育的中华优秀传统文化，在党和人民伟大斗争中孕育的革命文化和社会主义

　　＊ 本文是作者2017年1月8日在"峰火文创论坛年会暨第八届中国文化产业前沿论坛"上的演讲。

先进文化，积淀着中华民族最深层的精神追求，代表着中华民族独特的精神标识。"习近平总书记对这三大文化构成的论述，既是纵向的、时间的延伸，又是横向的、空间的展开，为我们细化研究指明了方向。

自信，是自我肯定、自我确信。自信的时间维度，既指向过去和当下，也指向未来。当指向过去和当下时，自信是肯定和确信自己的言行是正确的、有价值的、成功的；当指向未来时，自信是肯定和确信自己行将发生的言行是正确的、有价值的、成功的，从而充满信心，坚定既定的目标、战略、思路、方法等。文化自信，产生于过去，着眼于未来；过去使我们自豪，未来使我们坚定。

我们能够自信的文化，应当有灿烂的文化历史、文化现实和文化未来。如果我们没有 5000 多年的文化历史，要说文化自信，就缺乏底气。文化现实、文化未来对于文化自信的确立，也是如此。

我们能够自信的文化，应当有精神形态的文化和物质形态的文化。精神形态的文化即如文化精神、文化观念，特别是价值观；物质形态的文化，指文化设施、建筑、科技发明、历史遗址、艺术作品等。"优秀文艺作品反映着一个国家、一个民族的文化创造能力和水平。""没有优秀作品，其他事情搞得再热闹、再花哨，那也只是表面文章"[①]。例如，我们的先人创造出对人类文明影响深远的神话、寓言、雕塑、建筑艺术。现在的文字数码化、书籍图像化、阅读网络化，就凸显了物质形态文化的发展。

我们能够自信的文化，应当有激励创新突破的文化氛围、鼓励

---

① 习近平：《在文艺工作座谈会上的讲话》，人民出版社 2015 年版，第 7 页。

文化创作生产的文化制度、敢于担当勇于创新的文化人才。对于文化氛围和文化制度，习近平总书记指出，先秦时期，我国出现了百家争鸣的兴盛局面，开创了我国古代文化的一个鼎盛期。对于文化人才，习近平总书记在列举了各有关国家的文化巨匠后指出："我国就更多了，从老子、孔子、庄子、孟子、屈原、王羲之、李白、杜甫、苏轼、辛弃疾、关汉卿、曹雪芹，到'鲁郭茅巴老曹'（鲁迅、郭沫若、茅盾、巴金、老舍、曹禺），到聂耳、冼星海、梅兰芳、齐白石、徐悲鸿，……产生了灿若星辰的文艺大师"①。在哲学社会科学方面，总书记如数家珍般地列举了从古到今我国历史上那些最有影响的思想家。

我们能够自信的文化，应当有繁荣的文化事业和发达的文化产业。文化事业是满足人民群众基本文化需求的，主要由政府提供，重点是覆盖所有居委会和村委会。为此，2016 年 12 月 25 日，全国人大常委会表决通过公共文化服务保障法，以法律的形式要求各级政府提供公共文化服务、让人民群众享受公共文化服务。公共文化服务将实现从可多可少、可急可缓的随机状态，到标准化、均等化、专业化发展的跨越。同时，我们能够自信的文化还应当包括发达的文化产业。没有文化产业的兴旺发达，文化自信也受影响。这正是我要重点阐述的话题。

当然，以上只是从理论和理想的角度来谈的。至于某一个具体国家，面面俱到的情况是很少的。比如，有灿烂的文化历史的国家，今天在文化上不一定引人关注；没有多长历史的国家，并不影响它

---

① 习近平:《在文艺工作座谈会上的讲话》，人民出版社 2015 年版，第 4 页。

们今天在文化上独领风骚。但是，文化方方面面的发展，作为我国的努力目标，则是必需的。

文化自信为何需要发达的文化产业

把文化划分为文化事业和文化产业，是这些年我国文化体制改革的重要成果。过去，我们长期缺乏这种认识，是导致文化落后的原因之一：本应由政府承担的文化事业，长期投入不足；本应由企业为主体的文化产业，则长期躺在政府身上。结果两类文化的投入都严重不足，文化发展极其缓慢。这些年，文化产业在文化构成中的地位、在我国全面建成小康社会中的地位，越来越清晰，越来越被更多的人所认识。

第一，文化自信需要发达的文化产业构成完整的文化格局。我们已经吹响了推动文化大发展大繁荣的集结号；文化产业是文化的另一半；文化大发展大繁荣依赖于文化产业的发达。没有文化产业的发达就谈不上文化的大发展大繁荣。

第二，文化自信需要发达的文化产业成为国民经济的支柱性产业。文化产业消耗资源少，消耗能源少，污染少，附加值高；一国的文化产业的发展程度，成了一国经济结构调整、产业升级换代的标志之一。换言之，文化产业对国民经济的贡献程度，成了文化自信的重要支撑。

第三，文化自信需要发达的文化产业为人民生活提供越来越丰富的文化商品。吃饱穿暖曾经长期是人民幸福生活的标志。改革开放带来的大踏步发展，改变了这种初级水平的幸福观。越是往后，文化消费水平对于衡量幸福与否的权重会越来越高，幸福不再只是吃饱穿暖。只有当人们不再满足于公共文化服务，而把越来越多的收入用于文化商品消费的时候，幸福才是具有越来越高的含金量的幸福。也就是说，文化产业对人民幸福的贡献率，成了文化自信的重要支撑。

综上所述，我们可以看到，文化自信内在地包含文化产业自信，文化自信迫切需要发达的文化产业提供支撑。文化产业不发展不行，发展慢了也不行。

龙永图同志在一次演讲中曾经介绍，澳大利亚的一家报纸发表文章说，我们暂且不讨论中国经济总量什么时候能够超过美国，先问问另外三个"什么时候"：一是什么时候全球的精英把孩子送到中国留学，而不是像今天把他们的孩子送到美国、欧洲留学？二是什么时候全球的年轻人最欣赏中国的电影、文化、图书，而不是像今天他们最喜欢的是美国和欧洲的电影、音乐、图书？三是什么时候全球的消费者选择产品时，首选中国的品牌？显然，回答这些问题，几乎都是我国文化产业的任务。树立文化自信，我们就要立志，将来有一天，我们会用事实回答好这"三问"；文化自信，要求我们把"什么时候"目标化。家电、笔记本电脑、高铁、航天等，不是已经做到了吗？！文化产业也应该做得到。

文化产业如何给力文化自信

那么，文化产业怎样才能增强我们的文化自信呢？我初步考虑，是不是应当符合以下几点要求。

第一，应当在国民经济中占有较大的份额。我国文化产业占GDP比重，2012年为3.48%，2013年为3.77%，2014年是3.76%，

2015 年是 3.86%，到 2020 年，这一数字只有达到 5%，才能实现文化产业成为国民经济支柱性产业的目标。这个目标要求文化产业每年必须保持 15% 以上的发展速度，但这几年都没有达到这个数字，2014 年是 12.1%，2015 年是 11%，2016 年估计不会太高。因此要使文化产业占 GDP 比重的 5%，还要继续努力。而发达国家的这一数字都在 10% 以上。

第二，应当有一批进入世界排行榜的龙头企业。在 2012 年全球文化产业领军企业 50 强中，美国 23 家，日本 10 家，中国 3 家。在 50 强的前 10 名中，美国 7 家。中国文化企业都在 40 名以后。这个排名榜太旧了，2012 年以来这几年正是中国一些文化企业大发展的时期，但我没有"百度"到新的排行榜。随着 2016 年股市收盘，东方财富公布了中国上市公司市值 500 强榜单。其中腾讯控股整体市值 16081 亿元，成为 2016 年市值最高的公司。排在第二位的是中国工商银行，市值在 15718 亿元。阿里巴巴紧随其后，市值超出中国移动 145 亿元排在第三位。万达文化集团成立仅 3 年，每年收入都以百亿数量级增长，已形成影视、体育、旅游、儿童娱乐 4 个产业板块。该集团宣布，5 年后，万达文化集团一定会成为世界行业领袖，进入世界文化企业前 5 强！这个雄心令人鼓舞，但愿这个目标如期实现，我们的文化自信需要多一些这样的文化企业。2016 年光明日报主办的"中国文化产业年度人物"正在评选中，从 2012 年开始，每年一次，涉及出版、发行、影视、演艺、传媒、信息、数字、互联网等行业，涵盖了中国最具实力、影响力的文化企业。

第三，应当有一大批世界知名的品牌。品牌是消费者对产品的认同和青睐，是产品在消费者心目中的知名度、美誉度。对品牌产品，消费者愿意购买并且愿意付出更多的钱；品牌的知名度、美誉度越高，消费者越是如此。这就是品牌的高附加值。《读者》杂志已连续 10 多年领跑中国期刊界，发行量位居亚洲综合类期刊第一位，华为、联想等都是我国具有世界知名度的品牌，但这样的品牌太少，更缺乏像迪士尼、米老鼠和唐老鸭这样几乎人人皆知的世界品牌。

第四，应当与先进科学技术亦步亦趋。文化是借助现代科技才成为产业的，电影的出现是现代文化产业诞生的标志。以互联网为标志的现代科学技术迅速改变了文化的创作、载体、传播、销售、消费、存储方式，例如，在北京地铁 4 号线，随处可见"地铁图书馆"二维码，拿出手机扫一扫，就可以免费阅读电子书。高新科技推动公共文化服务达到新境界，文化产业尤其需要借助高新科技创造新产品、新业态、新消费群。像已经出现的网红与网红经济、视频与直播、虚拟现实与增强现实、IP 与泛娱乐、弹幕与 B 站、网剧与网络大电影、文化众筹众包、微信公众号等，都是以现代数字技术和移动互联网为核心支撑的文化新业态，技术密集、知识密集、附加值。其中，"网红"异军突起，千亿级的规模及几何倍的增速令人对"互联网＋"文化消费充满期待。网络直播改变了传统新闻的运作模式，已经成为移动网络舆论的重要载体。（参见金元浦教授的研究）文化产业借助科技创新，也推动科技创新。文化产业必须与先进科技紧密联手。

第五，应当在全球文化市场占有较大比重。近日，由中国与全球化智库（CCG）主办的第二届"中国企业全球化论坛"，发布"2015 中国文化软实力'走出去'十强"榜单，向在中国文化全球化进程中的优秀企业颁奖。这个榜单的权威性如何不去管它，但它承载的信息是令人高兴的，就是人们越来越多地关注文化"走出去"。文化产业不仅要针对和开拓国内市场，也要瞄准和拓展国际市场。

山水盛典文化公司在中国的实景演出已经积累了 10 余年的经验，现在正在"走出去"，到越南岘港、下龙湾等 5 地进行实景演出。中文在线正在加速国际化布局，致力于成为全球领先的文化教育集团。中国对外文化集团公司正在推动建立"丝绸之路沿线城市剧院联盟"①。前几年有资料说，世界文化市场，美国占 43%，日本占 10%，我国占 4%；美国掌握着世界 60%—80% 的电视和广播节目制作，占有世界 2/3 的电影市场总票房。在拓展世界文化市场方面，我们任重道远。

综上所述，文化产业对于我们坚定文化自信十分重要，文化企业责任重大。同时也说明，文化产业发展面临着大好机遇，文化企业发展符合时代要求。本文的目的，就在于为我国文化产业界提气鼓劲，助威加油。愿 2017 年我国文化产业更上一层楼。

---

① 参见《弄潮儿向涛头立——回访"中国文化产业年度人物"》，《光明日报》2016 年 10 月 13 日，第 14 版。

文化创意的价值追求 [*]

用文化创意产业助推经济社会发展，在整个西部地区打造文化创意产业的平台、贸易、资源储备等，鄂尔多斯这个资源型城市又找到了新的出路，让我们看到了鄂尔多斯的明天，也期待这些规划蓝图慢慢地变成现实。文化创意产业，就世界范围来讲，都是一个新兴产业。

一切创意都是文化，而一切文化都应该有创意。尽管这两个文化的范围有所不同。问题在于，文化创意应该追求什么？这个问题，是文化企业、文化消费者和政府主管部门都应该考虑的问题。

文化企业是文化创意产品的提供者，是文化市场是否繁荣而健康的源头。文化生产的价值追求决定着文化消费的可选择性和文化消费倾向，也决定着文化政策、文化监管等政府行为的思路和态度。

文化消费者是文化创意产品的用户，是文化市场是否繁荣而健康的归属。文化消费的价值追求决定着文化生产的计划、产品和利益，当然也决定着政府主管部门的文化政策和文化监管。

＊ 本文是作者 2017 年 9 月 23 日在第二届鄂尔多斯国际文化创意大会上的演讲。

政府主管部门是文化创意的导航员和监护人，是文化市场是否繁荣而健康的保障和裁判。政府主管部门的导向和监管既决定着文化生产，也决定文化消费。

文化生产、消费和监管，就处在这样一个多维互动和影响的圆圈里。谁都起决定作用，谁也都处在被决定地位。三者的一致与和谐是经常的、大量的，三者的矛盾和冲突也是经常的、大量的。矛盾和冲突的原因，就在于三者在文化创意价值追求上的差异。因此，要解决文化生产、文化消费和文化监管三者之间的矛盾和冲突，就要在文化创意的价值追求上取得共识。我今天谈论"文化创意的价值追求"，意义就在于此。

那么，文化创意的价值追求应当是什么呢？

要回答这个问题，我们就要重温习近平总书记在文艺工作座谈会上的重要讲话。这篇讲话虽然不是直接讲文化创意的，而是讲文艺创作及其作品的，但其对文化创意的指导和警醒意义十分重大。它警示我们：第一，文化创意要防止有数量缺质量、有"高原"缺"高峰"的现象。第二，文化创意要防止抄袭模仿、千篇一律的问题。第三，文化创意要防止调侃崇高、扭曲经典、颠覆历史，丑化人民群众和英雄人物。第四，文化创意要防止是非不分、善恶不辨、以丑为美。第五，文化创意要防止搜奇猎艳、一味媚俗、低级趣味，把产品当作追逐利益的"摇钱树"，当作感官刺激的"摇头丸"。第六，文化创意要防止胡编乱写、粗制滥造、牵强附会，制造文化"垃圾"。第七，文化创意要防止追求奢华、过度包装、炫富摆阔，形式大于内容。第八，文化创意要防止"为创意而创意"，脱离大众、脱离现实。总之，文化创意不能在市场经济大潮中迷失方向，不能在为什么人的问题上发生偏差，否则文化创意就没有生命力。

这八个防止要求我们防止文化创意上的追求出现偏差，所以在鄂尔多斯起步迈向文化创意城市的开始阶段，就要预先认识这些问题，防范这些问题，对于今后文化创意产业的健康发展极为重要。

那么文化创意要确立什么样的价值追求呢？

第一，要把为人民而创意作为价值追求。这就是以人民为中心。经济发展要以人民为中心，文化创意同样要以人民为中心，也就是把满足人民的精神文化需求作为文化创意的出发点和落脚点。人民的需要是文化创意的根本价值所在。据报道，北京故宫的文创产品这几年引人注目，据说推出了8700多种产品，销售额在10个亿。他们是怎么想的呢？如果一个有条件的家庭，早晨起来泡壶茶，随手撕去故宫日历上过去的一天，午饭用着故宫的筷子，带着朝珠一样的耳机听音乐，饭后穿着一双如意凉鞋，拿着一把扇子，扇着习习凉风，这样的生活多么惬意！他们这样仿真地考虑，并把这些考虑变成文创产品。故宫几乎所有的文创产品都是从改善、美化人们生活的角度来设计的，因此非常畅销。所以，以人民为中心而进行文化创意，这不是什么口号，也不纯粹是政治，而的的确确是文创产品生命力之所在、价值所在。对此我们要时时刻刻铭记在心。

第二，要把创造优秀产品作为价值追求。优秀的产品，就是有正能量、有感染力、能够温暖心灵、启迪心智的产品。首先，内容是优秀产品的先决条件，不光内容要优秀，而且制造也要精良。要达到内容优秀、制作精良就要用心投入。习近平总书记曾谈到文艺界存在的一种通病就是浮躁，一些人觉得，为一部作品反复打磨，不能及时兑换成实用价值，或者说不能及时兑换成人民币，不值得，也不划算。习近平总书记这番话对文化创意行业也是一个极大的教育。动漫、游戏、网络等内容突出的创意产品，都要防止出现这些现象。粗制滥造的产品不仅会误导创作，而且令低俗产品大行其道，形成劣币驱逐良币的现象。人们回忆20世纪80年代以前，中国留下的那些经典的动画片、电影片，哪一部不是经过反复打磨，花了大量时间制作出来的？而现在，有人反映，动画画面都是颜料的堆砌，而且场景也没有变化。很显然这是为了节省费用，为了增加动画片的集数。慢工才能出细活，所以，浮躁心态不仅会误导创作，而且对文明是一种伤害，对社会精神生活也是一种伤害。

正因为内容对于文创产业如此重要，因此有的父亲在互联网上呼吁：净化荧屏，救救孩子。为什么呢？一些垃圾动画片之所以讨厌就在于思想性出了问题，比如片中充满了负面的内容，这位父亲呼吁：能不能留给孩子一个充满希望的净土呢？让他们起码在童年的时候还能感觉到世界的一点美好。现在有必要通过描绘社会阴暗面给孩子增加抵抗力吗？这位父亲的呼吁是有道理的。同样，现在一些年轻人产生了手机依赖症，游戏上瘾、网络上瘾，有的无心上课，有的彻夜不归。有一个孩子玩手机，父亲过去把手机丢到楼下，没想到孩子也随之跳楼。作为游戏的供应商，有没有责任想办法避免发生这样的问题，当然这是一个难度很大的问题。我们不能因为开车有翻车现象，就取消汽车。那么如何防范呢？我们文创企业就要像防范汽车事故一样来防范游戏带来的负面影响，这也是以人民为中心的必然要求。

第三，要把推动中华文化"走出去"作为价值追求。中华文化"走出去"是国家的重要战略。近年来，中国的文化产品出口年年上升，但比起发达国家，我国在世界市场上所占的份额，仍然是严重欠缺。2016年，有一个机构发布《2015年中国文化"走出去"十强榜单》，这个榜单的权威性暂且不管，但它承载的信息是令人高兴的，就是人们现在越来越多地关注文化"走出去"。文化创意产业不仅要瞄准国内市场，也要瞄准和拓展国际市场，现在已经有不少有眼光的文化企业在作这方面的努力，而且影响比较大。缅甸一些学生课本就是委托云南一家文化企业来主编的，而且云南的广播电视也走近了临近的国家。文化创意经营者有责任发掘中国题材，讲好中国故事，传播好中国声音，发扬中国精神，展现中国风貌，让外国民众通过欣赏中国的文化产品来加深对中国的认识。

第四，把社会效益和经济效益的统一作为价值追求。文化创意企业要追求经济效益，但必须以良好的社会效益为前提；决不能以牺牲社会效益为代价去追求经济效益。比如，致力于婴儿早教的文创产品，屏幕不能伤害眼睛，音响不能伤害听觉，材料不能有毒，孩子怎么拿啊、啃啊不会伤害身体。

一般来说，社会效益好的产品，经济效益才会好。然而，由于人们欣赏情趣的多样性，社会效益好的作品，经济效益反而不那么好。这还是要从创意上找原因，而不能说"俗"的不够而去追求庸俗、低俗和媚俗。"低俗不是通俗，欲望不代表希望，单纯感官娱乐不等于精神快乐。"

要实现以上价值追求，我们文化创意工作者就要牢牢确立"以人民为中心"的创意理念，把社会主义核心价值观贯穿文化创意的全过程，努力提高自身政治、文化、艺术和科技素质，不断增强文化自觉和文化自信，不断增强使命感和责任心，不断增强创意能力和水平。

保护和利用文化遗产 *

这样的座谈会，以前称为"5·18"国际博物馆日座谈会，去年开始称作"中国文化遗产日"座谈会，名称虽不同，但内容一致，就是如何把我们祖先的文化遗产保护好、利用好。开会的目的就是要通过我们的努力，使文化遗产在新的时期发挥它应有的作用，即发挥它在建设社会主义先进文化中的作用，发挥它在建设和谐社会、和谐文化中的作用，发挥它在当前经济社会发展中的作用。借此机会，讲三点意见。

重视文化遗产是人类文明的重要标志

从人类发展史来看，早期的人类没有文化遗产保护的意识，他们相互倾轧、相互战争，战争的重要成果和任务就是把对方的居所或城池烧光、砸烂。这是因为当时的人类没有脱离蒙昧、野蛮，距离文明太远。这种对待文化遗产的态度，证明他们还不是文明人。

＊ 本文是作者 2007 年 6 月 8 日在纪念"中国文化遗产日"座谈会上的讲话。

我们党领导的军队解放上海、解放天津、解放北京，他们想方设法，作出很多牺牲，就是为了保护这些城市，保护文化遗产，不能让这些城市被夷为平地。从人类文明发展史中，可以看到对待文化遗产的态度的转变，可以看到中国共产党对待文明的态度。许多电影、小说都表现了我们对待文化遗产的态度。

从我们对文化遗产保护态度的变化来看，我们也是逐步走向文明的。我们也曾经把优秀文化遗产列入破坏的目标，这些在苏联革命时期就有了。十月革命胜利后，有人扬言要烧毁拉斐尔的油画，毁坏资本主义的铁路，修建无产阶级的新铁路，列宁斥之为"'左派'幼稚病"。我国极端的表现是"文化大革命"，许多优秀的文化遗产在"破四旧"的野蛮浪潮中荡然无存。可以说，这是我国历史上对文化遗产态度的大倒退，是令人痛心的倒退。痛定思痛，"文化大革命"以后，我们对文化遗产的态度发生了根本变化。我们对文化遗产的态度可以测量我们是文明人还是野蛮人，是半文明还是半野蛮，文明和野蛮到什么程度。

从对文化遗产的价值观来看，也有文明和不文明之分。究竟看重文化遗产的什么价值，可以把当今的人分作三六九等。某些渔民见到南海沉船就偷、就盗、就炸毁，他们是文物的盗窃者、破坏者。也有些人倾家荡产、节衣缩食，多方面收集文物。乐东袁氏兄弟日子过得很苦，收集了 3000 余件文物。他们保护文化遗产的态度证明了他们是文明人。还有些同志将文化遗产捐献给国家，比如漫画家方成。"文化大地命"时期，那些书法家、美术家被当作资产阶级的文艺人物摆在一边了，书法、美术作品都没人敢要。那时的方成还很年轻，到处拜访名人，这些人受宠若惊，都愿意送他作品，徐悲鸿、齐白石的作品他都有，方成一共收集名家作品 270 余件。别人都劝他把东西留给子孙后代，他却不这么想。如何使这批东西得到更好的保护呢？方成决定将这批珍贵的书画捐献给自己的家乡——佛山市，条件是修建一座艺术馆，保持恒温恒湿。结果佛山市花了2000多万元把艺术馆修成了。这种人更文明，文明到了高尚的程度，因为他把事物的本质看明白了。有一副古联说：富贵贫贱总难称意，知足即为称意；山水花竹无恒主人，得闲便是主人。方成这样的人就是透过现象看到事物的本质，想到为国家、为民族做些事，所以很高尚。

从这三种对待文化遗产的态度，就可以看到文明与野蛮、文明与愚昧的分界线。做文明的人，一定要重视文化遗产，对待文化遗产的态度就是文明与不文明、文明与半文明的标志，可以看出文明的高低。各级领导班子，省文化遗产保护领导小组各成员单位是否有文化，就看你们对待文化遗产的态度。做文明人是对我们的起码要求，文明人就要高度重视文化遗产。

从总的趋势来看，文化遗产已经成为推动当代社会发展的宝贵资源。各地的做法有：一是把文化遗产作为爱国主义教育基地，如杭州西湖岳王庙、海口的五公祠、海瑞墓等。二是把文化遗产作为旅游景点，如乔家大院、少林寺等，它们虽是文物遗存，但成了全国热门的旅游景点。三是利用文化遗产做成文化产业，最有代表性的如书法、绘画、剪纸等，《云南印象》是把文化遗产变成歌舞表演，有名有利。安徽一个商人，搞了一个安徽民居大荟萃。他将安徽最有代表性的有雕梁画栋装饰的旧民居买下来，把各种风格的天井收集起来，组成了36个不同天井的多进式院落，非常壮观，总投资几亿元，既保护了安徽的文物古迹，又作为文化产业进行经营。四是把文化遗产变为文化节庆，作为对外开放的契机，用文化带动经济、带动旅游，如"三月三"、祭孔大典、祭扫黄帝陵、潍坊风筝节等。五是把文化遗产进行整体开发，作为带动当地发展的重要项目，如周庄、溪口、丽江古城、山西平遥古城等。有一年"五一"黄金周，到溪口的游客达 25 万人次，超过当年五一到海南的游客总数。蒋介石在世时为溪口带来了 6 架日军飞机的狂轰滥炸，死后却给家乡人民留下了一笔巨大的遗产，家乡人民靠这笔遗产发展起了旅游。

我国越来越重视文化遗产保护，专门设置一个文化遗产日，就是为了增强保护文化遗产的意识。我们的专业工作者只有认识到位，工作才能到位，才能感动左邻右舍和我们同心同德，一同挑起文化遗产保护的重担。

文化遗产的保护和开发在稳步推进

这些年，在各级领导班子，在省文化遗产保护领导小组各成员单位的共同努力下，在宣传部、文体厅的直接领导下，文化遗产的保护和利用，取得长足进步。

第一个标志是一批文化遗产得到保护和开发。今年最重要的成果就是南海西沙沉船的发掘；一批文物单位被列入国家级重点文物保护单位名录。

第二个标志是一批非物质文化遗产被纳入国家抢救保护计划。第一批国家级非物质文化遗产 9 项，省级 25 项；第二批拟申报国家级非物质文化遗产 26 项，省级 33 项。

第三个标志是对大型建筑工地的文物勘探越来越得到人们理解和支持。以前有个单位仗着自己牌子大，说我们的考古勘探是敲诈勒索，拒绝建筑工地的文物勘探，无法无天。今后再有这样的事，哪个违反文物法，你们文物部门去查处时，我做你们的坚强后盾，你们要敢于坚持。这是法律规定，是我们应尽的责任。

第四个标志是文物行政管理工作的力度越来越大。特别是海口市，专门成立了文物局，市四套班子特别重视对历史文化名城的保护工作。陵水县拿出200多万元，把苏维埃旧址修缮好了，值得一看。昌江县委书记听说宋代赵鼎葬在昌江，非常重视，说如果是真的赵鼎墓就要拿钱修。定安县计划把5个名人村建成古文化文明生态村……这些事例都证明各级领导的文物保护意识很强，值得宣传。

第五个标志是一批文化遗产得到商业开发。我看到海口有了文物市场非常高兴，有没有文物市场是这个城市有没有文化的标志，如北京潘家园、扬州等地的文物市场非常繁荣。文物不怕交流，交流才能推动文物收藏，才能发现宝贝，许多国家一级、二级文物就是这样被发现的。对此，要认识一致，要支持、创造条件。把海口的交易场所建设好一点，以推动拍卖事业的发展。企业家和政府都在进行黎锦的商业开发，要给予支持。要做些宣传，支持文化遗产的商业开发。当然，必须强调，文物交易一定要遵守国家规定。

第六个标志是一批文化工程对整理发掘文化遗产起了重要作用。《海南历史文化大书系》编撰工程，10卷100本，就是将海南人文历史分为10个门类，每个门类10部著作，当前工程进展顺利。请海南省作协组织创作海南历史名人长篇小说，第一批13卷，涉及海瑞、丘濬、苏东坡、黄道婆、五公等，正在创作中。周伟民先生牵头的"碑碣匾铭额"汇编正在推进。海南本土文化节，需把海南琼剧节、冼夫人文化节包含进来。海南民族民间故事、民歌、戏剧等整理出了不少成果。这些文化项目有力地保护和开发了文化遗产。

第七个标志是省博物馆开工建设，它们征集文物、设计展陈，这对海南的文化遗产保护是强有力的推动。

第八个标志是一批文博工作者、专家在辛勤地从事文化遗产的相关工作。文博战线的同志、高校专家学者周伟民夫妇就是突出代表，他们从事田野调查，手中的课题不下 7 个；一批离退休的老同志如朱逸辉等，一批民间组织和民间收藏家、研究家，都在从事文化遗产收集、保护、整理工作，事迹感人。

以上八个标志说明海南的文化遗产保护在稳步推进。

以对历史和人民负责的态度做好文化遗产保护、利用和开发工作

海南省文化遗产保护工作中存在的问题，主要是文化遗产保护意识相对薄弱，机构、人员、经费严重不足，一批文化遗产被日晒雨淋、逐步毁坏，甚至被当作实物在使用。很多东西，还没有进入我们的视野。对这些问题，我们要高度重视。

千方百计提高全民的文化遗产保护意识，通过各种途径来达到这一目标。靠老百姓的觉悟自发提高是很难的、缓慢的，要靠文博工作者的推动，主要靠文物系统工作人员的努力，用好一切会议、一切培训的机会去讲，挤进干部培训班、党代会上讲，政府工作报告也写上一笔。充分发挥媒体的作用，正面的、反面的都报道。海防林就是通过正面的表扬、负面的批评达到保护的目的的。另外，文博工作者要身先士卒，榜样的力量是无穷的。我们要始终表里如一，8 小时之外也不能忘记自己是干什么的。

要搞拉网式的文物遗存普查。按国务院的统一部署，搞好全省文物普查工作。海南省正在开展的文化产业普查，光靠我们的力量

不够，请省统计局帮助。普查之后该保护的保护，该买的就买，该换的就换，争取一两年之内，把东西拉回来，不再有文物流散在野外没人管。

继续策划和安排文化项目，推动文化遗产的保护。比如，赶紧筹建琼剧博物馆，收集道具、服装、乐器、手稿。开展琼剧职业、非职业的大赛，现代剧本创作比赛，邀请琼剧作曲家和其他戏剧作曲家、民歌手，一段一段地对琼剧的唱腔进行革新。比如，举办民间收藏比赛，可以是单项的，农具、龙被、黎锦等。再如，为提供文化遗产线索设立报料电话……总之，要动脑筋，想办法，策划和安排文化项目。

大力鼓励支持民间收藏的交易、交换和开发等，有利于文化遗产的保护工作。在这方面，绝对不能做多做少一个样、做与不做一个样，不能放任自流。文博工作者对那些呕心沥血、节衣缩食、含辛茹苦进行收藏的人要给予肯定，使他们得到荣誉，有的还要得到物质支持。海南的文物工作光靠体制内的几条"枪"是不够用的，要靠体制外，他们是主力军。省文管办策划一下，某个企业家赞助了50万元，一直没有用出去，可用于评选海南乡土文化名人，奖励县和县级以下为整理和发掘海南乡土文化作出突出贡献的人。连续5年，每年10人，命名为"海南乡土文化名人"，发给他们奖金，出国也好、培训也好，这件事我们有能力做好。

密切注意和研究文物流通中出现的新情况、新问题。比如，海南花梨木、古家具、黎锦、龙被能否出岛，拿个意见出来，让出岛的理由是什么、法律依据是什么，不让出岛的理由是什么、法律依据是什么。现在海南花梨木名气很大，价格翻番，要研究、要关注，这是我们遇到的新问题。

　　对一些文化遗产一要利用，二要改造。比如，传统的婚礼一定要改造，反对利用婚礼巧取豪夺、挥霍浪费、劳民伤财。尤其是军坡节一定要改造，传统的节日陋习让老百姓苦不堪言，奢侈浪费。经济困难的家庭，孩子上不起学，春节舍不得花钱，却要为军坡节出钱出力。军坡节是要过的，但要对其引导改造。现在我们有成功的范例——澄迈县加乐镇将军坡节改造成加乐农民文化节，有书法展览、佳肴品尝、拔河比赛、评选好媳妇等十几个项目，很有意思，好几个乡镇都要加入。对此，我们不能袖手旁观，对一些糟粕、垃圾和损害老百姓利益的事，我们一定要管，文体局要管，宣传部要配合农村文化建设，对其加以改造，移风易俗，加强社会主义新农村的精神文明建设。

　　国家和全省关于文化遗产保护的法律、法规、政策必须不折不扣地得到贯彻落实。我们是经济特区，不能有任何闪失。建设工地的文物普查，要重点强调。

　　搞文博工作，就看我们抢救、保护了多少文化遗产，这些可以作为我们实现自身价值的标志。

四 文化民生工程

发展文化事业是满足人民精神文化需求、保障人民文化权益的基本途径。要坚持为人民服务、为社会主义服务的方向，坚持百花齐放、百家争鸣的方针，全面繁荣新闻出版、广播影视、文学艺术、哲学社会科学事业，着力提升公共文化服务水平，让人民享有更加充实、更为丰富、更高质量的精神文化生活。要推进城乡公共文化服务体系一体建设，优化城乡文化资源配置，完善农村文化基础设施网络，增加农村公共文化服务总量供给，缩小城乡公共文化服务差距。

习近平:《在教育文化卫生体育领域专家代表座谈会上的讲话》,《人民日报》,2020 年 9 月 23 日

琼剧的振兴在改革 *

琼剧，是我国艺术百花园中的一块瑰宝，是有着广泛基础的群众艺术，是海南独特的具有鲜明色彩的文化。自琼剧诞生以来，特别是新中国成立以来，琼剧在海南人民的社会生活中发挥了重大作用，尤其在凝聚精神、丰富生活、发展文化、弘扬传统等方面，都起到了其他艺术门类所不能替代的作用。在琼剧发展过程中，历代艺术家为琼剧的发展和繁荣付出了艰辛的劳动，取得了令人瞩目的成就。可以说，琼剧是海南的骄傲。多年来，先后涌现出许多优秀的琼剧作品，其中既有历史的题材，也有革命的题材，还有反映现代生活的题材。这些作品不仅海南本地的观众爱听爱看，而且自改革开放以来屡次赴海外演出，同样受到侨胞的欢迎和喜爱。琼剧在艺术大花园中的地位是值得充分肯定的。

琼剧发展到今天，既有机遇，也面临着挑战。最大的机遇，就是我们国家和海南省的经济有了长足的发展。经济的发展不仅为艺术发展创造了物质基础，同时也培养了人们的审美和欣赏情趣。我们所面临的挑战，主要是时代在发展变化，人们的审美和欣赏情趣

＊ 本文是作者 2002 年 11 月 23 日在海南省首届琼剧论坛上的致辞。

也随之变化。在这种情况下，如何抓住机遇、迎接挑战，就成为我们琼剧艺术面临的一个最突出的问题。如何将这个问题从思想上理顺，从行动上跟进，这是非常必要的。通过论坛来探讨如何抓机遇、迎挑战，具有十分重要的意义。一边是琼剧艺术的实践，一边是琼剧理论的探讨，两者同样重要。

当前琼剧如何迎接挑战，取得进一步的发展，我认为有三个问题值得提出来进行研究和探讨。

琼剧艺术本身的改革与创新的问题

艺术，过去是、现在是、将来都会是群众的艺术。没有群众，艺术就没有生命。要把群众变成观众和听众，琼剧艺术本身就一定要保持并不断增强吸引力。随着时代的发展、生活的变化，整个社会的审美观和欣赏情趣都在发生着变化。如何适应这种变化，是琼剧今后能否保持生命力的关键。很显然，由于琼剧历来都能吸引观众，琼剧艺术才一直得以健康的发展。这是一条极其宝贵的历史经验。同时，我们也十分清楚地看到，随着时代的变化、社会的发展，琼剧的观众结构如今已发生了很大的变化，这是不容忽视的问题。远的不说，就拿我们这一代人来说吧，大家所欣赏的艺术门类和形式就有差异。以我来说，我非常爱听淮剧。一听到淮剧，我就会想起我的家乡，就会不由得萌生对家乡的思念之情，而我的夫人则对听淮剧没兴趣。为什么呢？她不是我那个地方的人，我在扬州，她在南京，相距虽只有100多公里，但情趣是两样的，欣赏艺术的情趣也不尽相同。这是来自不同地域、不同区域的人之间的差异。而我的孩子，就更不愿意听淮剧了。很显然，这是代与代之间的差异，也就是时代的变化所带来的审美和欣赏形式的变化。所以，琼剧艺术必须与时俱进，只有不断地改革创新，才能争取并赢得更多的观众和听众。有人会问："琼剧改革了、创新了，它还叫琼剧吗？"这恐怕是不少同志思想上的疑惑、顾虑，同时也是对琼剧艺术本身发展的心理和思想上的一个障碍。琼剧艺术必须发展，这是毋庸置疑的，琼剧改革了，它还是琼剧。事实上，琼剧的开始并不是今天这个样子，它是随着时代的变化，不断地丰富自己的唱腔、表演形式，只不过它"万变不离其宗"罢了。我们有什么理由让它停留在现有的水平上呢？从我们开始直到以后，琼剧还是应该不断变化、不断发展、不断提高才对。我们没有权利也不可能让琼剧艺术故步自封，把它锁定在现有的形式和内容上。京剧也是这样，也是一步步地变化、发展成今天的京剧的。艺术是一条长河，它的生命就在于改革创新。我们还有什么顾虑不能改变、不能改革、不能创新呢？至于琼剧应该怎么改、怎么变，这需要通过艺术实践进行深入探讨。不过有一条，就是琼剧本身的特征不能变，最基本的东西不能变。比如说，琼剧的唱腔变成了京剧唱腔，那就不是琼剧而是京剧了。我看基本特征、主要特色抓住了，其他的都可以变革。我们既要培养观众，又要适应观众。从事琼剧艺术创作、表演的同志应重视这一点。

琼剧演出的经营管理和体制改革问题

琼剧首先是一门艺术，而琼剧团本身又是一个经营单位。文艺演出需要经营，如何经营是我们所要正视的问题。当然，我们现有的体制在琼剧艺术的发展当中，在培养艺术队伍方面曾发挥了很大的作用。今天，我们整个国家的体制都发生了变化，尤其是市场经济的体制和格局也越来越成熟。在这种情况下，我们琼剧的经营体制不改革，那我们就落伍了，这样再有生命力的琼剧艺术也无法发展。关于经营体制的改革，可从三个方面去探讨。一是投资体制。琼剧可不可以像其他的项目一样，利用市场的机制来引进投资？吸引资金，应采取什么样的方式？二是用人体制。我们现有的用人体制，肯定是不合适的。怎样改革用人体制，把大家的积极性调动起来？三是分配体制。要打破过去"铁饭碗""平均主义"的思想，做到能干的与不能干的不一样、干与不干不一样、干好与干坏不一样。当然，体制问题不仅于此，但寻求琼剧今后的发展，首先要解决好上述三点。对体制的改革，就是要在我们内部"制造"危机，使我们每一个琼剧艺术的从业人员都感到一种压力，产生危机意识，从而为发展琼剧艺术竭尽心智、群策群力，争取美好的前景。

市场的开拓问题

琼剧必须赢得市场，才会有今后的发展空间。当然，在这个过程中，政府支持是必不可少的。因为艺术有它本身的特点和规律性，所以在适当时机，我们有责任给琼剧艺术更多的投入和支持，这一点是不言而喻的。我这里说的是我们自身的努力，即如何在市场开拓方面下功夫。而市场开拓方面，也要研究三个问题。一是内容，也就是琼剧本身的题材。如果琼剧艺术反映的内容社会不需要，老百姓不喜欢，你一厢情愿地在那里自演自唱，根本引不起共鸣，人家当然不会来。我们要研究老百姓喜欢什么、需要什么，投其所好，才能抓住观众。二是形式，琼剧用什么样的形式来表现？大戏是一种，折子戏是一种，小分队下去也是一种，也可以找一个固定的场所，在固定的时间来演出，让群众形成一个定式，知道要看琼剧到什么戏院。再一个是营销方式。比如做广告、发传单，不断地向社会呼吁，让大家谈看琼剧的感受、体会等。总而言之，营销也是一门学问、一种艺术。琼剧艺术的管理者要重视这个问题，其他剧作家、表演艺术家等也应注意这个问题，因为它跟市场密切相关。

琼剧艺术是有强大的生命力的，对它持悲观情绪是不必要的。我们要与时俱进，让琼剧艺术发挥它应有的作用。

让琼剧更有市场[*]

近年来，琼剧呈现出越来越振奋人心的发展势头，可以说是红红火火。具体表现在琼剧演出团体的增加，演出场次的增加，演出市场比以往更加繁荣，特别是国有剧团出现了很好的演出形势，琼剧观众和琼剧爱好者的队伍也在扩大，琼剧界的精神面貌焕然一新。海南的老百姓看到琼剧的发展，打心眼里感到高兴，因为这是海南的本土文化。

这么好的形势主要由两个原因促成：一是领导和领导机关的重视。汪啸风同志担任省委书记的时候对大致坡琼剧文化镇建设非常关心，并主动推荐给李长春同志和刘云山同志。罗保铭副书记对琼剧发展极为重视，进行了深入调研并作了非常具体的指示，对大致坡琼剧文化镇建设的推动力度很大。海口市的主要领导同志也都非常重视，做了大量具体的工作。省委宣传部、省文体厅所做的工作自不必说。二是媒体推动。海南日报和海南广播电视台为宣传琼剧不惜版面、不惜时段，发挥了很大作用。

琼剧的繁荣带来了三个方面明显的社会效益。一是丰富了群众

---

* 本文是作者2007年4月12日在海口市琼剧文化发展座谈会上的讲话。

的文化生活。二是琼剧的教育功能发挥了越来越广泛的作用，特别是在道德教育方面作用明显，因为剧目本身没有乱七八糟的东西。三是越来越多地承担了对外文化交流任务，起到了文化使者、桥梁和载体作用。

今天，我们召开琼剧文化发展座谈会，目的就是进一步将琼剧文化向前推动，在目前良好的基础上进一步发展繁荣。我讲五点意见和要求。

大力推广琼剧演唱，加速培养琼剧爱好者。这是琼剧发展的观众基础和群众基础，这点做不好琼剧就没有了对象，必须采取切实可行的措施抓紧抓好。比如，开展群众性的琼剧演唱比赛活动，针对群众开展琼剧演唱技巧培训，继续在广播电视台开设学唱琼剧的栏目。省、市、县、区各级文化主管部门都要认真筹划，落实责任，媒体也要积极宣传推动。

突出打造反映现代生活的琼剧精品剧目。不仅要演传统的老剧目，还要努力反映现代生活，为现实的改革开放和现代化建设服务，为社会主义精神文明建设服务。既可以请专家写，也可以广泛发动大家写，整合全省的创作资源，掌握一批琼剧剧本的写作队伍。通过举办琼剧剧本创作培训班，培养和壮大创作者队伍。请文体厅拿出具体的实施意见。

采取有效措施加强琼剧艺术改革。为什么要加强琼剧艺术改革？琼剧现有的艺术表现水平大有改革进步的余地。第一，琼剧的发声方法有必要改革。我始终感觉琼剧演员的演唱和曲调相比，曲调显得更优美一些，琼剧的发声方法要不要改革、怎么改革？这就是一个根本问题。第二，琼剧的曲调本身也要进行改革。曲调太平，没有高亢、起伏，对悲剧的表现能力不足。没有高亢就引不起喝彩，悲剧表现力不足就难以引起观众情感上的共鸣，没有起伏就会影响旋律的优美。第三，舞台表现手法太老套。包括灯光、舞美、化妆、音乐伴奏都很老套。演员的表演形式陈旧，生、旦、净、末、丑行当不全，除了唱腔，琼剧特色还不够突出。与全国其他地方戏的表演雷同，而且对其他戏种的精华吸取不够。这说明琼剧艺术改革势在必行。

如何加强琼剧艺术改革？第一，解放思想。观念不改不行，不能稍微有一点改革就抱怨说琼剧不是琼剧了。过去的琼剧也不是现在这个样子，正是因为有前人不断改革，才有今天的艺术水平。怎么传到了我们手里就故步自封了呢？《鉴真》一剧的改革很成功啊！为什么就不能接受呢？第二，要开阔视野、博采众长。第三，要有我们自己的创造。以上三条缺一不可。

谁来承担琼剧艺术改革？每个琼剧团都有任务，我们把示范改革的任务交给艺校和省琼剧院两家。在海南居住的其他戏种的人才多得很，有京剧的、豫剧的、黄梅戏的，还有搞音乐的，你们一个一个地请出来，集中力量攻关，做到既保持琼剧原有的"味"，又能更好地表达情感。对于每个曲牌，比如类似京剧的"西皮流水"，淮剧的大悲调、小悲调，等等，一个一个地研究，一个一个地攻关，设计好唱腔，搞成一个个基本的唱段，再移植到具体的剧本中。琼剧院的三个团中要有一个团担负起琼剧艺术改革示范任务，该剧团的商业演出任务要减轻，经费要倾斜。在改革的过程中要培养出名团、名剧、名角，让专业剧团更加专业，民营剧团提高水平。

培养和引进人才，加强队伍建设。要加大琼剧人才培养力度。像大致坡琼剧文化镇的剧团演员，应有强制性的培训措施，有关领导要动动脑筋，制订方案。追求经济效益，我们不反对，一个剧团一年送一个人去培训总可以吧！所花的成本也就是发个基本生活费，又不收别的费用。文化站要发挥培训基地的作用，送人去中央剧团、戏剧学院培训，我们都支持。

要把开展琼剧文化活动制度化。要开辟琼剧论坛，加强琼剧评论和琼剧研究，定期举办琼剧专业演员的大奖赛和琼剧会演，并且作为制度固定下来。今后不论谁当部长、厅长、台长，省里的这些活动都是固定的，就像"五个一工程奖"，中央电视台的"青年电视歌手大奖赛"，连续举办，都成为知名和权威品牌。

要不拘一格地引进和使用人才。琼剧领导人不一定非要本地人，比如对琼剧文化的系统研究，就不是海南人搞出来的，而是陕西籍学者赵康太写的。用人的观点要变，不一定会讲海南话的就能领导好剧团，也不一定讲普通话的就领导不好剧团。当然，能找到一位合适的又会讲海南话的人当琼剧团长更好。培养和引进的人才，专业的管理机构、教育机构和演出团体都要大胆地使用，思想一定要解放。加强队伍建设的任务，文体厅要承担起来。

充分发挥职能作用，推动琼剧发展繁荣。必须高度重视琼剧文化发展工作。琼剧能否繁荣，最关键的因素还是宣传文化部门的重视程度。所以，各级宣传文化部门一定要发挥职能，牢记使命，不以我们喜欢、不喜欢为转移。在座的一些同志连海南话都听不懂，为什么还要拼命地抓琼剧？因为这是我们的责任、我们的使命。

必须有明确的工作目标。每一届宣传文化部门的领导，在任期内对于琼剧文化和其他艺术的发展，推动到什么程度，都要有目标。艺术学校校长、剧团团长也要有一个任期目标，做到管文化的和办文化的都有目标。你们要着手制定琼剧文化发展五年和十年规划，这是一个中长期规划，同时也是总体规划。对人才培养、演出场次、剧团发展和装备建设，还有琼剧博物馆建设、戏剧家活动基地建设、琼剧文化镇的建设和利用，等等，都要作出五年和十年规划。做领导工作的最怕心里没有目标，"日计有余，岁计不足"，每天忙忙碌碌，一年到头也很辛苦，但就是没成果，这就是因为没有目标。我们早就确定了建设琼剧文化镇这个目标，每年为它添砖加瓦，五年以后一定是另外一个样子，十年之后又是一个样子。我们抓宣传文化工作也得有目标，朝着这个目标去努力，才能做到岁计有余，一年下来可以做好多事情。

关于琼剧文化发展资金问题。加大资金投入这块主要靠政府，靠省、市、县、乡镇等各级政府投入。民营剧团、国有剧团的演出收入也不能分光吃净，必须拿出一定比例用于发展，比如购买装备、培养人才，这方面要有一个硬性规定。宣传文化建设基金这块，可考虑拿一笔钱用于软件建设，像培养人才、打造剧本、各种比赛、制定发展规划和奖励名剧、名角等。这笔钱该怎么用，要好好地设计一下。

总而言之，希望今天的会议能进一步推动琼剧文化发展。我们以前开的许多会都没要求报道，但今天的会议要求报道，《海南日报》文化版要刊登精彩发言的摘要，再把琼剧现状、未来发展等内容加上去，图文并茂，弄一个专版。目的就是给全省的琼剧工作者、广大的老百姓一个信号，琼剧还有更大的发展。

办好"e 拇指手机文学"*

　　我一直是手机短信文学的支持者、关注者，也是它发展历程中一些重大活动的参与者。短信文学的发展太快了，身在其中也许不觉得。这方面已经出现了很多新概念，比如刚开始的时候我们讲这种文学样式为"短信文学"，后来又称"手机文学"。"e 拇指手机文学"之后出现的"e 拇指手机文学虚拟联合会"不只是一个新概念，还是一个新生事物。再往后出现的"全国首届手机文学虚拟研讨会"又是一种新的会议组织方式。直到今天，已经出现了一批著名手机文学创作者，还发展到用签约的形式来维持一批写作高手，作为手机文学发展的带动力量、中坚力量和固定力量。

　　仅仅相隔几个月，我已经感到很多东西对我来说非常新鲜了，但不论是电子时代还是光时代，其发展速度都是平常思维所无法理解和想象的。就拿这次活动来讲也是非常有创意的，三个活动在一起：一个是手机文联代表会议，一个是"e 拇指手机文学"签约作家签约仪式，还有一个是手机文学研讨会。

---

　　* 本文是作者 2005 年 12 月 21 日在海南"e 拇指手机文学"签约作家签约仪式上的讲话。

手机文学的发展历史很短，手机文学的概念提出得更迟。有了这个概念就有了理论的研究，比如它能不能算是一种文学；如果算文学，这是一种什么样的文学；它未来的发展前景如何；它将对文学以及社会生活产生什么样的影响。一个是文学的实践，另一个是文学的理论，两者并驾齐驱，这是短信文学发展"钱币"上的两面。当然，有些问题可能是不应该成为问题的问题，却经常被争论不休，比如"手机文学是不是文学"这样的题目。

应该讨论手机文学的特点。手机文学作为文学的一个种类，肯定有自身的特点。一是就表层来说，写作手段不同于笔和电脑。二是发表的空间不同，手机不会越来越大，只会越来越小，阅读界面的限制，就要求手机文学不同于纸媒。三是阅读的时间，手机文学不可能像拿着书一样去阅读。所以，受写作的工具、发表的空间、阅读的时间等限制，手机文学一定不可能像《天涯》杂志。另外，从功能上看，我们创作手机文学的功能是什么？更多的是给人们带来幽默、愉悦，所以说这是"文学快餐"。所以，特殊的媒体就决定了手机文学有其特定的社会功能，而这个社会功能反过来影响手机文学的作者，写什么、写给谁看，其生命存在的价值有多久？这些问题都是自然而然产生的，所以短信文学肯定具有其他文学所不同的特点，我们研究这些不同的特点一定是有意义的。它可以给短信文学的创作及时的理论指导，同时也引导我们进一步把短信文学按照健康的路子向前发展。

至于短信文学的发展前景，就更值得预测。社会生活的发展，现在以比任何时代都快得多的速度急剧变化着，我们不可能预测到未来社会的细节，当然也不可能预测到短信文学的方方面面。但是作为理论研究工作，对短信文学大致的发展趋势应当作较为深入的研究。

　　此外，所有的文学样式都是相互联系、相互影响的，手机文学将对其他的文学产生什么样的影响？带来什么样的变化？积极的还是消极的？一些知名作家刚才不是感觉到纸媒文学作家将来没事可做了吗？这实际上就是以幽默的方式来预测将来短信文学的影响。

　　短信文学进而影响人们的思维、生活，人们的交往方式、情感表达方式。所以，作为与文学创作实践并行的文学理论研究工作，你们有责任去研究这些东西。这种研究不仅发生在文学界，如果有可能，将来可以邀请其他学科的专家参加短信文学的活动，比如社会学家、民族学家、哲学家、历史学家、心理学家，让大家一起参与我们的活动。由于多学科的交叉合作，会给短信文学的理论研究带来意想不到的效果，这是完全有可能的。

　　我很钦佩中国移动海南公司的眼光，在手机文学还处在萌芽阶段的时候，它们就独具慧眼，出资支持，而且由于企业的参与，手段、时间的保障，使得手机文学越来越有规模、影响。我也很钦佩省作协、《天涯》杂志、海南在线在这方面所做的成功的策划组织工作。在这里我已经包含对组织者的赞美，居然已经成立了手机文联等，还涉及今天"三位一体"的会议，这些都是走在手机文学的前面组织它、推动它、引导它甚至规范它。中国移动总公司为了把这件事情做大，决定以总公司的名义参与举办手机文学大赛。很多文学青年，不失时机地抓住这样一种新的文学形式，不仅是阅读，而且成为高产、优产的创作者。

　　作为一个社会，在老百姓的精神需求中，绝对不能少了文学。而且随着社会生活时代的变化，文学不可能是一个样子，如果它总是以原来的面貌出现，必然要失去大众，并被人们淡忘。我经常碰到这样的事情，总是怪观众、听众不爱看、不爱听，比如不爱看戏剧、不爱看某种小说，不爱听所谓的高雅音乐、交响乐、钢琴。这里的"高雅""不高雅"我首先就有看法。什么样的音乐是高雅音乐？用钢琴弹出来的是高雅，用二胡拉的就不是吗？看京剧就是高雅，看小品就是低俗吗？所以，任何一种爱好、欣赏只要不越过那道线，都不能说哪个是高雅的、哪个是低俗的。现在人们为什么不爱看戏？不是因为大众不需要戏剧了，而是戏剧没有与时俱进；但是很多文艺形式不去寻找自身的不足，总是责怪别人的不是，就好比一个姑娘总是说别人不爱她，而没有问问自己是不是值得别人爱。要想别人爱，首先要值得别人爱。一段时间，哲学也有这种情况，哲学家总是抱怨社会大众不重视哲学，而恰恰是哲学自身漠视了大众和社会，于是社会大众就冷落了它。所以，文学作为一种对生活的反映，它最应该具有与时俱进的品质，文学最应该随着时代的发展而发展。

短信文学是时代的产物，但未来的短信文学、手机文学不可能是今天的样子，它还会发展。所以短信文学本身是创新，在我们向前推进和创作短信文学的时候，仍然要保持创新的思维。

振兴图书馆事业 *

昨天省图书馆隆重开业，省、市四套班子都有领导出席，你们也邀请了全国各地不少嘉宾，国家图书馆馆长也请过来了。报纸上说第一天进馆人数超过了 4000 人次，借书的有 2000 人次。今天各大媒体都把它作为重要新闻来报道。可见省图书馆的建设、开馆在领导和群众心目中是多么重要。

在省文化公园所有项目中，图书馆的建设和开馆是最早的一个，对全省图书馆事业的发展来说，这是一个很好的开端。振兴全省图书馆事业，当然需要省委、省政府，市（县）委、市（县）政府的大力推动，需要社会各界的广泛支持。但省图书馆（下文简称省图）对自己的作用应有足够的认识，若作用发挥得好，必将对全省图书馆事业的发展产生很大的促进作用。具体主要体现在以下三个方面。

一、示范作用。省级图书馆的牌子大、馆舍大、设备新、队伍强，将来应该充分发挥示范作用。这个示范作用又可以从重点狠抓以下三项工作入手。

---

* 本文是作者 2007 年 10 月 19 日与海南省文体厅、省图书馆负责同志的谈话。

一是组织读者队伍。图书馆要有读者，要形成一种门庭若市的景象，使得到图书馆看书成为一种时尚。而且，图书馆读者队伍大不大，可以看出图书馆有没有人气。再好的硬件设施、再丰富的馆藏，如果没有读者，这个图书馆也就白建。所以，我们要千方百计组织读者。组织读者的渠道是多种多样的，应深入机关、企事业单位、社区、农村、部队、学校，带上你们简易的推介材料，就像推销商品一样去推销图书馆的服务。这就要求我们改变图书馆长期形成的衙门作风、机关作风，要学习市场经济条件下推销商品的态度、毅力和智慧。这个要专题研究。

二是扩大影响。图书馆有需要继续扩大影响的问题。省图是海南50多年来第一座像样的图书馆，令人瞩目，本身就有知名度，再加上这两个月把"大特区讲坛"办到省图，这无疑给省图做了个大广告。我说图书馆的形象，不是说它的建筑形象，不是它作为会议场所和报告厅的形象，而是符合省图功能和作用的形象和影响，而目前省图的这种影响还是零，需要我们认真思考。省图的影响就是能够尽善尽美地向读者展示其内涵和意义。怎么展示？从内部来讲，在当代图书馆所应具备的设施、馆藏、服务等方面下功夫。从扩大影响的手段来讲，要多想想办法。首先，可不断地搞讲座来研讨如何利用图书馆，世界图书馆和国家图书馆以及我们这个图书馆的意义、作用是什么。这个可以请图书馆学的专业人士来讲，可以请国家图书馆、各省图书馆那些知识渊博的人来讲，然后谈哪些人利用图书馆达成了一个什么成就，像马克思、爱因斯坦、牛顿、毛泽东这些人如何利用图书馆的生动故事。其次，读者的现身说法，谈谈自身到省图后是如何利用图书馆的。再次，面对不同层次、不同职业、不同年龄的读者开展各种各样生动活泼、有吸引力的读者活动。最后，要组织各种展览，包括你们图书馆本身国家级的馆藏展览，调些书和馆藏来，举办书画展、家庭图书馆展等各种各样的展览。我说的展览的举办主体有两大类：一类是社会力量，像以后书画展就转到图书馆和未来的博物馆；另一类就是你们自己组织的展览，利用你们的馆藏来展览，我这里强调的是你们自己组织的展览。还有就是要组织参观，要不断组织人来参观，有文化、没文化的都可以来参观，比如退休的老大妈，她看了以后就知道叫儿子、孙子、外孙也到图书馆来。再如机关、学校、社区，可以安排时间去请他们来参观。

三是增加馆藏。在财政困难的情况下，在短短不到一年的时间里，图书居然达到30万册，这个成绩很不简单。这方面我们还要下功夫，民间潜力还是很大的，我个人藏书还可再贡献一些出来。对图书馆和搞研究的人来讲，没有什么书是没有价值的，读者有各方面的需要。另外，我们要特别注意增加电子图书、电子资料。目前我们省图的电子图书走在全国前列，这方面的特色要发挥得淋漓尽致。

二、规范作用。长期以来，我们海南图书馆就缺少管理规范。有三种规范最重要，一是布局或者说是设置问题。图书馆最基本的功能是要设置一些什么东西，比如三亚图书馆它们这一级应该设置什么，而且作为阅览室、作为藏书室，它们应当具备什么条件。将来我们就用省图这套来规范它们的布局。二是服务规范。要在省图自己的服务规范基础上，制定一套适用全省各种类型图书馆的服务规范，包括人员的要求、程序的要求、读者配合的要求等。三是内部管理。图书馆馆长应该做什么、副馆长应该做什么，各个岗位比如采购、编目、录入、保卫等各个方面的规范和管理，以及我们前面讲的组织读者的办法、扩大影响的办法、增加馆藏的办法，都可以被纳入管理的范围。包括我们队伍的形象，包括我们的标志，都应当有一套规范。

三、推动作用。推动全省图书馆事业的发展，我们省图将大有作为。在此，我主要讲推动全省图书馆的软硬件建设。一是馆舍。每个市县都要有一个像样的图书馆，图书馆要形成一个大系统，对各市县图书馆建设我们都要提出最低要求、达到最低水平，起码要结合全省实际作出规范，推动馆舍建设。二是馆藏。各级图书馆的馆藏最低应当达到什么程度，指标可以分阶段逐步完成。这两年是起步阶段，"十一五"规划的后三年是发展阶段，然后是下一个五年规划，我们也搞个十年规划。三是馆员队伍。市县最起码得有一定的编制，并做好管理，包括人员要有什么样的文化素质、我们这支队伍从哪里来、以什么方式进来等。

以上就是我考虑的省图要发挥的示范作用、规范作用、推动作用。这几年省级单位在全省发挥的作用越来越大，第一个发挥作用的是省新华书店。我们从省新华书店自身改革抓起，到一定程度就带动市县新华书店发展。省新华书店改革分"三步走"：第一步，清产核资、减员增效、加强管理；第二步，连锁经营，统一配送；第三步，通过股份化走向集团化，这个省政府已经批准了。第二个就是省电影公司。省电影公司在我们没抓改革之前只发40％的工资，一年放映的营业额才200多万元。改革三四年后，工资发全了，奖金也不少，账上现金也有了，规模越来越大，全省电影市场也红火起来，建立了农垦院线、农村院线、学校院线等，还发展到开辟电影广告市场，把电影放映过程作为一个广告载体，如场景布置、幻灯片、短片推介、产品宣传讲话等。将来我们省直各单位第三个能发挥带动作用的单位就寄托在省图身上。长期以来，全省图书馆事业的状况基本是放任自流、自生自灭。虽然省文体厅文化处也在管，但由于省级没有图书馆，文化处管理起来没有帮手、没有平台、没有载体，结果是"块块不重视、条条没压力"，全省图书馆事业可以说是一片萧条。所以我们要给压力，要呼吁推动。省直文化单位带动全省一条线的工作已有两个成功的案例，第三个案例我们就寄托于你们了。

下面，我对怎么发挥示范、规范、推动作用再提三点希望和要求。

第一，省图领导班子要有使命感、责任感。一定要有振兴全省图书馆事业的迫切责任感、光荣使命感，而且我首先希望省文体厅要赋予省图权力和责任，让它承担起行业管理、行业指导、行业促进的责任，同时政府管理部门要充分利用这个平台。

第二，要建立起一支高素质的图书馆管理队伍。现在刚刚开始用人，有的有编制，有的没编制，不管有没有编制，都要高素质的。就拿我们省新华书店系统来说，很多很有价值的书由新华书店征订，订数少得可怜，几百册甚至为零，什么原因呢？是这些书没有市场吗？大部分不是。大部分是因为各个新华书店负责征订的人没文化或者文化层次不够，有的是高中生，有的连高中生都不是，他们不懂得这些书的价值和意义，他们对整个学科不熟悉。这些人掌握订书大权，怎么能识货呢？靠他们来发行，图书市场难以繁荣，所以要求省新华书店首先把进书的人配好，至少要本科，一般学校的本科不行，要名牌大学的本科，要受过科班训练的人才。今天，我们图书馆也要有一支高素质的管理队伍，图书馆工作不光是借借还还，图书馆的管理本身就有一个指导、引导读者读书的问题，有一个调动读者兴趣的问题，馆员必须知识丰富、学识渊博，不仅能讲本图书馆馆藏，还要能讲国家图书馆甚至世界图书馆，具有中国眼光和世界眼光。另外，还要有一支研究队伍，因为图书馆业务一个是借阅，另一个是研究，要展示馆藏图书的价值，引领读者更好地学习、利用图书。

第三，要用改革创新的精神搞好内部管理。内部管理，无非这么几项，一个是岗位、一个是分配、一个是人事，还有一个是内部业务管理。一定要打破"铁饭碗"，尽管有编制，我这个编制还是聘用制，合格继续聘用，不合格就不聘用。省图没有"铁饭碗"，包括馆长、副馆长在内。编制我们可以给不同的人使用，但是内部分配、管理上没有区别，不能把人分为三六九等，除了岗位不同外，不能有编制内、编制外的区别。不要把管人事的称为人事处、人事科，而要称作人力资源，要把图书馆工作人员看成一种人力资源，类似不符合这个要求的地方需赶快纠正，我们一定要以改革创新的精神来做这件事。总之，我们是事业单位，但要当作新型事业单位来管理，内部一定要引进企业化管理。

让农民看上电影 *

　　大家知道，电影使我们在青少年时期受到了很大的教育。正是通过看电影，我们了解到外面的世界，树立起自己心中的偶像。因《列宁在1918》中列宁演讲的形象令我终身难忘；《南征北战》中的师长跳上坦克演讲的情景使我记忆犹新；《打击侵略者》中的军长在知道前方战士被火烧之后因心急如焚而解开衣扣的动作依然令我历历在目；《看不见的战线》中的上校马国哲和他的战友从大楼里出来时走路的神态，令我羡慕不已。可以说，电影对人们在人生旅途中树立某个人生目标甚至人生价值参照，对人们的教育和影响至关重要。然而，由于广大农村远离政治、经济、文化中心，相对偏僻和闭塞，加上农民的经济一般比较困难，所以精神文化消费始终是农民生活的一个弱项，连看场电影也成了奢望。因此，如何让农民看上电影，是我长期思考的问题。

　　主持宣传工作以后，我了解到海南有的孩子长到十几岁竟没看过一场电影。我用这个事例跟电影公司的负责同志说，我们电影有

---

　　* 本文是作者2007年12月27日在"金光耀琼州"农村电影公益放映活动座谈会上的讲话。

市场，农村需要电影，孩子需要电影，很多人都没有看过电影。但是，要到村里去卖电影票，叫农民包场看电影，这个事情难于上青天。怎么办？只有向农村送电影。"百部科教电影农村行"向农民送电影，是我们一个非常成功的尝试。文体厅向我报告说，国家有这么一个任务，而我们省财政很难拿出钱，省电影公司、各市县电影公司又无力无偿放映。怎么办？我说，以省委常委、宣传部部长周文彰个人的名义，给省里十几个有实力的公司领导写一封信，请他们来开个座谈会，当时我提出一句话"你帮我把电影送到村头，我给你把美名扬到农家"：一方面请他们慷慨解囊，给农民兄弟送电影；另一方面，我们会用电影设备标志、放映环境布置、电影放映过程来宣传企业产品、企业品牌。一个座谈会下来，我们筹集到资金139万元，这件事情就做起来了。在此之前，我一直在说，电影也可以是广告载体，电影公司也要成立广告部。最初大家都不理解，受这件事的启发理解了——放电影也能做广告！现在电影的广告经营也相当可观。此后，我也陆续看到一些兄弟省市通过财政拨款给农民送电影，比如有一个省，我就看到省财政每年拿6000万元给农民送电影。我也曾经想过，从文化事业建设费当中拿出一部分钱，给农民放电影。另外，我还想到，跟组织部门商量，从党费中拿出一部分钱给农村党员送电影，通过几条渠道解决农民看电影难的问题。

2007年五六月的一天，金海浆纸公司负责人到我办公室。在这之前，我们和金海浆纸公司为了一个共同的目标，已经建立起了信任和理解。全省从1995年开始运作的林浆纸一体化工程遇到了极大的困难。除了对造纸的污染大家心有余悸之外，对于350万亩的桉树种植，大家的抵触情绪也很大，说桉树有毒，树上不生虫，天上不飞鸟；桉树抽肥，树下不长草，凡是种桉树的地方一片贫瘠；桉树耗水，是个抽水机。对此开始我没有重视，也不需要我重视，因为我既不分管工业，也不分管农业。直到有一天，几个厅级干部同时讲到桉树的危害：如此种下去，我们海南要深受其害，要荒漠化，所以干部群众纷纷抵制。我脑子里第一次打了一个大大的问号：把这样一个项目引进海南会这么不慎重吗？桉树的生态后果到底怎样？应该把它弄清楚。省林业局局长给我提供了一个信息，他说湛江的国家林业局桉树研究开发中心（以下简称国家桉树中心）的话才是权威的，雷州半岛种桉树，生态环境越来越好。

　　我明白了。在一般人看来，只要是科学家说话就是权威的，生物学家对这件事情说话更是一言九鼎。实际上并非如此，隔行如隔山，研究松树的不一定懂桉树，正像妇产科医生不一定会看胃病一样。最有发言权的是国家桉树中心，其他人的说法只能参考，有的说法甚至没有任何价值。于是，我决定去找国家桉树中心的专家，去雷州半岛看看。我把我的想法报告给书记、省长，他们很支持，因为这也是他们的心思。然后我就组织中央媒体、省内媒体20多人，亲自带队奔赴湛江。在船上，我开了1个小时的专门会议：大家到湛江后看什么，怎么去看；遇到什么样的情况，我们做什么样的报道，都作了周密的安排和布置。湛江的桉树既有公司大面积种植的、成片的长廊，也有一小块一小块家庭、个人种植的。桉树下，生物链条丝毫不差，不存在有毒、抽水、抽肥的问题。而且，桉树销路畅通，不存在难卖的问题。我们海南的农民可苦了，号召种西瓜，西瓜卖不掉；号召种辣椒，辣椒卖不掉；号召种菠萝，菠萝卖不掉。但是种桉树，不存在这个问题。回来以后，我们作了大规模的、长达半个月的连续报道。最后，请桉树专家过来进行田间会诊，作学术报告，接受媒体采访。当年，全省的桉树种植面积达到70万亩，比过去 10 年的总和还多。

我们这样做本来是为国家林浆纸一体化工程考虑的，是为省委、省政府的重大决策考虑的，不是为金海浆纸公司服务的。但是这件事情客观上帮助了金海浆纸公司，所以它们一直对我们比较信任和理解。所以金海浆纸的负责人一听我说希望公司一年拿出 300 万元给农民送电影，就很爽快。不到半个月，他回话说董事会经过研究，同意做。文体厅作了详细的方案，取了一个非常好听的名字"金光耀琼州"，省电影公司为此成立了农村院线，"金光耀琼州"活动就这样搞起来了，我参加了开幕式。几个月过去了，我觉得有必要开一个总结会，好好地总结经验教训，策划下一步怎么办。

下面，我想讲四点意见。

第一，我们这次活动，成效超过了预期。"金光耀琼州"公益放映活动，收到了多方面的社会效益。满足了农民的精神需求，丰富了农民生活。农民看上了电影，过上了对他们来说盼望已久的文化生活。通过电影这个艺术窗口，农民了解了很多东西，得到了精神方面的享受；普及了科技知识，有利于推动农村又好又快地发展。通过科教电影，农民在种养、科学生活、移风易俗等方面都能学到科学知识，有利于农村经济、政治、文化、社会等多方面的建设。所以，对新农村建设也是一个推动，密切了城乡关系、干群关系、邻里关系。这次电影放映活动，实际上是城市支持农村的一项活动，是各级干部为农民群众办的一件实事。而且促进了国家林浆纸一体化工程在海南的顺利实施。通过送电影，大家对林浆纸一体化工程有了更清醒的认识，对桉树的利弊有了更清楚的了解，也沟通了广大农民跟金海浆纸公司的感情，所以这使得国家林浆纸一体化工程在海南更加顺利地推进；给全省电影放映事业注入了活力，带来了希望。一年 300 万元的投入，大大增加了我们全省电影放映事业的收入，使我们原本停滞多年的农村电影放映事业又开始转动起来，使没有多少收入来源的电影放映工作人员生活部分得到了改善，也使我们电影系统的干部职工看到了一点希望。所以社会效益是多方面的。

第二，以上社会效益的取得，来源于四个方面：一是金海浆纸（公司）大手笔资助，提供了资金保障。正是这一年 300 万元的资助，才使得我们有可能策划"金光耀琼州"活动，才使得电影放映人员有活干，农民有电影看。二是宣传文化部门精心组织策划，使放映活动有序推进。既包括省一级的宣传文化部门，也包括市县一级的宣传文化部门，都在这个问题上动了脑筋，总体方案、协议、资金的安排使用、放映队伍的调度组织等，都非常周到。市县宣传部、文体局的领导，直到乡镇一级的负责同志，都为这件事情倾注了心血。三是全省电影放映系统认真组织实施。尽管有 300 万元资助，相对于每场 300 元补助标准还是有点儿紧张，但我们放映队伍的干部职工仍以热情和责任心，把电影送到了千家万户。过去 5 个月已经放映了 2484 场，涌现出一些生动的人和事，2008 年年终的时候我们要进行一次表彰，主要表彰市县的组织工作和放映队伍。四是新闻媒体跟踪报道，扩大活动的社会影响。海南日报、广电台、南国都市报等媒体都对这个活动进行了密集的报道，这既是对我们工作的支持，也使金海浆纸公司得到了回报。同时，报道也使全省 800 多万名干部群众看到了新农村中农民的新生活，看到了大项目、大企业对海南的贡献，这些都产生了很好的社会影响。

第三，要认真做好今后的各项工作。全省宣传、文化干部，全省电影放映系统的干部职工，都要自始至终以建设社会主义新农村为使命，以对农民群众的深厚感情，以诚实守信的合作态度，珍惜宝贵机遇，做好后续工作。为此，我提出六个认真。一是认真履行合同，确保放映计划的落实。电影场次一定要保量，然后是保质，质量不保数量也是徒有虚名。二是认真组织观众，尽可能让更多农民观看电影。在此，我们要坚决防止一种凑场次、滥竽充数式的不负责任的态度。放映前要早宣传，多方组织动员群众；要把组织农民看电影当作放映工作重要环节来抓。个别地方怕看电影的群众聚众闹事，不必怕，但要做好出入的疏导工作，以确保安全，避免突发事件。在组织群众这项工作上，我希望省电影公司和文体厅一起策划出一套程序，就是每场电影必做的工作，比如预报早知道，让农民像过年似的来看电影，观众人数与各村总人口要达到一定比例；电影放映地点要科学布局。三是认真挑选影片，保证农民喜闻乐见。让农民看的电影有关同志要先看一遍，给农民选的一定是好电影，这个责任省电影公司要担起来。四是认真检修设备，尽量保证放映过程不出故障。放映节目要紧凑，不要拖沓。五是认真反馈放映结果，不得弄虚作假、虚报冒领。六是认真总结督查，推广经验，克服困难，特别是市县放映队，电影送到没有，放映点布局合不合理，放映效果好不好，片子农民欢不欢迎，这些都要认真检查，反馈上来，一些成功的经验要推广，存在的问题要克服。

第四，从"金光耀琼州"活动联系到全省电影放映事业的发展，希望今后大家齐心协力，做好以下工作。

一是多渠道筹措资金，使公益放映活动长盛不衰。我们要紧紧抓住金海浆纸公司，做好3年工作，争取10年不变。省委组织部给我们电影放映的支持力度是从来没有过的，我们一定要做好。我们自己要多方面筹措资金，上门争取，保证公益放映活动长盛不衰，我们的设备、装备也可以不断得到优化。加大政府支持力度，国家和省里都会有支持，设备也要用起来，平时要注意保养维护。

二是发挥龙头作用，推动商业放映工作。现在省电影公司商业放映搞得不错，也逐步摸到了经营门道：大片认真推广，政治片组织集体观看，抓住大的合作者改善放映条件。商业放映，市县也带动起来，上门组织可作为职工福利、党团活动、华侨给家乡的礼物去动员组织观看，使商业活动搞起来。

三是从改革找出路。在全省组织一个更加紧密的电影放映集团。既可引入外部资金，搞股份制，也要充分发挥个体、私人放映队的力量。体制内外一视同仁，让它们也加入我们的公益放映活动中，加盟我们的院线。在这个过程中，有什么问题要层层汇报，及时解决。广播不能代替报纸，电视不能代替广播、报纸，电影作为一种特殊的艺术，一定会从低谷走向回升，从回升走向发展。

把海南岛建设成"诗歌岛"*

经过大半年的精心筹备,"诗歌岛"计划暨 2009 年海南诗歌大奖赛启动仪式今天正式举行,我代表省委宣传部表示热烈的祝贺!并预祝"诗歌岛"计划及各项活动取得圆满成功!借此机会,我想谈几个问题。

为何要建设"诗歌岛"

我们组织建设"诗歌岛",主要是出于以下几个方面的考虑。

推动诗歌学习创作,繁荣海南文化。文化包罗万象,文学是其中一个重要内容,而诗歌在文学当中又具有十分重要的地位。如果海南的诗歌学习和创作活动影响范围更大、参与人数更多、气氛更加热烈、成果更加丰硕,那么海南文化的百花园里,无疑又将增添一朵鲜艳的奇葩。

改善海南人文环境,提升国际旅游岛形象。文化既是一个地方

＊ 本文是作者 2009 年 2 月 16 日在海南省"诗歌岛"计划暨 2009 年海南诗歌大奖赛启动仪式上的讲话。

的名片，也是一个地方的重要环境——是我们子孙后代得以成长的环境，是我们男女老少生活其中的环境，是投资者在这里投资的环境，是旅游者旅游的环境。因此，"诗歌岛"建设无疑将会使海南的文化氛围更加浓厚，人文素质大大提高，从而使海南作为国际旅游岛的形象更加璀璨夺目。

发挥诗歌的熏陶和教化功能，弘扬真善美，鞭挞假恶丑。诗歌有着独特的感染教化作用，这是其他文体所不能及的，因而中国诗歌自古以来就肩负着"诗教"的神圣使命。2000多年前孔子就精辟地阐发了诗歌这种社会教化的功能，他在《论语·阳货》中说："诗可以兴，可以观，可以群，可以怨。"倡导诗教，就是要诗人明白自己是一名塑造人类灵魂的工程师，要通过自己的诗歌呼唤良知，弘扬真善美，针砭假恶丑，成为鼓舞人民、推动时代前进的优秀战士。毫无疑问，如果把海南建成诗歌之岛，必将有助于推动全岛人民进一步明白什么是荣、什么是耻，有助于推动全岛整体道德水平的提高。

"诗歌岛"建设的主要内容

主要有三大内容。一是赏诗。从我国第一部诗歌总集《诗经》诞生以来，经过历朝历代的努力、传承、积累，特别是经过唐、宋时期我国诗歌达到鼎盛，再到五四新文化运动掀起新诗创作的热潮并随中华人民共和国前进的步伐曲折发展，脍炙人口、激荡人心的诗歌经典层出不穷。我们今天建设"诗歌岛"，就是要更多的人来学习中华民族的宝贵文化，领略诗歌蕴含的形式美、节奏美、韵律美等独特魅力。

二是写诗。我们建设"诗歌岛"的另一个内容就是要激发动员越来越多的人拿起笔来写诗，新体诗、旧体诗，样式不限，甚至还可以创造出一种属于你自己的新体诗。我曾经号召大家学书法，今天同样号召大家都来创作诗歌。

三是诵诗。诗与歌自诞生起便密不可分，诗本来就是来自民间的歌谣。从本质上讲，二者都是用来传情达意的。《毛诗序》曰："诗者，志之所之也，在心为志，发言为诗。情动于中而形于言，言之不足，故嗟叹之，嗟叹之不足，故永歌之。"诗与歌的关系由此可见一斑。在中国古诗中，诗和歌一样，与音乐的关系非常密切。诗与歌在"音乐性"这一点上是相通的，吟诗唱和，借歌传播诗，可以说是历代诗歌赢得欣赏者的一个法宝。直到今天，即使是现代新诗，抑扬顿挫，仍然是语言美、韵律美的极致体现，非常适合朗诵抒情。我们建设"诗歌岛"的重要内容之一，就是要让更多的人来朗诵诗歌，使朗诵诗歌成为自己生活的一个部分，成为生活的一种形式，就像打球、散步一样正常。

当然，对于"诗歌岛"建设的内容，大家提出了很多很好的设想。比如，希望我们将来拥有诗歌雕塑、诗歌公园、诗歌广场、诗歌博物馆等。这些想法我都很赞成，但需慢慢来，等条件成熟了，我们把它当作公益事业来做，也可作为旅游产业来做。当务之急，首先从我们文化人能够做的事做起，那就是赏诗、写诗、诵诗。

怎样建设"诗歌岛"

"诗歌岛"建设主要通过持续深入地开展系列活动来逐步推进。一是学习活动。要组织和动员更多的人学习诗歌，知道怎么写、怎么欣赏，知道一些经典诗歌的微言大义、审美价值以及它所表达的情感内容，包括政治内容、人文关怀等，学习诗歌所表现的对生活的热爱、诗人的理想、对时弊的针砭等。

一是学习活动。这项活动要细化就多了，讲座、沙龙、研讨等都是一些具体的学习活动。

二是创作活动。我希望在"诗歌岛"建设的感召下，越来越多的人投入诗歌创作活动。也就是前面我所说的写诗，但前面是从内容角度讲的，这里从活动角度来讲。要写诗，就要观察生活、深入生活、体验生活，诗歌绝不能无病呻吟。我们所提倡的诗歌要反映这个时代，反映海南的改革开放和现代化建设，反映我们的国际旅游岛和生态省建设等方面的内容。

三是竞赛活动。为了推动"诗歌岛"建设，我们要设计各种各样的比赛活动。比如说，小学生诗歌大赛，中学生、大学生、军人、农民工、专业工作者诗歌大赛等。我们甚至可以在旅游"黄金周"广泛宣传，让游客来写诗歌颂海南，让一等奖获得者免费再游海南。各种竞赛活动都需精心设计，就像我们举办这次 2009 年诗歌大奖赛一样，事前经过了细致周密的策划，实施起来自然井然有序，这样才可能取得理想的效果。

四是出版活动。一些优秀的诗歌作品要及时记载下来，这就是广义的出版。这个出版既包括内部印刷，也包括出版社正式出版；既包括网络，也包括报纸杂志。总而言之，"诗歌岛"建设产生的大量优秀诗歌，我们要及时地记载、推广、宣传。

谁来建设"诗歌岛"

"诗歌岛"建设靠谁呢？我想主要有五支力量。

学校教学要发挥"诗歌岛"建设的基础作用。各级各类学校要把诗歌的学习和创作作为语文教学、课余活动的一项重要内容，提高认识，增加分量，有效推动。

文学艺术工作者要发挥"诗歌岛"建设的带动作用，或者称骨干作用。尤其是今天海南日报介绍的一批著名诗人，还有今天出席启动仪式的各位诗人，包括专门从事文学艺术工作还没有成为诗人的未来诗人，大家都要发挥骨干作用。

各级各类组织要发挥"诗歌岛"建设的组织作用。就像我们今天所做的工作一样，各级各类组织首先是各级宣传部、文体厅局、各级文联、各级作协、各类社团，包括海南的诗歌协会如海南诗书画联谊会等，要积极行动、精心策划，充分发挥组织作用。而且，我们大力支持各级社团自己成立诗歌学习欣赏组织以及各类沙龙，将来大家在一起交流诗歌、欣赏诗歌、研究诗歌，就像饮"老爸茶"一样诱人。我们体会到，很多事情在社会上、在群众中蕴藏着巨大的能量和热情，但是如果处在自发状态下我们不去组织、不去推动，就很难成大的气候，很难有好的成果。所以组织作用是十分重要的。正像我们组织"诗歌岛"建设计划使在座诸位受到鼓舞一样，你们回去之后，通过你们的出色组织，层层推进，一定会把"诗歌岛"建设计划变成现实。

社会各界要发挥"诗歌岛"建设的参与作用。也就是说，我们"诗歌岛"建设行动计划，既是精英计划，也是群众计划，广泛发动群众积极参与，必将涌现一大批诗歌校园、诗歌军营、诗歌小区、诗歌乡镇。能否发动更多的社会各界人士广泛参与，是我们"诗歌岛"建设是否成功的衡量标准之一。只有把群众发动起来了，我们的精英作品才有人欣赏，我们才能够更好地显示自己的价值，发挥自己的作用。就像唱琼剧的一定要培养观众，办报纸的一定要有读者一样，我们写诗的也一定要有广大的欣赏者。那个时候，诗人就会成为榜样，我们就会成为老师。很有可能，我们的诗人会被邀请到各地讲课，辅导写作，就像现在的书法家每天忙得要命一样。所以发动群众的工作大家一定要做起来，一定要设计好载体，吸引大家积极参与进来。

各类媒体要发挥"诗歌岛"建设的推动作用。包括报纸、杂志、广播、电视等，比如广播电台可以开设专题栏目如"诗歌岛"，电视台可以搞个文化节目，报纸可以开个专版，网络等新型媒体也可利用自身优势积极参与进来。媒体的作用一方面是个载体，使我们的诗歌、我们的见解有地方发表；另一方面，它起着引领作用、推动作用。从明天开始，我们海南的各级各类媒体集中十天时间好好把"诗歌岛"的舆论氛围造一造。比如，世界诗歌创作欣赏的现状，国内以及海南诗歌的历史、名作、名人，现在我们各市县诗歌创作的情况。据我了解，有很多人士利用退休后的时间或业余时间在从事诗歌的写作、推广、组织工作，十分令人感动。在此我拜托大家精心策划、充分报道，为推进"诗歌岛"建设营造良好的舆论氛围。

总之，"诗歌岛"建设要靠学校，靠文艺工作者，靠社会各界，靠各级各类社会组织，靠各种媒体。海南有诗歌创作的辉煌历史，如苏东坡作为中国最值得骄傲的诗人之一，在海南3年多时间里写了大量诗词。此外，海南还有丘濬、白玉蟾、邢宥等著名本土诗人。就是今天，仍有如此多全国有名的诗人和诗歌评论家在这里满怀诗意地栖居。而且，我们很多市县都有相当好的诗歌创作群众基础。所以我相信，只要我们组织好、策划好，持续不断地像抓文明生态村那样抓它十年八年，像打造书法之乡那样打造它十年八年，像我们持之以恒地建设海南、开发海南那样坚持不懈，"诗歌岛"计划一定会成为"诗歌岛"现实。

发掘、利用和改造民俗文化[*]

民俗是中华文化的重要组成部分，我们每一个人每时每刻都处在民俗的氛围当中，无不受到民俗的重要影响。民俗在历史上发挥过重要作用，今天仍然是中华民族生活的重要组成部分。研究、发掘、利用和改造民俗很有现实意义。

民俗文化是一种值得去研究的文化

民俗是一种非常值得研究、发掘和利用的中华文化，之所以这样说，有下面三个理由。

民俗记录着中华民族的历史。 中华民族有着 5000 多年的文明史，它的历史通过种种方式得以保留到今天，尽管是残缺不全的，比如书籍、地下文物、地上建筑物以及语言、风俗习惯等。当风俗习惯普遍流行的时候，它就发展成为一种民俗。民俗有的表现为一种仪式或者制度，还有的用节日的形式把它固定下来。比如婚俗中的拜天地就是一种仪式，春节、七夕节就是一种节日。所有

＊　本文是作者 2006 年 7 月 13 日在海南省首届民俗文化研讨会上的发言。

这些，都是对中华民族创造史、活动史、交往史以及精神价值发展史的一种历史记载。有一些民俗就直接记载着具体的历史人物或事件。比如端午节，就记载了屈原这个历史人物，蕴含了后人对他的敬仰。

民俗承载着中华民族的文化。民俗不仅是中华文化的重要组成部分，还是中华文化的重要载体，同时，也是我们中华文化的外在表现形式。春节前后一系列制度、节日的安排，就是中华民族一个特有的文化现象。从"腊八"开始，到"祭灶"、"除夕"、初一到初五，几乎每天都有不同的仪式和活动，反映出不同的功能和作用。这些特有的文化现象，或为中华文化的一个表征，或说是特征，将中华文化与其他文化区别开。

民俗蕴含着中华民族特有的精神价值。通过民俗活动及其节日、制度的安排，我们可以看到中华民族以什么为美、以什么为丑；以什么为利、以什么为害；以什么为善、以什么为恶。中华民族所特有的精神价值在民俗中得以表现出来。比如农历七月初七，就包含了人们对爱情的追求和称颂，包含了人们希望成为"巧妇"的理想和愿望，这都是一种精神价值的表现。尤其是那些包含"团团圆圆""平平安安"寓意的节日，更是充分地凸显了中华民族传统文化的价值取向。有一首大家都很熟悉的歌就唱得很好，春节时"老人不图儿女有多大贡献，只求平平安安，团团圆圆"，这就是中华民族老年人的精神价值追求。

民俗文化应当分清精华与糟粕

总体来讲，民俗文化虽是中华文化的组成部分，但是文化当中历来既有精华，也有糟粕。精华的部分今天就不说了，要广为弘扬。我尤其要提醒的是在研究、发掘、利用民俗的过程当中，有四种糟粕成分需要我们特别注意。

迷信成分。民俗文化当中含有很多迷信的成分。比如风水。建筑学上也讲"风水"，但这个"风水"的概念和民俗中的"风水"观念还是有很大不同的。这个"风水"更多的是指环境，它追求的是"天人和谐"、人与自然的统一。但是在民间流行的民俗中的"风水"，迷信的成分就太多了。海南农村的建筑是大受这种迷信的风水观所害的，一个建筑一个朝向，非常乱，给人一种有新房却无新村的感觉。在苏北，风水先生也看朝向，但那里的建筑一致朝南。海南的建筑朝向之所以这么乱，里面就有很多迷信的东西作祟。再如占卜、求签之类，里面更多的是迷信成分。西方发达国家教徒众多，我们也有很多信教的群众，同样是信教，里面却有很多深层次的问题值得我们去思考。西方的基督徒，每个星期都要去做礼拜，经常读《圣经》、做祷告，虔诚之至。但无论他们怎么信奉上帝、敬仰上帝，生病了该去医院还是要去医院，要挣钱还是去工作。而我们有些人往往把健康、发财一类的愿望完全寄托在求神拜佛上，以为只要把神佛拜好了，健康、发财这些问题就自然都解决了。

愚昧成分。比如人死了之后要停尸三天，还要举行一些仪式来"招魂"。这里面就有一种民俗的观念，认为"灵魂不死""灵魂不朽"，而目前科学证明这绝对是一种愚昧。至于看病"找巫婆""跳大神"能不能算是一种民俗？可以说，作为一种祈求健康的方式或许并无大碍，但如果痴迷于此而且把这当作可以包治百病的一种手段，那就是愚昧。比如有的人眼睁睁地看着巫婆在那里变着法地用各种手段折磨女儿，父母不仅不伤心，更不制止，还让女儿忍忍，直到把女儿活活弄死为止，就是因为相信巫婆这种做法能够"驱邪"，能够保证女儿健康，这有多么愚昧啊。

财产浪费。许多民俗是以对社会财产的巨大浪费为代价的。比如海南的"公期"，对于困难户、经济不富裕的农民，那简直就是一种负担。他们过春节舍不得买鱼、买肉、买衣服，为什么呢？因为他们的钱有限，但是"公期"他们不得不出钱，否则他们过不了社会舆论关，过不了村民关系关，在村里、族里就没有立足之地了。"公期"是祭公，祭祀一村一族共同的祖先，你能不出钱吗？这是一村一族最重要的节日，你没办法躲过去的。有的甚至把孩子上学的钱都拿出来。这不是负担是什么？还有结婚的婚俗，这个民俗的排场现在也发展到非常铺张的程度，彩礼之高、花费之多、浪费之大，很多人承受不起。再加上各种各样名目繁多的"庆贺"，简直就成为一种"人情债"，被人们戏称为"红色罚款单"。有的人就热衷于组织这种事情，今年孩子"过百天"，明年孩子"过满周"，后年又搞出什么"砌房落成""进宅"之类的。反正他是年年有事，上半年做了，下半年还要搞。很多人辛辛苦苦挣了点工资，还不够出"人情"的。有时候甚至逼出严重后果。

破坏环境。民俗中有很多是破坏环境的内容。比如"土葬"的问题，内地已基本解决，海南却仍然非常突出。到海南四处转转，公路边、村头上，到处都是"白花花"的墓碑，绵延几公里。不光村里的老百姓要搞土葬，就连我们很多党员领导干部也搞这一套。他宁肯组织不出面搞告别仪式，也要悄悄运回去土葬。

今天我们研究民俗文化，一定要区分它的精华与糟粕，不可盲目地、笼统地谈"弘扬民俗文化"，弘扬也要弘扬它的精华部分，剔除糟粕部分。

发掘、利用、改造民俗文化，
为构建和谐社会服务

发掘。面对西方民俗正在逐步地进入、融入、侵入我们的日常生活这样一种形势，加紧发掘中华民族自己的民俗就很有意义。作为中华民族文化的一个特色、特质，民俗就是一个标志性的存在。把中华民族自己的民俗丢掉了，我们的文化发展就会出现"安全"问题。还有哪些节日、民俗不被人们重视，都可以发掘出来。中国到底有多少人在过西方的节日还很难说，都是媒体在推波助澜搞宣传，大多数中国人还是在过我们自己的传统节日，但媒体不反映。

利用。发掘最终是为了利用，如何利用民俗文化为现实服务，为构建和谐社会服务，是专家学者要考虑的一个问题。例如，婚礼是一种重要的民俗，我出席过一两次，办得相当成功。一场婚礼，简直就是感恩教育现场会，由专业婚庆公司操办，把父母子女亲朋说得眼泪汪汪深受感动，深受教育。葬礼呢？这个民俗也要利用好，让它具有感染教育作用。这就是利用，就是服务现实。

改造。因时代的变化、形势的需要，有的民俗需要改造。琼山的元宵节也称"换香节"，加以改造后称为"换花节"，成为青年男女之间交往的一个很有意义的活动。七月初七这一天，我们不妨也加以改造，除了发展健康的情爱、人们之间美好友情方面的意义，还可以发展它"祈巧"的含义。组织一些心灵手巧之类的比赛、教学，引导大家学习一技之长，像剪纸、刺绣、编织等，引导大家学习看报，引导大家学习生产致富的本领。

总而言之，民俗是一篇大文章。我们现在很多的民俗还处在一种自发的、自然的状态，今后要在有意识地引导、规范、利用、改造上多下功夫。

高质量地编撰海南历史文化大书系 *

经过半年多的准备，海南历史文化大书系已进入一个全面启动的新阶段，今天举行有关方面的签约仪式。刚才听了关于工作进展的介绍，听了关于工作机制和工作要求的安排，听了两位分卷主编和两位作者的表态，包括决心、打算、措施，我自己也充满信心，有各位专家学者这样热情地、积极地参与，我们这套历史文化大书系一定会按时保质完成。利用这个机会我讲三点意见。

编撰出版海南历史文化大书系的目的和意义

虽然这套丛书被正式提出编著方案是 2005 年 11 月的事情，但在头脑里的构思已经有很长时间了。海南是新建的省份，过去是广东省的一个地区，是国防前哨，所以它的学术文化积累与其他省份相比，无疑要落后得多。因为没有学术文化方面的积累，资料整理收集不够，方方面面的研究也就不够全面系统、不够深入。所以很

＊　本文是作者 2006 年 6 月 28 日在海南历史文化大系领导小组和编委会第三次会议上的讲话。

早就想编这么一部海南历史文化大书系，但由于种种原因被搁置下来了。我们编这套书的目的至少有三个。

一是系统研究、梳理海南开发建设的历程和社会历史文化。通过 10 卷 100 个选题这样一个框架，争取把海南开发建设史上一些重要历史事件，重要历史人物，重要的建设成果，包括文化成果等，作一个系统的研究和描述。今后我们查阅海南的历史文化资料，基本上能够在大书系里找到一些初步的研究成果和资料线索，给后人的研究提供一些方便。我们不敢说经过我们研究能够穷尽问题，但至少别人能够从这里继续作深入的研究，而不必一切都要从头开始。这不仅是一项系统的资料性工作，更是一项开创性、研究性的工作。说它是资料性的，就是通过我们这套书能够把海南开发建设历程和社会文化历史方面的资料尽可能丰富地收集起来。同时，它又是开创性的研究。过去我们在某个方面，比如黎族历史，有人作过研究，对黎锦也有人作过研究，黄道婆的研究也有人接触过。但是，像这样有 100 个选题而进行全面的研究是没有的。

我们为什么研究海南历史文化呢？是为了总结海南开发建设的经验，为了通过历史来激发今天的现代化建设，是为了把海南作为相对独立的文化单元，深入系统地整理其历史文化传统。这当中还部分带有抢救的味道，因为有些文化如果我们今天不发掘整理，将来可能就消失了，以后再找就更困难了。比如一些口头传说，一些手工工艺，等等，如果我们不及时抢救今后就没有了，非常可惜。

二是以实实在在的载体来繁荣全省的哲学社会科学。2005 年中央下发了关于进一步繁荣发展哲学社会科学的意见，省委也拿出了我们自己的实施意见。社会科学的地位，也称作人文社会科学的地位在我国越来越高。长期以来，有些人重理工、轻文史，直到现在也不能说社会认识就统一了。但实际上，这种轻没有道理，这种轻本身就是无知。我曾经不止一次发出这样的感慨："无知无畏"，无知的人一定胆大。比如，我们研究社科工作经费时就有人发问：给社科界那么多钱，社科界做过什么事呀，它们是否有所作为？他说这个话，说明他不懂，因为他不了解建省办特区以来社科界做了些什么。我们在学习邓小平理论和"三个代表"重要思想时碰到过同样的现象。凡是钻研过邓小平理论的人，读过《邓小平文选》的人就知道邓小平同志是了不起的伟人：他坚持和发展了马克思主义，调整改变了长期禁锢中国人民的观念和思想，指出了中国现代化最光明的大道，这是邓小平理论的功绩。相反，没有读过邓小平写的书的人，不了解邓小平理论的人，张口就会说邓小平的理论不是理论。

对哲学社会科学的功能和作用，尽管现在有些人仍然不重视，但实际上它对我国改革开放和现代化建设的作用是客观存在的，是任何人都无法否定的。一个最显著的事实就是，中国改革开放的成功不是自然科学首先取得长足的进步，而恰恰是人文社会科学首先取得了突破，也就是产生了邓小平理论。苏联社会主义国家蜕变、共产党倒台不是自然科学出了问题，而恰恰是人文社会科学出了毛病。一正一反两个事实说明了哲学社会科学的重要作用。我们可以回顾我国改革开放进程，党中央出台的很多方针政策都是来自几年前，甚至十几年前、几十年以前专家学者在学术上的探讨，许多重大决策都是如此。无论是市场经济还是股份制，以及政府机构改革、职能转变等，都是哲学社会科学首先从理论上开始探讨的，然后党中央根据实践加以总结，把理论转为具体政策、具体制度、具体措施。

办经济特区以来，海南省的哲学社会科学工作者不计报酬，忘我劳动，在研究条件、工作条件以及其他方面的条件都远比北京、上海等地差的情况之下，任劳任怨，为海南哲学社会科学作出了很大的贡献，取得了很多的成果，形成了海南自己的学科特色和成果优势。在中央和省委有关繁荣社会科学政策的鼓舞下，我们省的哲学社会科学工作者可以说是更有干劲、更有决心了。在这个背景之下，我们推出海南历史文化大书系，就是实实在在的载体，集中全省哲学社会科学界的积极分子，进行群体性的攻关、兵团式的作战，从而使海南省的社会科学成果更加丰富。

三是为发挥海南省社会科学工作者的作用提供平台。全省的哲学社会科学工作者具有独特的个性。首先是敢为，其次是参与性强。走出书斋、走出高楼深院研究现实问题，同时热衷参与关于海南开发建设的重大问题的研究和思考。无论是海南本地的学者，还是后来从内地来到海南的各个方面学者，都形成了共同的特点，就是海南的专家学者绝大部分不是"书呆子"。他们从筹备海南办经济特区开始，就从各自的学科、以各自的本领来参与海南改革开放建设的历程。最近一些年，这种作用、这种参与性更加明显。由于我们多年有所为，所以在有关部门和整个社会人们心目中的地位有所提高，方方面面的委托课题也越来越多。过去我们动不动找外地专家，结果比较下来还不如我们本地的学者更了解情况，提出的措施更适合海南实际。现在，海南学者打出了我们的整体招牌，从电视节目到固定的谈天说地的人物，参与政府各方面的课题研究，有了一个稳定的队伍，甚至省委理论研讨会也有学者的一席之地，应邀在会上发言。有关市县遇到难题，也习惯、喜欢找专家学者帮助拿思路。这既是海南省哲学社会科学工作者多年来奋斗的结果，也是决策层对哲学社会科学重要性认识加深的结果，是对我们队伍的能耐、智慧的认同。

因此，编撰海南历史文化大书系就是为海南的专家学者提供一个更好的展示各自学术成就的平台。

采取有效的机制和措施来完成编著任务

大书系是一个宏伟目标，能不能完成这个任务，组织、机制、保障工作很重要。经过一段时间的运行以及吸收、总结以前课题研究的经验教训，我们采取这样两个机制和措施。第一个方面的机制和措施，就是在组织领导上，我们提出两个保障。一是政治、经济、出版方面的保障。政治保障是大书系的领导小组。考虑到这套书系是跨届工程，领导小组由省委宣传部全体部长、副部长参加，保证工作的连续性。在经济上按照我们的预算随时跟进投入，在出版上保障我们每一个成果都能够得到出版发行。这是我们成立领导小组的意图，所以领导小组主要是行政的领导。二是选题和成果质量的保证。这就是两级责任制，一个是编委会，另一个是分卷主编。编委会要确保100册书当中的每个选题都是有价值的，不是重复的，保障这个研究成果是高质量的，保障各项研究要如期完成。而编委会当中我是挂名，第一责任人是曹锡仁教授，我们要跟他签约。曹锡仁教授抓分卷主编，分卷主编要保证每个作者都能胜任，保证每一个研究框架都是合理的、科学的，保证文字是过关的，等等。分卷主编要负全部责任。这两层保障，既是荣誉又是压力。这样一来，我们就形成了三级负责体系：编委会对领导小组负责；分卷主编对编委会负责；作者对分卷主编负责，这就是责任。当然还有权利和义务。另外，常务副主编和分卷主编都有单独的预算酬劳，这个酬劳就是责任，这是组织领导上的一套措施。

第二个方面的机制和措施，就是经济措施。我们这个经济措施简单易行，看得见摸得着。就是我们事先给作者、分卷主编、常务副主编一定的稿酬。事先都有约定，一签约我们就按照总额的 1/5 发放，最后经过编委会内部的工作机制确认，达到正式出版的要求，余下的款项一次付清。非常简单，用不着考虑你的钱怎么用、怎么报销。比起其他省份，总体经费虽然少了点，但就我们省来说已尽了最大努力，希望同志们本着奉献精神来做这件事情，希望大家同舟共济，以海南文化建设为己任，把这件事情做好。文化建设基金领导小组上星期开会时已批准部长办公会议提出的预算方案，已经准备 60 万元作为启动资金，整个编撰费用大约 150 万元。

以高度的责任心，高水平完成历史文化大书系

2008 年 4 月是海南建省办经济特区 20 周年，希望社会科学界能给海南建省办经济特区 20 周年献一份厚礼。因此，我给同志们提出三点希望。

一是以高度的自豪感和责任心来参与大书系的编撰工作。我们此前也有过一些文化的大工程，比如宣传部部长洪寿祥同志主持编撰的《海南地方文献丛书》，这项大工程共计 2000 万字，历经 5 年。我们这个工程是海南有史以来第一个系统的研究工程，能够参与这项工程应感到自豪。也许后人做得比我们好，但是我们做的是具有开创性、奠基性的工程。但光自豪不行，还要怀着高度的责任心，这个责任心是对历史负责、对后代负责、对自己负责。当下，就是作者对主编负责，主编对编委会负责，编委会对领导小组负责。

二是希望科学严谨、保质保量。这项工程不是光有热情、光有自豪感和责任心就能做好的，搞学术研究要有科学严谨的态度。科学严谨的著作可以流芳百世，一部《论语》到现在还是中国人的"圣经"，而一些草率的不负责任的书早被人们丢掉了。目前更有一些剽窃者和弄虚作假之徒，丢尽了我们专家学者的脸面。一定要汲取经验教训，要科学严谨、保质保量。第一，在史料上一定要科学严谨。史料要尽可能全面，不能以偏概全，不能注重一方面，又忽视另一方面。第二，在研究结论上要科学严谨。结论要明确，要留有余地，不要把话说绝、说满。在学风上要科学严谨，资料从哪里来的要有学术规范。第三，在框架结构上科学严谨。第四，在文字表述上要科学严谨。杜绝信口开河，杜绝粗制滥造，尽量用比较科学严谨的文字表达出来，同时通俗流畅。

三是希望各负其责、密切配合。从常务副主编到分卷主编，再到作者，应该说每个人的责任都是非常明确的，所以签约启动之后每个人要各负其责。我们领导小组也一定要负责任。每一部书，从报选题开始分卷主编就要介入，选题恰当与否，大框架准备分几章几节，每个标题怎么弄，都要及早介入。然后分卷主编和常务副主编要及时沟通，而常务副主编要定期主动检查督促，遇到什么问题要及时沟通。下次编委会开会就不用我们出面协调了，完全交给曹锡仁教授一把抓。

把海南当成施展文艺才能的舞台 *

我向来佩服艺术家的眼光和判断，你们旅居海南这件事情又一次证明这一选择是值得的。对艺术家来说，海南有三个方面非常适合：一是适合居住，它是世界上最好的人居环境之一。二是有丰富的题材，山水人文、建设成就都是我们搞文艺创作的同志取之不竭的现实源泉。三是适合创作，空气好、安宁、不冷不热，是我们搞创作的最理想的场所。所以，尽管按照原来的地理概念来讲，大家在海南是孤悬海外，远离政治、经济、文化中心，但是我相信你们一定能够有更多更好的作品问世。

海南的文化发展繁荣需要人才。旅居海南的文艺家是一支重要的人才队伍，你们的到来会给我们海南带来多方面的影响。第一，改善了海南人口的文化结构。第二，你们会吸引、带动一批内地艺术家来海南居住、旅游、讲学、采风、创作。第三，你们会给我们海南的文化发展和繁荣带来好多智慧、金点子。第四，你们亲身参与海南文化大发展大繁荣的建设，变客为主，成为我们海南的一员。

---

　　* 本文是作者 2007 年 12 月 25 日在旅居海南艺术家新春茶话会上的讲话。

将来海南的文化建设史上有你们的贡献，有你们的名字，这是我的最终希望。既然我们已经把你们看作一支重要的人才队伍，我希望你们也不要把自己当外人，而是把海南当成你们的家，当成你们施展文艺才能的舞台，在海南好好干。

为了使我们形成一个团体，我有几个想法。第一，我们成立一个组织，名为"旅居海南文艺界人士联谊会"。这个联谊会的"婆家"主要在文联，我们宣传部的文艺处和文体厅的文化处将主动做好联系工作，牵头人最好在你们当中产生，因为只有这样的人才知道你们需要什么、做什么。所以我们不包办。你们慢慢酝酿，看谁有这个热情、有这个条件、有这个精力和能力来做这件事情。现在在海南的各省企业家都有自己的商会了，比如江苏商会、浙江商会、安徽商会，它们每年都开展像模像样的活动，搞得相当好。我们旅居海南的文艺家需要有自己的组织，不仅可以搞艺术活动，你们在海南的生活也会碰到种种问题、矛盾和摩擦，将来这个组织还可以起个协调、帮助作用。

"旅居"这个概念，我是怎么考虑的呢？虽然住在海南，但是人事关系不在海南，在海南没有单位。你有单位了就是主人了，而不是旅居海南了。比如退休人士，尽管不是一年到头都在这里，但是可以把他看作旅居海南，因为他在海南没组织，他在内地拿退休工资。

第二，定期开展一些活动。活动以联谊为主，适当地搞一些主题艺术活动，比如绘画、书画、摄影、讲座。这些都要经常策划，在这个组织没有成立之前，由我们文联和部、厅的两个处来牵头，你们商量商量，看哪个单位牵头好。

第三，海南要用好这支难得的人才队伍。怎么用呢？一是电视节目比如《老爸茶访》请你们谈谈多好啊！二是我们带着一些问题进行报道访谈。三是讲学传授。四是将来我们下达一些任务，请你们帮我们完成。

我们能提供什么呢？第一，在你们居住海南期间，我们每人送一份《海南日报》，由我们给你们征订。你们来的时候给我们打个招呼，走的时候也给我们打个招呼，讲明什么时候到、什么时候走。第二，我们可以资助你们在海南办个展。这个资助的条件由我们文艺处来考虑制定。第三，你们在工作生活上碰到的困难、烦恼、问题、矛盾、纠纷，我们会尽力出面帮你们协调、解决。当然，我们有一些问题，我们自己都没法解决，到时候你们能谅解就行了。

俗话说得好："一个巴掌拍不响"。你们旅居海南的文艺家要能够在海南大有作为，一定是我们双方的事情。我们要积极，你们要主动，形成合力，各得其所。

五　生机勃发的新华书店

加快新华书店改革

用改革重振新华书店雄风

转企改制把新华书店改革引向深入

跨地区是文化产业的发展方向

要坚持有利于国有资产保值增值、有利于提高国有经济竞争力、有利于放大国有资本功能的方针，推动国有企业深化改革、提高经营管理水平，加强国有资产监管，坚定不移把国有企业做强做优做大。

《习近平谈治国理政》（第 2 卷），外文出版社
2017 年版，第 175 页

加快新华书店改革 *

　　参加了你们一天的会议，我感到很高兴。第一，因为在中共海南省委宣传部和省文体厅联合下发《关于转发〈关于加快海南省新华书店系统改革的意见〉的通知》之前，一些市县新华书店已经开始改革，而且力度很大，取得了明显的成效。第二，同志们在发言中，尤其是在大会发言中，都拥护、支持这项改革，表示回去要精心设计改革，把改革操作好。第三，同志们在讨论中，很直率地提出了一些想法和担心，即使这样也不是不赞成改革，而是希望改革，只是心里有顾虑。

　　利用这个机会，我想谈四点意见。

形势逼迫新华书店改革

　　我国的经济体制改革从 1978 年算起，至今已有 25 年的历史。国有企业的改革取得了巨大的成效，然而相当一部分国有企业到现在还没有搞活，有些搞了股份制之后仍然不灵，好多上市企业的股

＊　本文是作者 2003 年 6 月 5 日在全省新华书店系统改革座谈会上的讲话。

票都是 ST 股，有的甚至马上就要退市。这不是意味着股份制改革错了，而是因为形式上搞股份制了，实质上是传统的国有企业的运转方式没有被触动，国有企业的传统模式有两个弊端：一是浪费资源。白天灯开着，没人关；水龙头淌水，没人拧；螺丝帽掉在地上，没人捡。为什么？不是我的。企业靠贷款过日子，领导人照样大吃大喝，照样住豪华宾馆，照样买车换车。二是培养懒汉。生产什么，生产多少，不要自己动脑筋，有计划下达。上班时张家长、李家短，一张报纸、一支香烟、一杯茶。为什么？工资照发。企业已经困难重重了，企业的领导人也没有民企老板面临破产倒闭时的那种焦虑、那种担忧、那种痛苦。为什么？他们心里有底，政府对我们这么一个大企业不会不管。职工躺在企业的身上，企业躺在政府的身上。《中共中央关于国有企业改革和发展若干重大问题的决定》中指出："相当一部分国有企业还不适应市场经济的要求。"问题的症结所在就是职工吃企业的"大锅饭"，企业吃政府的"大锅饭"。因此，传统的国有企业与市场经济具有天生的不适应性，缺乏自主进步、自我革新的要求和内在动力。现在凡是充满活力的国企，都是改革搞得比较到位的。

以上是讲企业，下面我再讲讲职工。我们的职工也不是严格意义上的企业职工。第一，就业是政府安排的，不是竞岗竞来的。第二，到企业来是进"保险箱"的，不是来冒险拼搏的。第三，"铁饭碗""铁工资"，干与不干一样、干好与干坏一样、干多与干少一样。你说这样的职工跟市场经济所要求的职工标准相差是多么的遥远。

所以结论是，传统的国有企业不是真正的企业，而是政府的附属品；职工也不是真正意义上的企业职工。这样的企业、这样的职工，面对市场经济的大潮，不改革就会被淹死。所以党和国家对国有企业进行一系列改革，使之成为市场主体，成效很大。不改革而能够延续到今天的，那是例外，比如新华书店，因为有教材发行保命，把教材拿出去它们吃什么？

新华书店作为国有企业，竟然置身于改革浪潮之外 20 多年，我不知道究竟是幸运还是悲哀。但有一条是肯定的，再不改革，只有死路一条。

新华书店自身的状况呼唤改革

新华书店有辉煌而光荣的历史。每当我看到"新华书店"这几个字时就感到亲切。新华书店是在毛泽东同志的亲切关怀下，是在党中央、国务院的呵护下成长起来的，为先进文化的传播立下汗马功劳。新华书店的干部职工作出了很大的贡献，这是不容否认的。但是形势发展到今天，新华书店自身的毛病已是越来越重、越来越危险。主要表现在四个方面。

新环境，老体制。我们现在面临的环境，首先是中国正在大踏步走向市场经济的环境，是加入 WTO 以后发行市场大规模开放的环境，是各种发行渠道异军突起跟我们竞争越来越激烈的环境。新环境要求新体制，然而我们的体制已经老掉牙了。老到什么程度？一是思想观念老。领导随时想安排人员，他还是把新华书店当成政府的附庸。二是用人制度老。新华书店进人既不是公开招聘，也不是合同制，而是终身制、"铁饭碗"，进来就是进了"保险箱"。三是分配制度老，没什么差别。四是销售方式老。不去推销，依然在等人上门。五是进货方式老。组织订货工作的人水平不高，对科学理论、对社会需求、对一本书的好与坏一无所知，这是大家对发行主渠道不相信、不信任的主要原因。六是财务制度老。只知道加减乘除，不知道财务分析，不能给领导提供有价值的市场分析、投资决策参考，尤其是不讲财务核算，不讲成本核算。

销量少，人员多。销售量低得惊人，但人员却是一大把，还在不断地增加。

企业性质，机关做派。新华书店事实上早就成了企业，但我们的做法却如同机关，不像闯荡市场的企业。

市场要求高，管理水平低。比如，市场要求研究读者需求，适销对路，但我们却没有花力气去研究。市场要求低成本、高速周转，但我们却不讲成本（如人员随便进），不讲资本周转速度，一批书进来几年卖不出去也不在乎，等等。

总之，新华书店已经到了非改不可的临界点，一刻都不能等待。我们宣传文化主管部门，除了管政治、管意识形态之外，决心自我加压，抓文化体制的改革和文化产业的发展。作为主管部门，如果不带领全省宣传文化战线的干部职工搞好改革，那我们就是渎职！今年，我们花了很大的心思研究新华书店的改革、出版行业的改革、广播电视台的整合、报刊的整合、内刊的整顿等。演出团体的改革现在已经进行了，今后还要研究电影院、博物馆、图书馆的改革。我们搞新华书店的改革，绝不是想从市县手中把"金娃娃"抱到省里来，何况那已经不是"金娃娃"。我们这样做，完全是为了激发新华书店的活力，是为了各市县宣传文化工作的发展，是为了海南文化的发展。

从单纯管政治、管意识形态，到兼管文化产业发展和体制改革，这是全国宣传文化工作的一个重要转变。今天，新华社播发了李长春同志在吉林考察时的讲话。他指出，文化发展必须适应社会主义市场经济的要求, 与时俱进、开拓创新, 一切妨碍文化发展的思想观念都要坚决冲破, 一切束缚文化发展的做法与规定都要坚决改变, 一切影响文化发展的体制弊端都要坚决革除。要充分发挥社会主义市场经济体制的作用, 充分调动全社会的力量, 充分发挥广大文艺工作者的积极性与创造性, 创作和生产更多群众喜闻乐见的精神文化产品, 满足群众日益增长的精神文化需求。这是非常及时的。

我们必须从客观形势和我们自身的状况, 认识改革的必要性、迫切性, 从而增强我们的紧迫感、责任感。

改革的目标和任务

新华书店的改革一旦启动, 就要坚决地、有步骤地推进到底。改革的目标和任务主要是实行五个转变。

从计划经济体制转入市场经济体制。市场经济是自主经营、自负盈亏, 自己找市场, 自己找资金, 自己找人才。市场经济是一种竞争经济, 争订单、争读者、争效益。从我们的思想观念、机构设置、经营方式、管理体制等方面都要一股脑儿地从计划经济体制转向市场经济体制。改革不仅仅是减几个人, 要转脑子、转体制, 从管理、分配机制、用人机制到思想观念, 都要从计划转向市场。

从政府附属单位转向市场竞争主体。新华书店就是一个发行企业, 今后不应当再成为哪一个部门主管的直属单位, 不应当再由我们按照从前的方式来任命领导人。新华书店千万不要把自己的生存寄托在主管部门给我们吃"偏饭", 让我们永远保住教材发行这根救命的稻草上。宣传部也不要把新华书店当作自己唯一的"亲生儿子", 这个观念一定要转变。我们关注、支持的不仅是新华书店, 一切在我们管辖区域内的发行机构，我们都应当一视同仁。类似的还有演出团体、电影放映机构等。我们现在所管的范围，不仅是国有的文化企业，随着时代的发展，还有其他性质的文化企业，包括民营的高尔夫球场、足球场等体育产业，包括个人办的图书馆、博物馆、演出公司等，这些都是我们文化建设的组成部分。总之，我们要通过这次改革，把新华书店从政府附属单位转为市场竞争主体，把它作为一个企业来管理。新华书店这个企业的最高权力机构是股东代表大会，决策机构是它的常设机构——董事会，由董事会聘请经营班子，由董事会决定企业经营的一切重大投资决策，然后设立监事会来监督。将来我们管什么？我们从行业主管部门的角度进行管理。

从国家干部转向聘用职工。这是讲我们的身份。通过这次改革要转变身份。事业单位的改革，中央早就有决定，省里的文件也已经出台，最近要进一步推动。干部的身份迟早是要取消的，都是合同聘用，竞争上岗。新华书店进人要形成规矩。你们对待进人问题不就是扛不住领导人的条子吗？部、厅的这个文件就是你们的"尚方宝剑"，这是给你们武器，给你们理由，你们要理直气壮。

从"各自为战"转向"联合舰队"。现在把我们连在一起的就是教材，其他都是各自为战，比如各自采购图书，各自出差。订货会大家都去了，一个组织去采购和各自去采购，哪个成本高？"联合舰队"有利于压缩成本，减少机构；联合舰队力量大，有助于做更大的促销活动，有助于做更大的事情；"联合舰队"内部的资金可以调剂，有偿使用。将来改革的目标就是形成"联合舰队"。凡是可以合作的环节都可以合作，凡是需要分开的地方就坚决分开，独立核算，永远不搞"大锅饭"。凡是有利于增加竞争力、降低成本、减少用人的方面都要联合。

从单一经营转向多元经营。人家说新华书店有非常好的物流配送系统。可惜我们就是卖图书，卖图书还不赚钱，靠卖教材才能赚钱。将来我们从卖图书到卖牛奶、送报纸，物流配送，扩展我们的经营范围和空间，实行多元经营，把新华书店办成全省最灵活的物流配送网络。

总之，整个转变是为了壮大实力，增强活力，提高竞争力，从而提高效益，促进新华书店事业和产业的发展。

新华书店改革要把握的几个问题

第一，市县委宣传部要承担起领导、推动新华书店改革的责任。要按照国有企业改革的经验，汲取民营企业的优点，结合中央和省里的改革要求，大力推进新华书店改革。各市县委宣传部要做改革的领导者，勇于承担风险。同时，尽量化解和避免一些矛盾，正确处理改革、发展和稳定的关系。各市县委宣传部要把新华书店的改革提上重要工作日程，按照文件通知要求，先自己清产核资，自己制定目标责任制，省新华书店要参与指导、监督。

第二，要做充分的思想发动工作。改革对新华书店来说是前无古人的，改革涉及职工的利益。对改革的形势，改革的紧迫感、必要性，改革的前景，我们这条战线上有很多人都认识不清，所以我们要做充分的思想发动工作。要不然，群众会不理解，执行中央和省里的政策就会困难重重。一定要做思想工作，讲明道理，必要时组织参观学习。

第三，妥善安置下岗分流职工。非常庆幸的是新华书店现在还有能力支付改革的成本，交养老保险，发放最低生活保障金，不需要政府财政支持。到现在为止，这条战线的改革它的能力最强，带给政府的麻烦最小。另外，我们这里安置分流职工最容易，保险也有了，最低工资保障也有了，还想干的给你提供一定的优惠条件，到街头、乡镇流动销售，这既是新华书店业务的扩大，也是把网络扩大到乡镇。

第四，省店要作表率。省新华书店领导这场改革，一定要率先改革，起到表率作用，从全省新华书店系统的利益出发。

以上是我对新华书店改革的几点看法，供同志们参考。

用改革重振新华书店雄风 *

新华书店系统的改革已经迈出了可喜的一步。今天大家以座谈会的形式总结交流经验，研究讨论下一阶段的改革，非常必要。利用这个机会，我谈五个方面的问题。

第一步改革基本完成，使干部职工看到了希望

新华书店系统的改革严重滞后。从今年 4 月 29 日省委宣传部、省文化广电出版体育厅联合下发《关于转发〈关于加快海南省新华书店系统改革的意见〉的通知》才算是正式启动。时间虽然短，但是改革还是比较顺利的，步子是比较稳妥的。通过第一步改革，分流人员，使得队伍更加精干；清产核资，使得家底更加明晰；加强管理，使得经营管理正向规范化转变。分流人员得到了妥善安置，获得了基本的生活保障；在岗的干部职工初步尝到了改革的甜头，看到了新华书店系统未来发展的前景，看到了希望和曙光。半年的改

* 本文是作者 2003 年 11 月 26 日在海南省新华书店系统改革工作座谈会上的讲话。

革经历说明以下三点。

新华书店系统改革的决策是正确的。新华书店的改革已经到了刻不容缓的地步，而我们改革的决策完全符合党的十六届三中全会精神的要求。完善社会主义市场经济体制是全党、全国、各行各业面临的重要任务。我国的改革开放从1978年起步，至今已走过25年的历程。25年来，中国发生了很大的变化，完全得益于改革，而改革的进程就是向市场经济推进的进程。经过很多年的探索、思考和争论，党的十四大确立了要建立社会主义市场经济体制的改革目标。党的十四大以来，市场经济体制的建设虽有了长足的进展，但是仍然很不完善，一些国有企业改革还没有到位，政府职能的转变还没有到位，市场体系还不够配套，市场经济的运行规则、法律、法规还不够完善。就全省新华书店系统来说，更是存在着很多年基本没有触动传统体制的情况。我们切身感受到，党的十六届三中全会关于完善社会主义市场经济体制的决定是非常必要和及时的。现在回过头来看，这半年我们走对了，迟改不如早改，被动改不如主动改。

只要我们想改革，总会得到干部职工的理解和支持。改革本质上是利益格局的大调整，涉及每一个干部职工的切身利益，他们对改革有这样那样的认识和看法，是十分自然的，毫不奇怪。我们能不能因为有这样那样的看法甚至抵触情绪就不改革了呢？肯定不行，改革是一定要推进的。实践证明，只要我们下定决心改革，做好工作，完善方案，干部职工总是通情达理的。各市县改革的实践中涌现出的许多人和事，就充分地说明了这一点。这给我们一个什么启发呢？干什么事，如果做不好，我们都不要埋怨一般干部和群众，要埋怨的、要检查的肯定是我们做领导的。不是干部群众不让干，而是你不想干、不敢干、不会干。所以，我们要多问问自己，多检查检查自己。只要我们做对干部职工、对书店发展有利的事，总会得到干部职工的支持，至少是绝大多数干部职工的支持。

我们的改革方案是切实可行的。改革虽然滞后，要加快步伐，但是绝对不能操之过急，更不能随心所欲，而应周密设计、精心部署、稳步推进。因此，我们提出分"三步走"的改革部署。同时，我们又配套了相关政策，如分流的怎么办，内退的怎么办。在各个市县店，大家又精心制订了自己的实施方案。半年的改革经验证明，这些方案是符合实际的，是切实可行的。

我们总结这些经验，是为了从中寻找对我们第二步改革有指导意义的东西。我们能够成功地完成第一步改革的任务，有三个主要的原因。一是省、市、县有关领导大力支持。没有领导的支持，改革是进行不下去的。二是省新华书店系统改革指导小组和省新华书店切实负起了责任。改革是要有方案的，方案是要有人制定的，省改革工作指导小组和省新华书店制定了很好的方案。方案公布之后是要实施的，没有人组织实施，就是一纸空文，而省改革工作指导小组和省新华书店又认真负责地、一步一步地将方案付诸实施。在改革过程中，有些市县书店也出现了一些问题，甚至还有投诉。指导小组和省店齐心协力，给予指导和帮助，及时解决问题，化解矛盾。它们出了许多期简报，中途还开了几次小型座谈会，到市县调研，督促检查，工作做得非常实在、具体。三是市县新华书店主要领导密切配合。真正站在改革第一线的就是你们，各种矛盾的交叉点就在你们身上，但是你们没有退缩，而是积极争取领导支持，依靠干部职工，付出心血，克服困难，排除各种各样的干扰，完成了第一步改革。

今天，既是前一段改革的总结会，又是下一步深化改革的动员会、部署会。怎么深化？从哪些方面深化？具体包括如下内容。

第一，深化劳动人事制度改革。凡是分流之后留下来的职工，绝不能认为自己进了"保险箱"，有幸又端上了"铁饭碗"，坐上了"铁交椅"。怎么解决这个问题呢？就是要实行全员聘用制，按照劳动法，按照中央关于事业单位人事制度改革的意见落实聘用制度。请省改革工作指导小组和省新华书店赶快出台一个人事制度方面的改革指导意见，对现在在岗的干部职工全部实行聘用制。在书店工作的时间由合同决定，究竟是一年一聘还是两年一聘，请同志们参照外地经验，结合本地实际，在统一的要求下自主决定。有些要按照《中华人民共和国劳动合同法》的有关规定，签订较长时间的合同。任何人都没有"铁饭碗"，没有"铁交椅"。当然，分流职工不是单纯把职工一推了之，一定要热情关心、帮助他们，使他们生活有基本保障。

第二，深化分配制度改革。我们再也不能照搬照套行政机关的工资制度或者国家规定的事业单位的工资制度，而要在分配总量上，根据本店的经营业绩，减少固定部分，扩大浮动部分，向重点岗位倾斜，向贡献和业绩倾斜，效率优先、兼顾公平。甚至每个月的工资都可以有变化：上个月的营销收入就在下个月的工资里体现出来，或者月初发固定的，月末发浮动的。就是要让职工感到自己的收入跟书店的经营是密切相关的，个人与集体是一个利益共同体。

第三，实行目标责任制。书店内部凡是能相对独立核算的一定要独立核算，绝不能吃"大锅饭"。可以分成若干个柜台，可以分成若干个部，包括采购人员，都可以独立核算；进货折扣、进货成本都可以核算。这也是一种分配。不这样细细地管理，你是无法盈利、无法走出困境的。通过实现目标责任制，进一步推动分配制度的改革，拉开分配档次，鼓励多干工作，多作贡献。

我们各位当领导的，要随时琢磨本部门、本书店的改革。凡是有利于开拓市场、有利于调动积极性、有利于创造经济效益的事情，我们就干。

从单干走向连锁，实现经济
增长方式的根本转变

无数的实践证明，要想经济效益好，一定要实现经营上的规模化和集约化。单干是不得已而为之，是和落后的社会生产状况相联系的，只要有条件，就要追求规模经营和集约化经营的经济效益和竞争力。党的十四届五中全会通过的《中共中央关于制定国民经济和社会发展"九五"计划和2010年远景目标的建议》明确提出实现"两个根本性转变"：一是经济体制从传统的计划经济体制向社会主义市场经济体制转变，二是经济增长方式从粗放型向集约型转变。为什么要走集约型增长方式这条路呢？为什么要把连锁经营作为我们改革的第二步任务呢？就是因为规模经营有三大好处，第一个好处是降低成本。至少有三个成本可以降低：一是商品本身成本降低，多买多折扣，买得越多越便宜，这是市场通则。二是采购成本降低，包括到目的地的差旅费、货物的发运及包装费等，都是越多越便宜。三是配套的管理成本降低。

第二个好处是增加品种。规模经营可以扩大图书的品种，使图书市场更加丰富，既能满足读者的图书需求，也能增加销售总量。

第三个好处是提高经济效益，增强经济实力和竞争力。省店总部关于已经试行连锁经营的 4 家市县书店的工作总结，都证明了这些规模经营的优越性。当然，连锁经营要以自愿为前提，但是我想，明白人都会选择走连锁经营这条路。所以我预计，我们第二步的改革目标，同样会得到大家的支持。在连锁经营过程当中，也有可能出现想不到的结果，就是连锁经营不但没有把效益搞上去，反而把大家都拖垮了。请注意，假如出现这种情况，不是连锁方式有问题，而是连锁经营没到位。所以，当我们即将进行连锁经营的时候，我希望做好以下三个环节的工作。

第一个环节，要自觉地为合作伙伴着想。具体说，省店要为连锁兄弟店着想，不能光想自己，连锁店要进货，省店要赶紧供货；连锁店觉得手续烦琐，省店要赶快简化手续；连锁店认为服务态度不好，省店就要赶快改善服务态度；省店留的利益太多，连锁店觉得无利可图，加入没有什么好处，省店就要及时调整利益关系。反过来，连锁店要为省店着想，要体谅省店的难处，申请供货要考虑市场需求，要及时回款。所以，连锁经营第一个环节就是彼此都要为对方着想。不能只顾自己，不能损人利己，而要追求双赢。连锁店之间的关系不是行政隶属关系，而是经济合作关系，要按照市场规则处理各店之间的关系。省店与各市县店也不例外，市县店从省店的供货当中增加品种、降低成本，省店从市县店的销售当中分得利润。

第二个环节，严格连锁经营制度。比如进货制度、退货制度、结算制度等。再如利益协调机制，面对利益有不同看法，大家应该坐下来谈，而不能说你加入就加入，不加入就不加入。制度制定要严格、科学、可操作性强。省店制定的《连锁经营整合资源的实施意见》和三个附件，大家要好好讨论，发表意见，一开始就要严格地定规矩，不按照合同规定供货，不按照合同规定结账，就要严肃处理，这个处理就是经济责任加惩罚。谁违反合同规定，谁承担责任。形成规矩后，就好办事了。

第三个环节，诚信为本。连锁合作一定要以诚信为本。信用、诚信是商品经济的要求、市场经济的要求，是市场经济健康发展的根本道德准则，同样是连锁经营的基本道德根基、道德基础。省店要对市县店讲诚信，要说到做到，市县店要对省店讲诚信，各市县店之间也要讲诚信。在连锁经营中，新华书店系统要成为一个诚信的大家庭。

观念作风的转变是体制改革
必须配套的重要转变

新华书店系统的体制改革是必要的，不改革是不行的，但是光改变体制，观念作风不改变，则会前功尽弃。所以，我们在体制改革的同时，必须更新观念与作风。在这个问题上，有四个方面要引起我们重视。

第一，坚决克服官商作风，千方百计开拓图书市场。多年来，新华书店亦官亦商，既有行政级别，又经营业务，再加上原来独此一家，所以官商作风很严重。而销售是要讲市场开拓的，市场越大，卖的东西就越多，获利的机会也就越多，所以市场对我们是性命攸关的东西，市场是新华书店的生命所在。官商是不讲市场的。你不来我不找你，你来了我甚至还能气走你，这是官商的两个重要表现。全省新华书店系统干部职工要学习温州人的四个"千万"——千言万语，感动上帝；千山万水，开拓市场；千辛万苦，付出劳动；千方百计，寻求发展。

第二，提高员工素质，向素质要效益。干任何事情都需要素质，不要认为卖书就可以不要素质。素质不高，就不识货，有市场的好书，你不屑一顾；烂书、卖不出去的书，你可能如获至宝。所以，我说新华书店系统有些业务员，再好的图书全国订一圈，也就是几百本，甚至订单数为零。原因在哪里？就是看订单打钩的人什么都不懂，他不知道这本书的价值，更没法估量这本书的市场，甚至他连书名都看不懂。所以，大家要重视进货环节，要配备高素质的人，最好在采购这个岗位上是本科生，特别是省店要配备三大学科领域的人搞图书选进，一个是社会科学，一个是自然科学，一个是工程技术。素质不高，就无法开拓市场，无法招揽顾客；素质不高，就形不成集体的智慧。因此，要注意从三个方面提高员工的素质。一是加大在职培训力度。省店马上就要成立职业技能的培训机构，把这个培训机构用好，轮训我们的干部职工。二是把好进人关。省改革工作指导小组对新华书店改革分流后再进人员，要作出四条规定：一要有程序要求，凡进入新华书店的，都要招聘进门，要考试；二要有文化要求；三要有年龄要求；四不准"近亲繁殖"。三是用能人，要大胆、不拘一格，把能人用到重要岗位上。要用有本事的、靠得住的人才。

第三，书店经理要做合格的图书经营企业家。这是对省店和各市县新华书店领导班子的要求。要适应市场经济的需要，适应图书发行多元化的需要，努力提高经营管理能力，不要再把自己看成国家干部，而要看成商海当中的一个企业家。什么是企业家？就是驾驭市场的行家里手。所以，我们一定要认真地补课，给自己提出学习再学习的任务。必须学习了解图书的分类、学科归属，否则怎能当好书店的经理？必须学习市场营销的经验，学习财务管理，学会看财务会计报表。对新华书店的领导班子每年要进行经营管理知识和能力考试，不断增加深度。现在我们所学的知识，还远远达不到工作岗位的要求。还有一条特别重要，就是要廉洁。作为领导人，一定要廉洁自律。如果你为自己着想，就不要占据领导岗位，因为领导就是为大家服务的，这叫为人民、为群众。就像当了兵就要随时准备在战场上牺牲一样，做了官，就要为大家考虑，不能患得患失、铤而走险。

第四，要树立拼搏精神，重振新华书店雄风。新华书店有过辉煌的历史，有过骄人的业绩，今天面临竞争，面临危机，千万不要自甘落后，一定要树立顽强拼搏的精神。人家能够凭一般图书销售闯出一番天地，我们也应当能做到，而且我们还有光荣的传统，应该做得更好。所以，今天我在这里郑重提出：要重振新华书店雄风，既作为一个口号，也是一个要求。人总是要有一点精神的，新华书店要想打翻身仗，不被市场经济的浪潮淹没，就一定要鼓起干劲，抖擞精神，重振新华书店雄风。

全面推行经营目标责任制管理

省改革工作指导小组和省新华书店要对各市县新华书店实行目标责任制管理。从 2004 年 1 月开始执行。亏损的要尽快扭亏，赚钱的要赚得更多。在这场改革当中，书店"一把手"要"得到两头"：一头是要得到压力，不能当太平官；另一头是要得到实惠，通过集体效益超额增长，增加收入。前一阶段改革，是以副经理以下的干部和职工为主体，下一步就要对书店的"一把手"落实改革和发展的任务了，就是要搞目标责任书，年初签订目标责任状，落实目标和目标完成之后的工资、奖励待遇，由省改革工作指导小组和省新华书店提出指导意见，各市县委宣传部来管理、考核，由市县店自己兑现。每个月只拿一点点基本工资，能够过日子即可，到年终看完成任务情况，决定是罚还是奖。完不成任务扣罚多少，超过目标怎么奖励，都要有个标准或比例。可以提取超额部分的一定比例奖励"一把手"，我们鼓励书店经理能够从书店效益增长中领取高薪。一年完不成任务，扣罚工资、警告，再有一年完不成任务，自动让位。所以说，当经理的也要有下岗的危机意识。

加快新华书店的基础设施建设

新华书店系统的基础设施严重老化，房子破旧、店面拥挤、货柜残缺、现代化管理设备配备不全。因此，我们要加大基础设施建设步伐。第一，要创造良好的售书环境。争取筹集资金，改造或新建我们的经营场所，根据自己的能力适当贷点款。破旧的要装修，要适应读者、消费者的心理来布置我们的售书环境，增强书店的商业气息，改善人文环境，装上空调，供应饮水，让大家愿意到书店逛逛、看看，哪怕不买书也行。第二，全面实行计算机管理。再穷也要配备足够的电脑、收银机，使进货、售书、库存、图书位置、书款等，都进入电脑信息库，一目了然。第三，要适度扩大销售网点。现在我们新华书店主要集中在县城、市区，乡镇很少，要制定一个自身的发展规划。但网点不能盲目扩大，要选择好地点，最好是合作经营。

只要新华书店系统全体职工齐心协力、大胆改革、锐意拼搏、精诚团结，新华书店的雄风是可以重振起来的。

转企改制把新华书店改革引向深入 *

　　我们利用海南省新华书店两栋大楼落成开业这个机遇，邀请到许多省、区、市发行集团的领导同志来交流经验，邀请各市县委宣传部长和各市县新华书店经理来进一步厘清改革的思路。刚才听了四川、辽宁、上海、广西、湖北、江苏共六个发行集团的经验介绍，我的收获很大。

　　海南是一个陆地小省、经济小省、文化小省。全省新华书店尽管挂个"省"字，实际上相当于一个普通地级店的水平。正因为这样，我们发展的任务很重。海南长期作为国防前线，文化建设方面非常落后，曾经有过"文化沙漠"的说法。直到现在，海南省的博物馆、图书馆、大剧场才开始建设。所以，全省的文化就像经济一样，像社会其他方方面面一样，迫切需要发展，只要稍有亮点，我们作为领导者和管理者，就会给予支持、鼓劲，为其打气。

　　宣传文化口为改革鼓与呼，但自身的改革严重滞后，许多单位仍然是改革浪潮后面的避风港。全国宣传文化口大力度的改革也主要起步于近几年，有的省稍微早一点。海南省作为经济特区，虽然

* 本文是作者 2004 年 7 月 23 日在新华书店改革座谈会上的讲话。

整体上进入市场比较早（新华书店也是这样），但我们的市场却一块一块被蚕食了。因为我们的体制没有变，我们的资产是国有的，我们的"饭碗"是国家的，我们的做派是国营的。现在的形势已经到了再不改革就面临生存危机的时候，就像省新华书店，不改革绝对不行！

国有企业的原有机制，千好万好，但它有两个弊端难以克服。第一个弊端称作浪费资源。第二个弊端称作培养懒汉。主要原因在于，企业不是个人的，经营如何，跟个人的利益没有紧密的联系。我们今天的改革，就是要努力使新华书店形成两者的相互联系。第一，一定要努力开拓市场。新华书店要想生存下去，就要增强市场适应能力和市场开拓能力，不建立这样的机制，就很难活下去，改革也不会成功。第二，谁来开拓市场？今天的改革就是要培养市场主体。谁是开拓市场的主体？这就是经营班子，主要靠经营班子开拓市场。可是我凭什么去打头阵，凭什么千辛万苦来开拓市场？换言之，就是动力何在？那就是利益。靠觉悟、靠教育，可以解决一段时间、一个人的问题。我们可以要求某些人员在某个时期、某个方面不讲利益只讲奉献，但不能保证年年月月这样奉献下去。利益是恒久的，必须通过改革，通过开拓市场，找到一种利益机制、一种动力机制，而这种机制只有从产权方面找，只有从分配方面找。从产权方面找，就是持有股份；从分配方面找，就是跟业绩挂钩。

新华书店的改革，从各地介绍的经验来看，主要是通过培养开拓市场和驾驭市场的能力，培养开拓市场和驾驭市场的群体，运用利益激励，获得恒久动力。正是基于这样一种理解和认识，海南省新华书店系统开始了有计划、有步骤的改革。我们是怎样起步、推动并且深化这一改革的呢？

一是渐进原则。改革不能急躁，因为都是国有企业，改革太急了会出现问题，改革只能是循序渐进，毛毛雨，慢慢下，最后下暴雨。因此，我们就制订了"三步走"的改革方案。第一步，减员增效，清产核资，加强管理。减员增效对我们职工是个考验，因为有人要下岗；对市县委宣传部的领导也是个考验，因为有些人以前就是他们安排的。在这个问题上，市县委宣传部部长做得很好，他们深明大义，顾全大局，该下岗的坚决下岗，该分流的坚决分流，一把尺子衡量。第二步，连锁经营，整合资源。实现统一配送，增加品种，减少成本，加快资金周转。现在已经有12家市县店加盟连锁，凡是参加连锁的，都得到了好处。连锁之前，市县店图书最少的只有3000个品种，最多的也就是7000种。连锁之后，从3000种增加到13000种，有的已经达到20000种。到底怎么连锁？利益怎么分配？我们主管部门始终不参与，由省店和各个分店去谈，本着自愿互利、双方共赢的原则。现在，省店连锁经营总部搞好了，我们要求省店加强服务，连锁分店才是你们的"衣食父母"，为你们卖书。要改善服务质量，转变工作态度，提高办事效率，不要做"老爷"，省店在这方面做得比较好。第三步，通过层层股份化，走向集团化。第一层就是全省19个市县店要做到资产明晰，然后搞股份制。第二层股份化，把19个市县店作为一个整体到外面招商，实现股份制。既然搞股份制了，股东会就是这个企业的最高权力机构，由它们决定董事会，由董事会决定经营班子等。到什么时候才能实现？从现在起就要努力。目前，各市县新华书店的经理是由宣传部任命的，我们现在就是要努力实现这样的目标——新华书店的总经理是由股东自己挑选的。经营得好不好，怎么分配，怎么惩罚，都由股东大会决定，到那时候，良性机制就形成了。

二是健体原则。就是健康体魄。在改革之前，甚至现在在某些地方仍然可以看到，市县新华书店破烂不堪。几十年前读小学时到书店去是什么样子，现在还是那个样子。装潢装修没有改变，店堂格局没有改变，职工的服务作风没有改变。这种状况怎么能适应激烈的市场竞争呢？3年前来到省新华书店，我的心情很沉重，就那么点营业面积。去看总经理，还要走一条弯弯曲曲的小道，在隐蔽角落的深处。当时不良库存达1300万元。内部机制僵死，惨淡经营。另外，民营图书业崛起，教材发行要公开招标，外部压力骤增。新华书店的改革是行政推动的，因为再不改革，这条战线就垮掉了。改革就是要"强身健体"。新华书店的发展光靠自身还不够，一定要引进资金，引进外部人才进行改造。但人家看到你这种情况，不会来的。第一，你冗员太多。观念不变，管理制度包括会计制度不健全，人家怎么会来跟你合作？别人不敢进来。第二，你不值钱。没有价值，人家不愿意跟你合作。所以改革要"强健体魄"，使新华书店升值。从开始到现在，改革工作基本上是"强身健体"的。我们的第二步改革任务，就是连锁经营，打造自己，轻装上阵，把人员、网络组织起来。新华书店什么值钱？网络值钱。要做到这一步，还要下很大功夫。这是我们的优势。"强身健体"包括健全管理制度、分配制度、会计制度、采购制度等，把这些制度健全起来，把网络组织起来。

三是简单原则。国有企业改革要出台一个完整、可行的方案，我们把握住一个简单原则。首先，这些改革任务都是自身内部的改革，如经营机制、人事制度、分配制度、财务制度的改革，自己动手解决就行了。其次，省店和市县店是什么关系？是利益关系，是合作关系。既然是利益关系，你们各方去谈，"姜太公钓鱼，愿者上钩"，把市县店慢慢地捆绑在一起。我们不参与、不干涉。我们把握住一条原则，就是国有资产保值增值，就是新华书店职工的日子越来越好。这是改革成败的唯一标准。

海南省新华书店的改革，为什么要采取这些办法呢？这是由自身的力量决定的。全省新华书店系统太小了，改革太滞后了，改革不能走得太快，太快就出毛病。改革的第一步任务已经完成，各市县的工作做得好，改革工作指导小组指导得也正确，每一步改革都有细致的方案。在改革进程中，根据市县店的营业额来决定管理成本，根据销售和人数来决定领导班子的名额，等等。一系列的改革方案，指导着、推动着改革的顺利进行。

现在全省新华书店正在强攻连锁经营，同时开始推动股份制改造。在这里，我部署一些工作。

第一，抓连锁。没有加入省新华书店连锁经营的市县新华书店要赶快加入。我现在要理直气壮地压着你们实施连锁经营，因为连锁经营的好处大家都看到了，我到下面市县店也看到了。这么好的事情为什么不做呢？现在加入连锁经营，要有物业条件，适当地装修店堂，把购书环境搞好，尤其是把商业气氛搞浓。你们一定要学超市，把商业气氛搞得浓浓的，什么"世界畅销"啊，"父母必读"啊，"买一送一"啊，等等，把门面搞好。另外，要充分利用卖场，合理利用卖场空间销售一些其他商品，比如卖电池、卖发夹、卖口香糖、卖儿童玩具等。这次我大加赞赏省店，不单经营图书，也经营店堂。新华书店的同志们，你们一定要有商人意识，利用一切空间，利用一切形式，让大家愿意进来看看，进来之后能够顺便买到东西。

第二，抓转制。把新华书店整体上从事业单位转变为企业。实际上，经营性质方面的转制工作新华书店已经完成了，早就具备企业的特征了。新华书店现在的转制，主要是职工身份的转变。身份一转就不一样了，带来压力、动力和决心。

第三，抓改制。就是股份制改造。改革工作指导小组赶快到各地去学习，搞一个基层新华书店股份制改造的指导性意见。改制重要的是转变机制，转变管理机制、监督机制、分配机制、决策机制。这次请各市县委宣传部长来，就是要求你们加大力度抓连锁、抓转制、抓改制，狠抓落实。

我希望新华书店的经理，一不要靠政府，二不要指望靠教材吃饭，一定要把希望寄托在一般图书和其他多种经营上。尽管教材销售现在仍是你们的主要收益来源，你们也还要继续争取这个权利，但是你们自身要"强身健体"，不然总有一天会措手不及。你们一定要好好钻研图书市场的供需关系，一定要好好增强开拓市场的本领，一定要好好提高内部管理的能力，不要把自己看成干部，要做书商，做企业家。

我希望各市县委宣传部长，要逐步去掉把新华书店作为一个下属单位的观念，把它看成一个正在走向市场的企业，看成众多文化企业当中的一个。不要把新华书店作为安排人员的"蓄水池"，不要看成自己权利的一个支撑点。新华书店的经理不适应改革的形势和需要，也要赶快调整。如果市县新华书店跟不上形势，又不调整，你宣传部部长就要承担责任。请你们用新的标准，用改革和发展的标准，用转制和改制的标准，去衡量、督促新华书店经理的工作。大家各自从不同的角度、从不同的方面，共同推进全省新华书店系统的改革，真正实现我们重振雄风的愿望。

跨地区是文化产业的发展方向 *

今天，国家新闻出版总署领导亲临海南凤凰新华发行集团成立挂牌仪式，并在这里召开"中国出版业跨地区发展研讨会"，是对我们工作的鼓励和鞭策。这个集团是在中宣部、国家新闻出版总署的支持下，由江苏和海南两地新华书店跨省合作组建的。在此，结合海南自身的实践，我谈三点看法。

跨地区合作是文化产业发展的方向

其他产业早就证明了：跨地区经营发展是一个方向，要想发展一定要走这条路。凡是要做大做强成规模的，都是跨地区发展的，除非你不想发展。文化产业也是这样。

中宣部和国家新闻出版总署领导参加海南、江苏两省新华书店跨省合作挂牌仪式。一开始我们还没有意识到我们所做工作的重要意义。昨天听了新闻出版总署领导的讲话才知道，海南省委宣传部

---

　　* 本文是作者 2008 年 5 月 9 日在中国出版业跨地区发展研讨会上的发言。

无意之中做了几件在全国带头的好事。

一是文明生态村。那是 8 年前我们从农村精神文明建设的角度设计的一个载体，现在成了社会主义新农村建设的一个示范性的有效载体，在全国推广。

二是电影放映。农民要看电影，很多省份都是财政拿钱。上次中央提出要送百部科教电影下乡，称作"2131"工程，就是要让农民一个月能看一场电影。海南是小财政，要做的事情很多，拿不出钱怎么办？这个情况逼得我们想出一个办法，请企业帮忙。我把企业家找来，提出"你帮我把电影送到村头，我帮你把美名扬到农家"。什么意思呢？就是我们不会白拿企业的钱，我们把电影放映过程作为一个广告载体，为赞助放电影的企业进行宣传。这一招果然打开了新的路子，百部科教电影送完之后，我们要求省电影公司成立广告部，用这个办法又吸引了一家企业连续 3 年，每年拿出 300 万元为农民放电影。不但农民得到了实惠，电影公司得到了新生，企业也得到了回报。现在，海南不少企业拿钱放电影，最后通过电影广告得到回报。此举引起了国家广电总局的高度重视，专门派调研组来海南调研。

现在，海南和江苏合作，成立全国第一家跨省区的文化产业集团。刚才浙江省新华书店集团的负责人讲到江苏的决策好做，我们的决策难做。但实际上，我们的决策非常容易做。为什么呢？第一，我们找江苏合作是为了摆脱困境，寻找出路。海南新华书店的状况大家都知道，靠自己实现发展很难，要发展一定要借助外力。第二，我们是稳坐泰山，风险在外。江苏新华书店集团拿钱到我们这里来，我们的财产毫发无损，还获得了发展资金。第三，我们看重资金，更看重管理。如果由我们控股，不知道能不能用好这大笔资金，所以主动提出由江苏控股。我们希望江苏把管理人才、管理经验带进来。

江苏新华书店集团是有实力、有眼光、非常大度的文化企业集团，它知道海南经济特区是一个生机勃勃的地方，具有非凡的发展前景。我们两家都有合作的意向，最终才能一拍即合，"买卖"就这样做成了。

新闻出版总署领导已经肯定我们闯出了新闻出版业一条方向性、标志性的道路，就像新闻出版总署的同志讲的"具有里程碑的意义，至少应该被载入中国文化体制改革发展史"，现在看来是有道理的。一个产业如果算得上真正的产业，一定是跨地区发展的企业；一个企业要算得上真正的企业，必须走跨地区发展的道路。由此，我得出这样一个结论：跨地区发展是我们今后文化产业发展的方向，是文化企业发展的必由之路。

跨地区合作的基本要素

跨地区发展不能凭一时心血来潮或异想天开，必须具备以下几个要素。

第一，确有必要。从控股方来讲，至少在几个方面确有必要。一是发展的现有空间明显受到局限，需要拓展空间。二是有资金实力。如果没有资金实力，跨地区合作是难以实现的。三是能够驾驭。想要扩张，就必须把握一条：企业的扩张必须在自己的管理半径之内。四是发展思路。比如，企业跨地区发展的思路在哪里，盈利模式是什么？凡是想跨地区合作经营的企业，必须具备这四个条件，否则不是好大喜功就是勉为其难。

第二，选好地区。跨地区合作不是任何地区都能去的，有些地区碰都不能碰。我们所选的合作地区至少要具备五个条件。一是市场非常发达。企业去了以后就能有利可图；或者市场非常不发达，企业去了以后就能开拓市场。我们过去说"哪里有市场，哪里就有温州人"，温州人听到这句恭维话并不满意，应该说"哪里没有市场，哪里就有温州人去开拓"。二是能够多元化经营。现在的市场环境有太多的因素，越来越对我们企业发展不利。独家经营教材的优势也随时可能丧失。所以，如果单靠书业求发展，要想做大也是很难的，必须能够多元化经营。跨地区选择一定要有利于企业的多元化经营，比如开发酒店业、出版业、贸易或者其他商贸经营等。三是投资环境。投资环境一定要好，如果一个地方投资环境不好，办事效率不高，社会治安、市民素质等影响投资的环境太差，那么投资之日就是亏损之日。四是慎择伙伴。海南和江苏的合作，都是在同一片蓝天下，同一个系统，什么问题都好解决。假如要跟其他行业合作可能就要慎重。所以，合作伙伴要选好。从企业性质上看，国有企业有国有企业的好处，也有它的短处；民营企业有民营企业的好处，也有它的弊端。同行业有同行业的局限，跨行业也有跨行业的壁垒。总而言之，没有十全十美，只有比较，择其关键而决策。志不同道不合不能合作，我们有过这样的教训。文化行业之外的企业想法就是要挣钱，我们不仅要挣钱，而且要弘扬主旋律，要为老百姓生活服务。有时候不赚钱也得做。五是拓展经营，在这里我就不展开讲了。

跨地区合作的心态素质

没有以下这三个心态素质，就不可能跨地区发展。

第一，扩张冲动。没有这个冲动，即使国家号召跨地区合作，给你优惠政策跨地区合作，你可能也会无动于衷。对国有文化企业来讲，现在这种冲动还不够，为什么？因为新华书店还没有完全转制，不算是真正的企业。我们现在这种扩张冲动是凭什么来支撑呢？凭事业心，凭责任感。在现有体制下我们做也可以，不做也可以，有时候做了反而不如不做，赚了钱不如不赚钱，用常见的一句话概括就是："干的不如看的，赚的不如亏的。"这样国有企业领导就失去了扩张的动力。所以，我们要改革，要真正地把我们的国有企业改造成一个利润主体；同时，把企业领导人的利益同企业的利润紧密挂钩，否则，名字是企业，却不具备企业的条件。

第二，合作共赢。当我们希望跨地区合作的时候，不要去想谁吃掉谁，也不要去考虑被谁吃掉，一定要以合作共赢为动机、为目标。动机看不见摸不着，但是极其重要。动机不纯、行为不正，决策就容易失误。动机虽看不见摸不着，但能从你的行为上表现出来。所以，跨地区合作的心态一定是合作共赢。这点我非常赞赏江苏的心态。

第三，心系发展。我们一旦进行跨地区联合发展，就一定要心系发展，把发展放在第一位，而不是想到如何分利。这个心态很重要，老琢磨如何分利，往往容易导致内耗。所以，当我们决定跨地区合作的时候，首先要把发展放在第一位。合作也需要有境界，要多想如何把蛋糕做大。

出版企业跨地区合作是一个新生事物，我们刚刚迈出第一步。希望更多的跨地区合作出现，为我国造就出一批出版企业的"航母"来。

六　小镇上的文化品牌

创建大致坡琼剧文化镇的初步设想

大致坡琼剧文化镇的内涵和定位

大致坡琼剧文化镇建设的重点

用好"国家文化产业示范基地"金字招牌

📖 在5000多年文明发展进程中，中华民族创造了博大精深的灿烂文化，要使中华民族最基本的文化基因与当代文化相适应、与现代社会相协调，以人们喜闻乐见、具有广泛参与性的方式推广开来，把跨越时空、超越国度、富有永恒魅力、具有当代价值的文化精神弘扬起来，把继承传统优秀文化又弘扬时代精神、立足本国又面向世界的当代中国文化创新成果传播出去。

《习近平谈治国理政》(第1卷)，外文出版社2018年版，第161页

创建大致坡琼剧文化镇的初步设想 *

海口市美兰区大致坡镇聚集了相当规模的琼剧演出队伍，长年活跃在海南省各乡镇，为繁荣全省城乡居民的文化生活作出了积极贡献，在一定程度上满足了广大人民群众文化生活的需求。在很长时间内，大致坡琼剧发展处于自发状态，缺少总体规划、协调和建设。所以，政府部门应因势利导，加大扶持力度，于是我想到要有意识地、有组织地创建大致坡琼剧文化镇。下面我谈几点意见。

创建大致坡琼剧文化镇的重要性和必要性

创建大致坡琼剧文化镇，今后可以享誉全省甚至全国。我们有意识地、有组织地创建大致坡琼剧文化镇，不是为了好看，不是搞形式主义，而是主要出于三个方面的考虑。

培育更加浓厚的琼剧氛围，使传统的琼剧获得更加肥沃的文化土壤。琼剧艺术有 300 多年的发展历史，当前有着非常喜人的一面，

---

* 本文是作者 2005 年 1 月 15 日与海口市及大致坡镇有关领导同志的谈话整理稿。

就是专业琼剧团体非常活跃，人民群众对琼剧有需求。但是，也要看到形势严峻的一面。一是琼剧舞台向农村转移。琼剧的活跃程度与地方的热闹程度成反比，越是偏僻的地方，琼剧的活跃程度越高，越受老百姓欢迎，琼剧在城市里的地盘越来越小。二是观众队伍老化。现在观看琼剧的主体是老年人，年轻人有一些，但不多。三是琼剧创作的高层次人才缺乏，比如创作歌曲的人越来越多，琼剧编剧、作曲的人才越来越少。四是对琼剧的投入严重不足。琼剧艺术是海南文化的一朵奇葩，各级党委、政府有责任对这种独特的文化现象加以继承和发展。我们有责任使琼剧焕发青春、扩大舞台，作为海南文化的增长点和繁荣点。为了促进这种增长和繁荣，我们要创造更加浓厚的琼剧氛围，使琼剧获得更加肥沃的文化土壤。

为琼剧文化的发展创造良好的物质环境，使琼剧能够获得一定的物质条件。我们大致坡镇聚集着这么多的演员和剧团，我们的镇应该怎样考虑？如果我们当初凭空设想要创建琼剧文化镇，就要有很大的动力去引进大量的剧团。现在大致坡镇已经自发地聚集了很多琼剧团，我们就要考虑如何去营造一个更好的经营环境。正如菜农在镇上卖菜，就要有卖菜的场所，工商、税务等部门要服务到位一样。镇上有这么多琼剧团，我们就应该提供演出场所、良好的服务和规范的管理，就应该打造干净、整洁的镇容镇貌，建成初具规模的演出场所，逐步配套的管理和服务体系，为琼剧团提供一个良好的物质条件。

为了吸引更多的琼剧爱好者加入琼剧队伍，要壮大、发展琼剧演出队伍。以前我们大致坡镇只有10个剧团，各级领导重视之后，发展到12个，现在又发展到14个，出现了非常可喜的局面。只要我们党委、政府积极引导，做好管理和服务工作，多扶持和鼓励，剧团的发展就会加快。如果党委、政府以各种理由限制它们，剧团非但不会增加，现有的可能还会减少。

从以上三点来看，创建大致坡琼剧文化镇势在必行。如果大致坡琼剧文化镇建成了，不仅是对繁荣琼剧有意义，也将是海口市、美兰区、大致坡镇宣传文化工作的一个亮点、文化产业的一个增长点。它将来所带来的影响力、产生的辐射作用，恐怕我们今天还看不出来，但它的影响力和作用肯定是多方面的，包括一个地区的文化环境、经济环境、人文素质、价值观念等都会有一定的改变。

创建大致坡琼剧文化镇的内涵和主要项目

在大致坡创建琼剧文化镇已有两个有利的基础条件：一是大致坡镇已被列为全国11个重点镇建设示范单位之一。二是大致坡镇已有实实在在的琼剧文化内涵。因此，只要我们重视起来，大致坡琼剧文化镇建设是非常有可能的。

要按照琼剧文化镇的目标作个规划。这个规划要与全国重点镇建设示范单位的规划融为一体，与大致坡镇自身的社会、经济、文化的全面发展规划融为一体，与大致坡镇在美兰区的地位和作用融为一体。大致坡琼剧文化镇的规划要包括如下内容。

第一，要有个象征性的、标志性的小广场。这个小广场里怎样设计呢？可以设计一个具有琼剧象征意义的雕塑，然后再加些绿化点缀。

第二，要有个演出场所。对于演出场所的建设，有钱，我们就盖剧院；没钱，我们就建个演出广场。建筑物要现代些、实用些，我们给它取个名字"大致坡琼剧广场"。

第三，要有意识地在大致坡镇建设琼剧文化一条街。琼剧文化一条街是什么呢？主要是给琼剧配套的，比如服装道具制作、纪念品销售、照相、绘画、剪纸、根雕、织锦等。

第四，各琼剧团的驻地要有规划设计。现在大致坡镇各琼剧团是各自租房，喜欢住哪儿就住哪儿，比较分散，没有规划性。以后要统一规划，逐步靠拢，每个琼剧团都要有个门面，挂个像样的单位牌匾，有排练的地方，既可以各家自己建，也可以大家集资建一个排练厅，大家一起用。

第五，要建一个琼剧文化博物馆。这个博物馆可大可小，可以展览传统的琼剧剧目，琼剧大师用过的服装、道具、生活用品等。

第六，要有个演员互相沟通、协调的服务管理机构和公共活动场所，甚至要有个演员俱乐部。比如说下雨了，今天不演出了，演员就可以聚集在俱乐部学习、娱乐，提高文化素质。

总之，建设琼剧文化镇要搞好规划，同时要搞好配套设施建设。配套的生活服务设施要有饮食、商店、美容美发、健身等。

要提高琼剧演员的文化素质，提高琼剧表演质量。要通过各种各样的手段来推动，不断地提高演出质量。一是要在演出内容上增加新剧目，不要总是那几个剧目。二是要提高演出质量，不断进行学习、评选优秀演员等活动，用激励的办法提高自身的素质。三是赚了钱的剧团要加大投入，加强硬件建设，不要局限于只有高音喇叭，以后要有先进的音响，要有无线麦克风，要提高演出装备水平，要有亮丽的布景。要提高演员的文化内涵，要照顾演员的生活，要有劳动保护意识。

要培养广泛的、浓厚的文化氛围。既然是琼剧文化镇，就是要以琼剧文化为核心，来带动、改变我们整个镇的文化；文化站、学校、医院、广播站、电视台、文明生态村建设等都要配套发展；大家要学文化、学科技，既要有内在的文化内涵，又要有外在的文化氛围。

创建大致坡琼剧文化镇的具体措施

要引导推动。政府各部门要搞好规划，引导大家怎么做、如何去实施。海口市、美兰区、大致坡镇三级党委、政府都要行动起来，都要出点资金，在人力、物力上给予大力支持，建设、规划、园林、文化、宣传各部门都要给予支持，共同努力，推动大致坡琼剧文化镇的建设。

要广泛筹集资金。要广泛发动企业、华侨以及个人在资金方面给予大力支持，集社会各界力量共同建设大致坡琼剧文化镇。

要分步建设。我们大致坡琼剧文化镇的建设，要分步实施，不要急于求成，不要强行摊派，管理、服务要到位，以引导示范为主，杜绝一切形式主义。我们搞琼剧文化镇，不是为了好看，不是搞给人家看的，一定要结合实际分步实施。省级建设规划、宣传文化各有关部门以及海口市、美兰区各有关单位，为大致坡琼剧文化镇建设所做的一切工作，都是为了提供管理和服务。

今天我谈的这些，只是一种思路，请大家讨论，分头准备，共同研究如何搞好大致坡琼剧文化镇的建设。

大致坡琼剧文化镇的内涵和定位 *

为推进大致坡琼剧文化镇的建设，我们已多次开会研究。过去的多次会议都是由我们宣传文化部门牵头召开的，今天则是由市政府召开。在大致坡琼剧文化镇的建设过程中，今天这个会议十分重要。在听取大家意见的基础上，我再讲几点意见。

琼剧文化镇的内涵和定位

现在需要进一步明确的问题是，我们要建设一个什么样的琼剧文化镇？换句话说，建设琼剧文化镇到底是为了什么？我认为可以提炼为四句话。

第一，琼剧市场集散地。琼剧文化镇首先是一个琼剧市场集散地。这个集散地不是我们人为创造的，而是已经形成了，我们只是因势利导，让它发展得更好。它已经具备市场机制和强烈的琼剧经营意识，这两点是多年来逐步形成的。假如我们换一个地方搞琼剧

---

　　* 本文是作者 2006 年 8 月 25 日在海南省海口市大致坡琼剧文化镇建设调研会上的讲话。

文化镇，人为地把剧团引过来，然后培育市场，让全省的人来这里"请戏""绑戏"，我想5年都做不到。所以我说琼剧文化镇的第一个内涵和定位就是琼剧市场的集散地，这一条不但不能变，而且只能强化。

第二，**琼剧文化展示区**。琼剧是全国300多个地方剧种中的一个独特剧种，但琼剧文化至今没有一个全面展示的地方，这就需要我们着力创造，搞一个集中的琼剧文化展示区。为此我们已在大致坡镇建设了琼剧文化主题广场、琼剧展示室、剧场、戏迷角，接着我们还要建琼剧博物馆、琼剧文化一条街等。这样，人们进了这个小城镇就会看到十分丰富的琼剧文化。今后在海南看琼剧文化，就要集中在这里看。我们还要有规划、有步骤地搞一系列的创建活动，才能达到集中展示琼剧文化的目标。

第三，**琼剧发展推动站**。近几年来，全国每年都有一些剧种走向衰落。琼剧现在也面临着危机，观众减少，市场萎缩，艺人青黄不接，现在能保持这么一点市场，实在是琼剧的幸事。省琼剧院的同志不改革，不在舞台表演和唱腔、曲调的改革创新上下功夫，到最后会没有观众，这几乎是必然的。我们宣传文化部门、政府部门一定要把这个现在有一定农村市场的琼剧文化继续向前推进。我们建设大致坡琼剧文化镇的目的之一，就是要通过党委、政府的重视激励琼剧艺术创造，培养观众热情，把这里建成琼剧发展推动站。

第四，**琼剧品牌小城镇**。大致坡镇已经被纳入全国11个名镇，纳入海口市的10个中心镇，这是极好的发展机遇。将大致坡纳入全国名镇也好，市里的中心镇也好，归根结底都是要加快这个小城镇的全面发展。加快发展，可资利用的文化品牌就是琼剧。这个小城镇的建设最终靠什么？肯定要靠它自身的主观能动性。上面给"四两"，区里、镇里就要拨动"千斤"。如果像现在这样，200万元用完了，等着1000万元，1000万元用完了再等上面安排项目，如此下去，这个小城镇很难发展起来。所以我说，关键还要靠大家齐心协力，将琼剧文化镇建设同中心镇建设结合起来，用中心镇建设带动琼剧文化镇建设，以琼剧文化镇建设引领中心镇建设。

用开放的思路建设琼剧文化镇

琼剧文化镇从2005年1月15日第一次会议酝酿、策划开始到现在，全省老百姓叫好、省委和省政府领导充分肯定，也引起了中央领导的重视。这表明琼剧文化镇建设正在大力推进，非常令人高兴。

美兰区这两年和我关注的有关的工作有两大亮点。一个是文明生态村的"连片创建"，提高了全省文明生态村建设的规模、档次和水平。更为关键的是，他们提出了一个很好的创建思路。正是在美兰区演丰镇"连片创建"的思路影响下，才有文昌市东路镇白鹭湖片区、琼海市万泉河片区，对文明生态村的宣传推广起了很大的积极作用。另一个是琼剧文化镇的建设，从一个概念到付诸实施，市委宣传部领导挂帅，美兰区具体负责，下了很大的功夫，成效显著。

往下怎么走？如果我们不采用新的思路，就会出现钱用完了，后面的钱哪里来的问题。所以我希望区镇的同志一定要会"来事"，就是利用好领导重视、外界关注，把文章做足，做得"锣鼓喧天"，让投资者感到现在要赶快进入大致坡镇，不然将来大致坡开发起来，土地可能就紧张了。你们要走这条路，就一定要通过开放的措施来解决小城镇建设的后续问题，也就是培育自己发展的动力源问题。

因此，总体规划要赶紧定型，启动项目要变成带动项目，带动投资者，带动农民进镇建房，带动琼剧团自己盖房。同时，推出配套政策，展开立体的宣传攻势招商引资。我希望区委和区政府、镇委和镇政府在市里的帮助下作专门策划，像安排专人搞总体规划一样，安排专人策划大致坡镇如何扩大开放，如何吸引各方面的力量投入小城镇建设，实现以全国名城镇带动琼剧文化镇建设的策略思想。

说到这里我想起了丽江，前不久我刚去过。丽江是座古城，旁边有一个束河古镇，这个所谓的"古镇"几乎是新建的，但古色古香，水系蜿蜒环绕，沿着水系两侧盖了古式房屋，这些房子实际上就是店铺，各种各样的店铺，金银首饰、绘画、皮革，还有当地的民族产品、饭店、旅店等，应有尽有。后来我问这是怎么建成的，据说就是吸引了一家公司一次投资几亿元规划开发的。大致坡小城镇的建设可能需要走这条路。结合我们现在的情况，对市里决定支持的 1000 万元，我不主张用来搞琼剧文化项目。干什么呢？拉开名城镇建设的骨架，就像有些地方做的那样，就像开发区普遍做的那样。因此，我们要把这 1000 万元的用途做些调整，主要用来做大致坡琼剧文化镇下一步发展的总体布局和总体骨架。这一步做好后，要面向海内外招商引资。

大致坡镇要借题琼剧文化发展特色经济产业

琼剧文化是我们大致坡镇的品牌和标志，所以我们在推进市中心镇和全国名镇建设过程中，要把琼剧文化作为标志、作为灵魂、作为产业的推动力量。标志，就是在外观上表现、展示琼剧文化；灵魂，就是在城镇建设中以琼剧文化为引领；产业推动，就是通过琼剧文化镇建设，带动餐饮、住宿、购物、道具制作、戏剧纪念品的生产和销售，甚至将来扩大了，假面具、小孩玩具，与戏剧相关的绘画、书法等都可以产业化，这需要我们引导和培育。你说香港过去凭什么成为国际金融中心？我看它开始一点条件都没有，现在我们说它处于亚太重要区域，是现在的人按照香港的国际地位总结出来的，当初香港就是一个偏僻的弹丸之地。同样，浙江义乌凭什么成为全世界的小商品批发基地？轮遍天下也轮不到它呀！但香港、义乌都成功了，就是在自发集聚的基础上，人们通过有意识地引导逐渐发展起来的。所以，我们现在要在大致坡镇有意识地引导培育文化产业。以前人家说深圳是文化沙漠，但它现在居然搞成全世界的油画生产地、批发地，每年生产油画 60 万幅，销往世界各地，中国游客在国际市场上买的油画，相当一部分是深圳农民工画出来的。既然我们搞琼剧文化镇，就要有意识地吸引一些全国比较有名的戏剧道具制作商、服装制作商、舞美生产商、油彩生产商等，让他们到我们这里设点，我们尽可能提供优惠，让他们在这里制造加工的成本比在内地还便宜，必要时政府给点补贴，慢慢引导，没准能搞成个大产业。海口的药谷、海南的制药产业不就是慢慢形成的吗？当然，这需要用心来做。

我们创建琼剧文化镇的目的非常清楚，就是要发展我们的地方经济，决不做形式主义花架子；一切搞形式、摆花架子的思想都要立即从我们各级领导的大脑中消除。

宣传文化部门要进一步负起责任

围绕大致坡琼剧文化镇建设，海口市委、市政府专门成立了领导小组，领导小组要很好地发挥规划、协调、推动作用，要经常研究问题。文化部门要切实承担起琼剧文化镇软件建设的任务。到目前为止，这里的软件建设还没有跟上，比如说大致坡演员队伍素质的提高问题，要赶紧采取措施；琼剧博物馆这个概念，我早就提出来了，作为全省戏剧的主管部门，要抓紧征集文物。你们现在还处于被动、应付的状态。政府职能是既要审批，更要服务；既要抓监管，更要抓发展，要切实转变职能，转变思路，转变作风。要抓住机遇乘势而上，现在是你们出工作成绩的大好时机。

为加快大致坡琼剧文化镇建设，当前文化部门主要有四项任务。

第一，琼剧活动的策划安排。什么活动？一是办好琼剧文化节，每年一次，下一次要提前部署。二是安排交流演出，定个计划让省市院团每年在演出淡季到大致坡演几场，每场都组织这里的所有剧团一起观摩。同时，有计划地把大致坡的 14 个剧团分期分批领到省琼剧院小剧场演出，展示水平，请专家指点。三是策划全省琼剧调演活动、比赛活动等。

第二，琼剧队伍建设。一是要办培训班，而且要抓紧做，请国内优秀教师来讲课，请琼剧界的权威来讲课，同时我们文化部门也要给他们讲一些文化知识，讲一些剧本。比如，以某剧本为例，通过讲解帮助演员吃透剧本、深入角色内心，提高演员演技。也可以给他们搞个书法培训，教教他们流行歌曲，增加他们的音乐感。二是要搞技术职称评定。文化主管部门牵头与人事劳动厅（现为人力资源和社会保障厅）进行沟通。我们要积极组织，尽快确定民间剧团第一批职称评定的方案，并围绕职称评定对他们进行辅导，要他们做哪些准备，等等，这些都要做周密思考，使他们因申报职称而获得较高的动力和效果。三是按琼剧角色分门别类地开展竞赛，如旦角、生角、丑角的演唱表演赛、乐器演奏比赛等，以促进他们的业务学习和业务创新。

第三，**剧本创作**。我们手里要有多个剧本、多台戏，才能满足不同口味的观众。因此，必须切实抓好剧本的创作。

第四，**制定琼剧团的规范要求**。文化主管部门要抓紧起草一个文件，比如琼剧团应在音响设备、服装道具、队伍构成、剧团办公和住宿条件等方面，提出起码的标准。但这个标准是用来引导发展的，而不是作为评判剧团是否具有资格演出的。无论现在条件、装备如何，都要支持他们继续演出，让观众选择，让市场评判。省、市、区文化主管部门要另行开会分工，分头起草。宣传部门要落实好协调、推动、宣传三项任务。

总之，琼剧文化镇的硬件建设主要靠政府，软件建设则主要靠宣传文化主管部门。我们有一份力出一份力。希望我们省、市、区、镇政府及宣传文化主管部门一条心，更快更好地把大致坡琼剧文化镇建设起来。

大致坡琼剧文化镇建设的重点 *

大致坡琼剧文化镇的建设，已有多次调研。今天，我就加快琼剧文化镇的建设再谈几点想法。

要把琼剧文化作为大致坡镇的
形象和特色来推进

关于琼剧文化镇的内涵我已说过四句话：一是琼剧文化展示区。二是琼剧市场集散地。三是琼剧发展推动站。四是琼剧品牌小城镇。琼剧文化表明了大致坡镇的特色，必须大抓狠抓。怎么抓呢？第一，要把能体现琼剧文化镇的基本建设搞起来。到目前为止，搞一个标志性的东西，可以说已取得了初步进展，下一步我们可以适当放慢步伐，随着城镇建设的发展而发展，根据经济实力的发展来建设。第二，现有的民营琼剧团必须巩固好，要不我们忙了半天人家却走了。究其原因，要么是我们瞎折腾把人家吓跑了；要么是服务不到

---

* 本文是作者 2007 年 12 月 25 日在海口市大致坡琼剧文化镇调研时的讲话。

位；要么就是人家在这里感到生活不方便。比如，小城镇建设跟不上，孩子上学的问题解决不了，购物不方便等。再加上有些地方在有意吸引人才等方面与大致坡竞争，因此我们必须把琼剧团在这里巩固下来，只能增加，不能减少。

对在这里的所有琼剧团，我们要做好服务工作，提高服务工作水平，使它们感到这里是它们的家、是它们安身立命的地方，发展事业的最好舞台；让它们感到在这里活得有价值、受尊重。

所以，琼剧文化我们一定要抓好。到目前为止，我们的主要精力也是在琼剧这一块，中国戏剧家活动基地的建立，将使琼剧文化的内涵、中国戏剧文化的内涵，在这里得到进一步的丰富和展示。

琼剧文化镇建设的重点在镇本身的建设

没有这一条，琼剧文化镇就是形式主义、表面文章，只能昙花一现。建设琼剧文化镇的目的，就是建设琼剧品牌小城镇，小城镇建设是琼剧文化镇的载体和依托。也就是说，如果离开琼剧品牌小城镇的建设，琼剧文化镇是站不住脚的，琼剧文化镇必须深深地植根于琼剧品牌小城镇的建设当中。

大致坡镇具有两个方面的有利条件。一是它有组织领导上的优越条件。首先，是国家重视。国家公布的第一批 13 个小城镇当中就有大致坡，这是非常难得的。这块"金字招牌"一定要好好利用起来。其次，是海口市把大致坡镇定为 10 个中心镇之一，启动资金是 1000 万元。市委、市政府主要领导高度重视这件事，当琼剧文化镇的每一项工作都向他们请示、汇报时，他们都热情地支持，而且表示对这 10 个中心镇实行区别对待，对大致坡琼剧文化镇加倍扶持。

最后，是宣传文化口重视。宣传文化口从中宣部、文化部到省委宣传部、省文体厅、市委宣传部、市文体局，再加上海南省戏剧协会、海南省琼剧院、海南省艺校都十分重视大致坡琼剧文化镇。二是海南发展面临着高潮。可以说海南的发展自1992年、1993年以来进入了一个新的高潮。这个高潮有几大标志：第一，大企业、大项目纷纷抢滩海南。第二，我们的各项经济指标跨越式发展。第三，从政府到企业干事的实力大大增强，所以今天要想干一件事，无论是政府还是企业，都比以前有实力。第四，人们的思想观念发生了很大的改变。这一点很重要，这件事要是在若干年前，我们肯定会受到很多质疑，现在从领导到老百姓个个都说好。

具备了这两个条件，就差我们以什么样的精神状态来发展大致坡镇了。

第一，要具有特区意识和特区精神。省第五次党代会在阐述特区意识、特区精神时没有从定义上展开，而是突出强调，一要扩大开放。二要体制创新。三要艰苦创业，不是坐享其成、不是贪图享受。四要抢抓机遇，机遇转瞬即逝，抓住就抓住了，抓不住就滑过去了。我们抓城镇建设要有强烈的事业心，要有强烈的政治责任感，这是第一个精神状态。

第二，要有好的发展思路。大致坡琼剧文化镇、小城镇建设怎么搞？按照现在这条思路，十年以后小城镇建设也不会有什么进展，不要说1000万元，给你们1亿元也就是修几条路、搞几座房子就没了。大致坡小城镇建设的主要思路就是筑巢引凤、招商引资、整体开发。筑巢引凤就是要作好规划，搞个三纵四横，把格局摆下来，然后拿着我们整体开发的规划向全国、向海内外招商引资，引进一到两个大的企业来整体包装和开发大致坡镇。就像丽江的束河古镇一样，你到束河古镇去看看，完全不是什么古镇，是一个新镇，但它是仿古的。"古镇"今天已经是一个很大的镇，路、桥、水系、门面，应有尽有，所有这些东西都是通过引进大企业，投资5亿元一次性开发成功的。现在，进门首先要交45元的古城保护费，再加上30元的门票，一个人一次是75元，另外还有停车费。海南将来总有一天每一块土地都是宝贵的，原来是海口、三亚的地块比较热门，现在已经到五指山、保亭这一带。文昌，可以说是投资商在那里抢地，为什么呢？因为在建设卫星发射基地。大致坡镇介于文昌与海口之间。只要我们规划到位、措施力度到位、宣传到位，招商引资应该是没有问题的，小城镇建设再加上琼剧文化，对投资者来说比其他任何地方更有优势、更有吸引力，因为它多了一份文化的力量，多了一个宣传的力度。

对小城镇建设要赶快有一个好的精神状态，有一条好的思路，动作快一点。在建设过程中一定要保证质量，要作长久考虑，别抱临时观点，一切要好、要精。

关于产业发展和小城镇的建设

大致坡小城镇建设要紧锣密鼓地进行。建议以美兰区为主成立一个领导小组，可以邀请市长出面挂帅。还要针对大致坡琼剧文化镇建设开一两次研讨会，广泛听取意见。拉骨架、摆阵势、造人气，这些事情一做，"引凤"就容易了。

城镇的发展一定要有产业依托。第三产业也是产业，且第三产业对大致坡来讲更现实、更中用。将来就从旅游、度假、休闲、居住几个方面发展，然后再围绕戏剧文化来做。另外，不是先有产业后有小城镇，往往是先有小城镇，人家看到适合干什么，而后才有产业。但是在建设的步伐上不要被产业拖后腿，小城镇建设要先行，产业在后。只要你们把城镇规划好了，这条街干什么，那条街干什么，人家就来了。2008 年是纪念海南建省办经济特区 20 周年，现在做好前期准备工作，在海口的活动当中力争要有大致坡的招商会，通过参加各种各样的洽谈、展示会，把大致坡镇推销出去。

要使用好宣传文化站和琼剧文化广场

中国戏剧家活动基地建成后，它也是大致坡镇宣传文化站。这个基地一定要用好。琼剧院、艺校想不想用这个地方？琼剧培训想不想在这里搞？在这里搞我们就支持。乡镇文化站全国称为综合文化站，我们统一称为宣传文化站。为什么称为宣传文化站呢？全省宣传文化站的建设和管理我们费了很大劲，光资金就支持了 1000 多万元，其中有很多是中宣部支持的，我们在名称上要有体现。文化站一般要求有两个人，一个是专职干部，这个专职干部必须爱这一行、懂这一行。另一个是配备兼职的教师，主要是教艺术方面的，也可以是体育教师，这样全省的普法、文艺、体育就有了组织。这个组织如能发挥作用，那是很大的，因为文化的作用很大。大致坡这里是不是再配一个编制，两个专职的加上两个兼职人员共同努力？因为这里情况特殊，这么多的剧团在大致坡。另外，你们怎么使用琼剧文化广场，怎么加快建设？要拿出计划来告诉我们。

梅花奖得主海南行活动要拿出详细的策划方案

2008 年 4 月 27 日我们将举行中国戏剧家活动基地落成仪式。中国戏剧梅花奖得主要来参加。现在初步考虑三场活动，大致坡一场，这里包括几个小活动：中国戏剧家活动基地挂牌、植梅花林、捐献戏剧文物、留手印，然后跟大致坡的琼剧团和群众互动。观众由我们组织，节目演员我们配一点。另外，就是搞一个梅花奖得主演唱会。利用建省办经济特区 20 周年文艺晚会的大舞台，换个布景，延长一天就行，组织琼北地区的琼剧爱好者、琼剧比较流行的几个地方的观众来看。策划方案做好之后，抓紧跟中国戏剧家协会进行沟通，沟通好了要提前布置，具体工作海口市委宣传部都要一一落实。

用好"国家文化产业示范基地"金字招牌 *

从 2004 年大致坡"绑戏"现象见报，到创建"琼剧文化镇"，然后建立"中国戏剧家活动基地"，再到今天获得"国家文化产业示范基地"的称号，只用了短短 4 年。这些后续的进展是出乎意料的。在海口市的郊区建立"中国戏剧家活动基地"，这是当初想象力再丰富也设计不出来的，但它的确成了现实。众所周知，文化产业发达的地方多的是，规模质量高的地方也多的是，但是大致坡居然成了国家 134 家文化产业示范基地之一，这是事先怎么也设计不到的。

为何这样一个小规模的文化产业能够拿到"国家文化产业示范基地"这块牌子？原因就在于它的独特性。一个小镇，有 10 个以上剧团，还有 10—20 个剧团办事处，有 400—500 名演员常年驻扎，这在全国乡镇都是很难找的。国家选择大致坡作为文化产业示范基地，原因可能就在这里。

在这 4 年历程中，有关省领导同志都付出了大量心血；省市宣

　＊　本文是作者 2009 年 2 月 10 日在海口市大致坡国家文化产业示范基地座谈会上的讲话。

传部、文体厅局、琼剧院团、省艺校、省琼剧协会等有关部门也作了诸多努力；海口市委、市政府更是义不容辞，把大致坡确立为中心镇，下拨专项建设经费，建设道路等基础设施，建设琼剧文化标志和琼剧活动基地，等等，还成立专门的管理机构。市政府发布专门的优惠政策，美兰区委、区政府也为此做了大量工作。大家都对它寄予希望，齐心协力推动它的发展。为此，我讲三点意见。

加快构建产业群

在没有"国家文化产业示范基地"这块牌子之前，我们想到更多的是琼剧文化。有了这块牌子，我们应该在 4 个层次上努力，加快构建大致坡产业群。

稳定和拓展琼剧演艺产业。要始终把琼剧市场集散地这个功能稳定地保留下来，并且要逐步拓展。希望现有 10 家剧团扎根在此，并有更多剧团加入进来。或许现有剧团有一种担心，怕剧团多了会产生激烈竞争，我觉得这个担心没有必要。竞争肯定是有的，但是成气候、成规模，市场反而会更好。假如大致坡只有一个剧团，是不是意味着现有的演出量全部或者一半，或者1/3归属这个剧团呢？不一定，很有可能比现在更惨！大家都有一种体会，饭馆越多越集中的地方食客也越多；饭馆越少，甚至独此一家别无分店的，不一定会顾客盈门，反而门可罗雀，这就是集群效应。所以大家要消除这个顾虑，假如有新的剧团想进来，不光我们镇委、镇政府要热烈欢迎积极帮助，现有的剧团特别是团长一定要胸怀大度，像欢迎新战友、新兄弟那样给予热情指点、帮助和支持。我们之所以出台房租补贴措施，每年购买若干场戏来支持民营剧团，一是想把剧团稳定在此，二是想吸引更多的剧团。希望大家在这个问题上要达成共识，竞争心理障碍要消除。

目前，琼剧市场日益萎缩，我们更要奋力开拓。首先，要培养演艺骨干和观众队伍。自从省电视总台开播《呀啱哒嘀》节目以来，培养了一大批琼剧爱好者和琼剧观众。省台应继续把这个节目做好，海口电视台也可以把这个栏目开办起来。此外，我们还可以进行琼剧戏迷大赛，让更多的人了解和喜欢琼剧。其次，采取切实措施为民营剧团排忧解难，助其做好自我宣传。我们今天搞开机仪式，为现有民营剧团各拍一部戏，让省市电视台播出，给民营剧团扬名做广告，帮助剧团自己去宣传。民营剧团要好好排练，更新设备和道具，全力以赴拍好这部戏。同时要练好内功，推陈出新，增强综合素质以提高演艺水平。至于买剧本和请导演经费不足的困难，应三方一起努力解决。导演人选的问题我这样想，省艺校和省市剧团的同志如果有被聘请当导演的，派出单位给点补贴，省宣传文化部门辅助一部分，民营剧团再出一份，导演的问题就解决了。剧本费用则由民营剧团负担一半，省委宣传部负担一半，通过多方努力是可以解决的。

培育和开发琼剧衍生产业。琼剧产业做大，这是有难度的，所以既不要继续在把琼剧产业做多大上下功夫，也不要用琼剧产业的大小来衡量今天所作的努力的成败。琼剧产业是一个小买卖，不论采用多么高超的现代化组织形式，成立集团或股份制公司，规模越大管理成本越高，最后只好解散。所以要拉长琼剧文化产业链，培育和开发琼剧衍生产业。也就是说，首先我们不要停留在演出上，而要不断前进，大力开发戏剧衍生产业，如戏剧服装产销、道具制作、化妆品买卖、唱片录制买卖、乐器维修制造、纪念品开发等。

这些如果镇上没有，民营剧团需要，不妨在镇里某块地方招商引资，我们加以扶持，逐步发展，争取大致坡琼剧团所有的用品都不需要出镇购买，比别的地方还便宜。当然，我们也不要一厢情愿，要因势利导、大胆探索，在探索中前进，这就是"走着路，搭着桥"。否则到最后，我们也只好关门打烊。但无论如何我们都要努力去规划指导，鼓励支持。

加快发展文化产业。 大致坡是琼剧文化产业发展的重镇，对发展其他文化产业具有天然的吸引力。为了更好地发挥它的集群效应，除了继续稳定和发展琼剧文化产业外，还要早作规划，加快发展其他文化产业，比如，引进琼剧之外的演艺产业，如民间的杂技团、表演团等。此外，休闲文化产业、运动文化产业、教育文化产业等，都是具有广阔发展前景的行业，在一定条件下还可成立文化创意产业园区。

大力发展第三产业。 有些事情不一定做不到，也不一定做得到，但是要去探索，去努力。谁曾想到浙江义乌成为全世界的小商品批发市场？其地理位置并不在中心，从杭州到义乌的路很难走！香港凭什么成为世界金融中心，它是地理位置的中心吗？不是！中心是相对的，是人为创造的。因此，在大致坡大力发展第三产业是有可能的。首先，在现有基础上，可以根据市场需要把餐饮住宿逐步发展起来，重点打造自己的特色食品。例如，抱罗镇的"抱罗粉"就很出名、很有特色。大致坡的旅馆一年到头生意都很兴隆，但还可以逐步发展，有低层次也有高层次的。其次，商业是活跃一个地方的聚人气产业，根据消费需求逐步发展相关商业。商业的内容有很多，有专卖店、有百货店、还有农产品批发，不仅自身消费，而且要做出名气，使之成为我们四周的农产品批发基地。最后，大力发展旅游业。大致坡东靠文昌卫星发射中心，西靠海口城区，有高速公路相连，交通便捷，所以在大致坡发展旅游业具有得天独厚的优势。而且，随着海口经济的重新腾飞，必将带动大致坡的联动发展。因此，大致坡要借此东风乘势而上，超前规划，积极推动旅游业的发展。

上述这几个产业是我依次、递进来谈的，总体上都属于第三产业。大致坡的发展既不能靠第一产业，也不能靠大规模的第二产业，而要靠发展好的第三产业来实现。

重点建设中心镇

我们重视大致坡琼剧文化产业，弘扬琼剧文化，目的是通过琼剧带动中心镇的建设，把大致坡建设成为有文化名片、有文化品牌、有吸引力的中心小城镇。从"绑戏"开始到今天，我们依次策划了大致坡"琼剧文化镇""中国戏剧家活动基地"，直到成为"国家文化产业示范基地"，这个牌子有很高的含金量。现在的重点是要用好"金字招牌"，把功力花在中心镇的建设上。大致坡中心镇建设是具备有利条件的，因为它一是国家第一批重点建设的 13 个小镇之一。二是海口市确定的十大中心镇之一，它在其中大概也是第一了。三是大致坡是全省十大名镇之一。所以加快中心镇建设，现在需要好的建设思路。如果靠上级拨一点我们建一点，那么十年八年也建不起来。要确定好建设主体，在党委和政府的领导下，由城市开发建设公司专门负责，专门从事开发、招商引资、分片开发。现在重点要放在小城镇建设上。

发挥职能作用，加大扶持力度

大致坡镇走到今天这个阶段，完全是大家齐心协力工作的结果，请大家不要对我提出的"大致坡琼剧文化镇"的建议评价过高。其实概念本身没那么大作用，完全是因为大家的认同，最后大家共同努力才走到这一步，大家都为它贡献了很多智慧、付出了许多艰辛。今天开这个会是为了让大家从本职工作出发，从职能权力、资源出发献计献策，加快"国家文化产业示范基地"建设。刚才大家发言中的所有承诺都要努力兑现，而且要主动去做，同心协力将大致坡"国家文化产业示范基地"真正做到名副其实，而最终的目标就是镇区经济发展、社会和谐稳定，成为令人刮目相看的地方。发展琼剧文化不是我们的目的，建设"中国戏剧家活动基地"也不是我们的目的，甚至拿下"国家文化产业示范基地"这块牌子也不是我们的目的。我们的目的是推进大致坡经济、文化、社会全面发展和繁荣。

我希望有关部门，好好研究今天大家发表的意见，深刻领会，逐步推进，美兰区是第一责任方，市、镇有关部门紧紧跟上，省各部门和单位将会义不容辞地继续支持。

七 村庄里的生态文明

我们要建设的现代化是人与自然和谐共生的现代化，既要创造更多物质财富和精神财富以满足人民日益增长的美好生活需要，也要提供更多优质生态产品以满足人民日益增长的优美生态环境需要。

习近平:《决胜全面建成小康社会 夺取新时代中国特色社会主义伟大胜利》，人民出版社2017年版，第50页

良好生态环境是最公平的公共产品，是最普惠的民生福祉。

中共中央文献研究室编:《习近平关于全面建成小康社会论述摘编》，中央文献出版社2016年版，第163页

生态文明的概念及其意义 *

这里，我就生态文明这个问题谈几点粗浅的认识和体会。

科学发展观是我国发展指导思想上的革命变革

新中国成立以来，发展一直是我们党工作的重要任务。然而，在以什么思想指导发展这个问题上，我们先后出现这样几种发展观。一是浪漫发展观。这种发展观是把发展看作任凭个人的主观意志而随意安排的行为，它的典型口号是："人有多大胆，地有多大产"，"不怕做不到，就怕想不到"，结果给我们的发展造成了难以挽回的重大损失。二是荒唐发展观。它的典型口号是"宁要社会主义的草，不要资本主义的苗"，"宁要社会主义的贫穷，不要资本主义的富有"。这种发展观强调政治可以冲击一切，包括可以冲击发展。这种发展观集中表现在"文化大革命"当中。这种带有反社会反人民性质的发展观把国民经济搞到近乎崩溃的边缘，是不足为奇的。三是

　　* 本文是作者 2006 年 7 月 11 日在纪念艾思奇《大众哲学》发表 70 周年暨科学发展观理论讨论会上的发言。

重点发展观。这种发展观只是重视发展的部分任务和目标，而忽视了发展另外一些重要的任务和目标。它的主要表现是，重经济发展，轻社会发展；重 GDP 数字，轻生态保护；重眼前发展，轻长远发展；重城市发展，轻农村发展；重一些地区的发展，轻另外一些地区的发展……这种发展观取得了重点突破的喜人成效，也使我们付出了沉重的代价，使我们的国土、河流、大山、空气、资源都遭受严重破坏，使经济与社会、人与环境之间产生了严重的不协调。

以上几种发展观并没有形成明确的概念，只是我对以往发展过程的回顾作出的一些概括。但是不管怎样，它们都产生过广泛而重要的影响。我们党正是对以往出现的各种发展观念进行了总结和思考，提出了科学发展观，使我们的发展观进入了一个全新的阶段。科学发展观，实际上也就是系统发展观、全面发展观。可以说，科学发展观的提出，是对我国发展问题上的经验和教训的深刻反思和总结，是对人类进步发展观的继承和发展，也是马克思主义发展理论的一个重要进展。

抓住"以人为本"就抓住了落实
科学发展观的"牛鼻子"

当前学术界还在探讨"以人为本"的含义是什么，"以人为本"与人本主义、人道主义是什么关系。这些问题可以讨论，而且应当讨论。就我国发展的全局而言，我个人认为，"以人为本"的思想作为科学发展观的核心和本质内容，应当至少包括以下三个逐步递进的内涵和任务。

一是把人当人看。这是最基本的要求。这里的人当然是全称判断，指的是中国所有的人，它既包括我们平常所说的群众、老百姓，也包括从事科学研究、行政管理、军事工作等各级行政、科研、管理工作人员；既包括处于常态下的人，也包括处在特殊状态下的人，如患者、犯人。

二是把人作为发展的出发点、落脚点。前面是从人与人的关系来看，这里我们从发展的角度来看。显然，"以人为本"明确地告诉我们，发展不是目的，人才是目的；我们不是为发展而发展，而是为了人才发展。那种不顾人甚至以牺牲人为代价的发展不是科学发展观所要求的发展；只有实现了为了人的目的的发展，才是合理的发展、科学的发展。

三是把实现最广大人民群众的根本利益作为我们党执政的根本目的。这是从我们党的宗旨来理解"以人为本"。很显然，我们以往之所以一度出现"重经济发展，轻社会发展""重 GDP 数字，轻生态保护""重眼前发展，轻长远发展""重城市发展，轻农村发展"的现象，根子恐怕就在于我们没有牢固地确立起"以人为本"的思想，或者没有全面顾及"以人为本"的思想。例如，"重经济"就在于它注意到人的吃、住、行，而忽视人的教育、文化、卫生的需求；"重 GDP"就在于它注意了 GDP 对于改善人的物质生活的重要性，而忽视了人的生存环境等方面的极端重要性；"重城市"就在于忽视了把城市人和农村人看作一种人，有厚此薄彼的现象。

可见，落实科学发展观，实现城乡统筹、区域统筹、人与自然统筹、经济与社会发展的统筹，关键在于落实"以人为本"的指导思想。一旦这个思想在各级领导、在各行各业得到确立，那么"五统筹"就能够真正地实现。

树立和落实科学发展观就要
确立"生态文明"的概念

在我国的理论和实践当中，我们很早就提出了物质文明和精神文明两大文明形态。最近几年，我们又增加了政治文明的概念，使得社会文明有三个并列的形态。我们还有必要确立"生态文明"的概念。

回顾人类社会的发展史我们发现，生态文明是最晚被人类追求和重视的一种文明形态，这是可以理解的。因为人诞生以后，吃、住、穿是困扰人类的第一个基本问题，因此产生了人类创造物质文明的活动。正如马克思和恩格斯在《德意志意识形态》一书中所说："一切人类生存的第一个前提，也就是一切历史的第一个前提，这个前提是：人们为了能够'创造历史'，必须能够生活。但是为了生活，首先就需要吃喝住穿以及其他一切东西。"[①] 在这个活动中，一方面人要和自然发生关系，于是有了生产力；另一方面人与人要发生关系，于是就有了生产关系。为了协调生产秩序和人们之间的关系，于是就有了道德，随之也缓慢产生了科学文化等精神形态，就开始了精神文明建设的历程。可以说物质文明和精神文明的建设历程在人类社会发展史上几乎是同步的，只是人类随着生产力的发展进入了阶级社会才开始了政治文明的建设历程，由此我们就有了五种社会形态的政治文明。

---

① 中共中央马克思恩格斯列宁斯大林著作编译局:《德意志意识形态》(节选本)，人民出版社 2018 年版，第 5 页。

　　在过去漫长的人类发展进程中，由于受生产力水平的制约，由于生存的迫切需要，物质文明始终是各种文明形态当中的重中之重。特别是进入近代以后，追求财富的欲望，再加上资本的本性，使物质文明的建设几乎出现过一个全然不顾生态文明的时期，矿山受到严重破坏，大气严重污染，河水严重变质。恩格斯在《自然辩证法》一书中指出："美索不达米亚、希腊、小亚细亚以及其他各地的居民，为了得到耕地，毁灭了森林，但是他们做梦也想不到，这些地方今天竟因此而成为。"①恩格斯警告世人，不要过分陶醉于我们对自然界的胜利，对于每一次这样的胜利，自然界都报复了我们。因此，人类（特别是资本）曾经出现不惜以掠夺资源、破坏环境、破坏生态为代价，加快物质文明建设的阶段。

　　从人类意识到生态环境问题的严重性，并且采取第一个措施来治理污染、保护环境的那一刻开始，人类也就开始了有意识地建设生态文明的过程，尽管那时可能还没有出现这个概念。可以说生态文明是人类社会出现最晚的文明，是人类解决基本温饱之后才加以重视和追求的一种文明。我们还不能说它是最高形态的文明，但无疑是最新形态的文明。在我国，自从把防治污染、治理环境提上议事日程的那一天起，也就等于在实际上开始了重视生态文明的历程。党的十六大以来，党中央明确提出"五个统筹"，并且进一步提出科学发展观，就等于要求全国在加快物质文明建设的过程当中，把生态文明的建设作为紧迫的任务提上议事日程。但是，我们迄今还没有出现过流行的生态文明的概念。现在，摆在我们面前的迫切任务，是深刻理解胡锦涛同志的讲话精神，从理论和实践上确立生态文明

---

　　①　恩格斯:《自然辩证法》，人民出版社 2018 年版，第 313 页。

地位。这个概念及其地位如果得到确立，它会使"以人为本"的思想在生态文明的大目标当中得到更加深刻的认识；它会使我们统筹人与自然、建立人与自然的和谐进程，在建设生态文明的大背景下有更加自觉的建树。

所以，我感到树立和落实科学发展观就要确立"生态文明"的概念。生态文明概念既是树立和落实科学发展观的必然结果，也是树立和落实科学发展观的迫切要求，二者在某种程度上是互为因果的。也许，我们可以把生态文明的概念纳入物质文明的范畴，因为物质文明的范围太大了，但是我感到单独提出"生态文明"的概念，把它并列为第四大文明形态是现实中国的迫切要求，是中华民族自我完善的迫切要求，有利于突出"生态文明"的重要性，有利于全社会对生态问题的高度重视。我们热切期待着"生态文明"这个概念能成为继物质文明、政治文明、精神文明之后的又一个重要概念。我们期待着生态文明概念能够进入教科书、能够进入各级党政的文件，特别是能够融入全民的大脑。我们期待着理论界、学术界，尤其是期待着在座的各位专家学者能够在"生态文明"方面提供丰富的研究成果。

注: 2007 年 10 月 15 日党的十七大报告提出:"建设生态文明，基本形成节约能源资源和保护生态环境的产业结构、增长方式、消费模式。"这是第一次把"生态文明"概念写进了党代会政治报告。

文明生态村的缘起和发展过程 *

2009 年 4 月 7 日，我告别工作和生活了整整 20 年的海南，到国家行政学院履新。

离别海南，我恋恋不舍。海南给了我机遇和平台，也锻炼和培养了我，让我在经济特区研究、文化改革发展和精神文明建设等方面，出了一点微薄之力。

转眼，海南建省办经济特区 30 年了。中国人民大学海南校友会的学子们，要我在他们策划的《海南，我们的故事》这本书里讲点故事，和他们一起庆祝这个重要日子，我很乐意。我就讲讲我和文明生态村的故事吧！

生态文明村的缘起

我在海南的第一个工作单位是海南省政府社会经济发展研究中心，从 1989 年 5 月 23 日一直到 1998 年 7 月 28 日。此后便到中共

---

　　* 本文原载于黄雪燕主编的《海南，我们的故事》(四)，海南出版社
2018 年版。

海南省委宣传部当副部长，分管理论、社会宣传和精神文明建设三大块工作。

精神文明建设是一件覆盖全社会的重要工作，其中，农村精神文明建设难度最大。1999年11月，我到北京开会，返程时中途停留浙江，意在看看浙江的农村精神文明建设是怎么开展的。浙江省委宣传部安排我去奉化滕头村参观，这个村享有"全球生态500佳"的美誉。此时的浙江已是初冬，但滕头村依然一派生态村的诱人景象：一排排漂亮的楼房构成了四角见方的村庄，村庄四周小河环抱，河上覆盖着高高的葡萄架，葡萄架下悬挂着整齐的鸟笼，鸟粪落在河里，河里养鱼；养猪场的猪舍整齐干净，猪粪人粪进入全村共用的现代化沼气装置，沼气顺着管道进入各家各户照明取暖做饭；原本高低起伏杂乱无章的耕地被改造成纸一般平展，四亩一块，横竖对齐……

滕头村的生态与整洁给我留下了深刻的印象，海南的生态环境比浙江好，海南的农村应该比滕头村搞得更好，我这么想。回到海口，我向省委书记杜青林汇报了创建生态文明村的设想，立即得到了他的肯定与支持，并指示我组织干部到浙江等地学习考察时要带1—2个专业设计人员。2000年9月，我到辽宁开源县参加两年一度的全国农村精神文明建设现场会，会议期间，我向中央文明办的领导胡振民同志提出申请：这个会两年后在海南召开，海南会拿出一批生态文明村作为参观现场。这个申请当即获得认可和支持。

既然向中央文明办立了"军令状"，从辽宁回来，我便在部长洪寿祥和部委会的领导下，和省文明办的同志们一起抓"生态文明村"的建设。11月组团赴浙江、上海、江苏等地考察，接着选定在琼山市大湖村、瑶城村、卜禄村、儒杨村、长泰村5个村庄进行生态文明村建设试点。2001 年 3 月，全省精神文明建设工作会议安排参观了 5 个试点村。这次会议标志着生态文明村这个农村精神文明建设的新型载体第一次在全省亮相，并得到一致认可。会议向全省部署了生态文明村创建工作。

会后，我到文昌市、儋州市等地推动会议精神的落实，希望他们率先承担起建设文明生态村的推广任务，成为全省"生态文明村建设示范市"。两市爽快地接受了示范任务。儋州市成了全省第一个用生态文明村建设现场会的方式来推动工作的市县，那是 2001 年 4 月。文昌市成了省里第一个文明生态村建设现场经验交流会的现场，这是后话。

从生态文明村到文明生态村

所谓生态文明村，就是以自然村为单位，"建设生态环境，发展生态经济，培育生态文化"，改变农村和农民的生产和生活条件，提高农村文明水平。在具体做法上，我提出先规划、后修路、再种树。在此基础上，根据自身条件，逐步安装路灯、建垃圾箱、建沼气池、改厕改水、建文化室、配备健身运动实施……

生态文明村的"生态"二字，意在把中央创建文明村的要求与海南的具体实际相结合，发挥海南优势，突出海南特色，打出海南品牌，建设生态文明。当时，在海南精神文明建设的各个领域，我们都在刻意追求海南自己的特色，例如，全国创建文明行业，我们提出创建文明规范行业；全国创建文明企业，我们提出创建文明诚信企业；全国创建文明社区，我们提出创建文明安全社区（后来改为文明和谐社区）；全国创建文明村，我们提出创建生态文明村。对生态文明村这个概念，一开始就有同志好心地提醒我：不能只抓生态文明啊，还有政治文明、道德文明、风气文明呢！对此，我总是笑着解释：生态文明村的创建包含所有这些内容，建设生态文化就是为涵盖这些内容而设计的。

然而，发出这种提醒的不是一个两个。在起草海南省第四次党代会报告的过程中，好几位领导同志发表了同样的意见，并且鼓励我：先从生态文明抓起，今后再逐步扩展到各个方面文明的建设。

我认真了。我本意是用"生态文明村"作为海南的特有符号，来标示海南农村精神文明建设的独创性，但名称本身却这么容易引起误解，就值得深思了。也不记得是哪一天了，我和省文明办主任周洪晋商量，是不是把生态文明村改称"文明生态村"，从明天开始，所有新闻报道全部悄悄启用这个概念。他表示赞成，并具体落实到位。这一改，大家都说好。

最给力的省第四次党代会

生态文明村建设要在全省推开，需要更有说服力的样板和更大的工作力度。于是，我和省文明办同志选定在文昌市建设生态文明村示范点。文昌市委书记林诗栾，市委常委、宣传部部长林尤潮认识到位，工作富有创意，生态文明村创建内容的三句话："培育生态文化"这一句就是文昌加上去的。省文明办主任周洪晋几乎泡在文昌创建点上。经过几个月的奋战，文昌市一口气建成了17个生态文明村。

2002年1月，全省第一次生态文明村建设现场经验交流会在文昌市召开。与会代表参观了文昌市迈号镇龙林村、头苑镇龙榜村、宝芳乡南村村、文教镇培龙村、东阁镇福田村、文城镇三多村 6 个生态文明村示范点。省委书记白克明自始至终参加，一路兴致勃勃，对文明生态村赞不绝口，并在大会讲话中强力推广。这次会议成了生态文明村建设在全省全面铺开的标志（以上仍用"生态文明村"，改名是这次会议以后的事），也成了此后每年召开一次全省文明生态村建设现场经验交流会的开端。每年一度的现场经验交流会对全省文明生态村建设产生了巨大的推动作用。

2002 年 4 月，省第四次党代会召开，省委书记白克明在工作报告中强调：要把文明生态村建设作为农村发展的重要任务，大张旗鼓、坚持不懈地抓下去。要制定规划，力争经过 5—8 年的努力，使全省半数以上的自然村建成文明生态村，实现我省农村面貌历史性的新变化。报告有决心、有目标、有要求，引发热烈反响，成了文明生态村建设最鼓舞人心的号召和最强劲的推动。白克明书记是一位工作极其务实的领导干部，在起草报告的过程中，他不止一次地问我：文明生态村这个建设目标能不能实现？我回答说：一定能！全省 23000 多个自然村，半数是 11500 个。如果 5 年建成，每年要建成 2300 个；全省 18 个市县，平均每个市县要建 128 个。如果 8 年建成，每年则需建成 1437 个，平均每个市县建 80 个。这个提法灵活，有余地。更何况当时已经建成了一批，具体数字我现在已经忘了。后来的实践证明这个提法十分靠谱。据媒体报道，截至 2013 年 6 月，海南文明生态村建设共投入资金 54.2 亿元，累计建成文明生态村 13988 个，占全省自然村总数的 60%。海南进一步提出，到 2016 年，把全省 75% 的村庄建成文明生态村。事实上，截至 2017 年年底，海南累积创建文明生态村 17934 个，占全省自然村总数 21070 个的 85.1%（由于后来调整合并等原因，总数减少）。

白克明书记在海南只工作了短短 14 个月，但他对文明生态村建设的推动力度极大。调任河北省委书记后，他在全省大力推广文明生态村建设，河北各地一批又一批干部来海南考察学习，回去以后狠抓建设。2007 年春节期间，我还特地参观了保定市的几个文明生态村。

从点状创建到连片创建

开始，各地选择经济条件相对较好、干部群众积极性相对较高的村庄创建文明生态村。因此。文明生态村呈点状分布，建设进度也相对较慢。那时，海南经济实力也相对较弱。

最早开始集中连片创建的是儋州市。2001 年 4 月 9 日，我参加了该市文明生态村建设现场经验交流会，这是全省最早的文明生态村现场经验交流会，参观了那大镇侨南村连片创建的文明生态村。

接着，更大的文明生态村片区是海口市美兰区演丰镇。身为高级规划师的区委书记胡德智提出用规模经济的思路，"以发展生态产业为主线，分区片规划"文明生态村建设，形成了"一环二线五片九十二点"的创建布局：一环即交通环，全长 12 公里，把 5 个行政村连接起来；二线分别是水上观光游览线和陆路生态旅游线；五片即 5 个行政村资源共享，发展精品项目；九十二点即 92 个自然村建成专业村。这个规划很快变成现实。

紧跟其后的是文昌市白鹭湖文明生态村片区。1986 年，港商邢诒前回家乡文昌市东路镇，看到往日的生态环境破坏严重，于是用自己的钱创办了"名人山鸟类自然保护区"。在他多年努力下，区内山清水秀，奇花斗艳，古木参天，共有珍稀植物 1000 多种。良好的生态环境吸引了成千上万的白鹭鸟、天鹅等来此繁殖栖息，成为名副其实的鸟类天堂。然而，他为此耗尽了家产，陷入困境。2005年我从报纸上知道后，立刻带着省文明办、教育厅、林业局、团省委等单位负责同志去调研，肯定他的壮举，帮助他解决困难。2006年5月9日，我再次来到白鹭湖片区，鼓励干部群众在此基础上创建文明生态村，"突出生态环境、突出乡村特色、突出旅游景观、突出教育功能"，文昌市委常委会形成连片建设白鹭湖文明生态村片区的决议。2007年3月28日，创建工作启动，120多名市直机关干部下乡驻村，在32800亩、38个自然村、22000人口的区域里，展开了文明生态村创建工作。其间，我多次召开白鹭湖文明生态村区片建设联席会议，到创建现场勉励干部群众，协调工作中的矛盾。建成后，38个村水泥路村村相通，休闲亭等建筑小品点缀，林木覆盖，鸟语花香，使人仿佛走进了森林王国。

更大的动作是几乎同时的琼海市。2006年初，琼海市启动实施沿河、沿海、沿路三大文明生态村长廊建设，按照"道路硬化相连、绿化美化相连、生态经济相连、宣传阵地相连、文化活动相连"的要求，连片创建。万泉河文明生态村长廊是三大长廊的重点，在嘉积、万泉、龙江、石壁4镇25个行政村200个自然村展开一体化建设，以特色旅游和现代化农业推动文明生态村创建工作向纵深发展。5月19日我出席了万泉河文明生态村长廊启动仪式，这是海南文明生态村建设史上当时最大的片区。

省委常委、三亚市委书记江泽林，市长陆志远，市委常委、宣传部部长张萍，是三亚文明生态村建设的大力推动者。2006年创建的第一批33个文明生态村示范点，在他们任上进一步形成凤凰镇槟榔片区、田独镇中廖片区、天涯镇文门片区三个连片创建区。这三个片区都是以黎族人口为主的民族村庄。2008 年 4 月胡锦涛同志视察了槟榔村片区。在 2015 年农业部公布的全国 1100 个"美丽乡村"创建试点乡村名单中,槟榔村名列其中,而在农业部认定的 100 个"2014 中国最美休闲乡村"中,槟榔村获得了"特色民居村"称号。

　　文明生态村的创建实践让我亲身感受到,基层干部群众蕴藏着巨大的智慧和创造性,重要的是激发和调动。

文明生态村建设的意义和成效 [*]

今天我和大家一起参观了琼海市的文明生态村。在参观中，我们感到琼海市文明生态村的建设来势猛、力度大、档次高。"不鸣则已，一鸣惊人"。琼海市各级领导高度重视文明生态村建设。琼海已经是世界关注的焦点，博鳌即将成为国内外著名的国际会展中心，精神文明建设必须走在前面。琼海也具有建设高档次文明生态村的有利条件，这里生态环境好、经济基础好、干部素质较高。我们对琼海建设文明生态村充满信心。

文明生态村建设的意义

省第四次党代会在海南的发展史上是一次极其重要的会议，会议把文明生态村建设当作海南省各级党组织实践"三个代表"的创造性实践，对文明生态村建设专门作出了部署。

从近两年的实践来看，文明生态村建设展示出多方面的意义。

---

* 本文是作者 2002 年 5 月 22 日在海南省琼海市文明生态村建设现场会上的讲话。

第一，文明生态村是农村精神文明建设的有效载体。农村精神文明建设我们抓了很多年，也有一定的成效。我们强调解决"脏、乱、差"，改善村容村貌，强调对农民进行科学文化教育和思想道德教育，进行普法、农业科技推广等，但始终没有形成一个综合的载体。创建文明生态村就是一个综合的载体，它不仅是精神文明建设，也是物质文明建设，是两个文明很好的结合体。

第二，文明生态村是我们建设生态省的细胞。海南生态省建设不仅整治大气，控制排污，保护生态环境，而且我们每个村庄都应该是生态村。海南空气很好，水质好，如果走进农村还是"脏、乱、差"，苍蝇蚊子到处飞，也会影响生态省建设。因此，生态省一定要以生态村作为细胞。

第三，文明生态村是我们建设社会主义新农村的一条重要途径。国家近年来把农村建设提上了议事日程，提出要建设社会主义新农村。将来社会主义新农村是个什么样子？我们现在还无法预测，要看各方面的发展。但是，有一点可以肯定：文明生态村的建设是通向社会主义新农村的重要途径。

第四，文明生态村是农村各项工作的有效载体。建设文明生态村对于我们搞好计划生育、普法教育、普及科技、扫除文盲等工作都有很好的促进作用。把创建文明生态村这项工作抓好了，其他工作就相对容易了，有些问题在文明生态村建设中就可以迎刃而解。

文明生态村建设的成效和影响

创建活动开展一年多来，文明生态村建设带来了很多变化和影响。凡是创建文明生态村的地方，不仅是村容村貌变了样，而且产生了多方面的综合效应。

首先，是对农民的影响。这主要表现在四个方面。一是它实实在在地提高了农民的生活质量。我们各级党员干部要真正代表广大人民的根本利益。什么是广大人民的根本利益？就是人民的生活和质量，包括农民生活环境与居住条件的改善。文明生态村建设使农民的生活质量发生了明显的变化——居住环境好了，文化生活丰富了。二是改变了农民的传统生活习惯。有的文明生态村有了自己的卫生队，有的还实行门前卫生"三包"，茶余饭后村里男女老少围着村子散步。三是它增强了农民的自豪感和自信心。和城里人相比，农民历来有一种自卑感，以为自己是农村人没有城里人的福气和条件。现在文明生态村使农民喜气洋洋，他们的心理和精神状态都发生了很大的变化，充满了自信心和自豪感，城里人甚至没有他们住得舒服。农民心理状态的变化、农民精神面貌的变化，将对农村建设、子女的教育产生非常深刻的影响。四是它增强了农民的政治意识。这个意识的核心就是对社会主义的信心，对党和政府的信赖，对党群干群关系的体验。文明生态村建设使农民感到社会主义制度的优越性，感到党群干群关系是一种鱼水交融、心心相印的关系。过去在个别地方，干部来了农民躲着走，因为干部来了不是收费就是搞计划生育。现在搞文明生态村，干部去了，农民兄弟大步地迎上来，这对我们搞工作有很大的启发。随着文明生态村的上档次、上水平，随着经济水平的不断提高，农民的政治意识将逐渐增强，更加热爱我们的社会主义，热爱我们的国家。这将有利于我们党和国家的长治久安。

其次，是对各级干部的影响。一是使各级干部找到了一个为农民群众办实事、办好事的宝贵平台。过去，我们教农民这样做、那样做，结果没有得到农民的表扬和感激，没有收到预想的效果。现在，搞文明生态村，就把干部和群众紧紧地团结起来，让农民真正感受到我们在为他们办实事、办好事。二是使干部的政绩能够得到普遍认可。我们各级领导干部都想干出政绩、干出业绩，没有这样观念的干部绝对不是好干部。有时候想法和做法脱离实际、脱离群众、脱离现实，所以有人讽刺那是"政绩工程"。但是，文明生态村能收到实实在在的效果。因此，文明生态村给我们一个很好的启迪，就是不管什么工作都要得到群众认可、群众支持。三是使干部与农民群众的关系有了一条亲密的纽带。

最后，文明生态村建设对外出人员的影响。在外地工作的人回到建设生态文明村的家乡后，感到村庄变美了，由此感到骄傲和自豪。在外地当干部的和嫁出去的姑娘，还有侨胞，他们对故乡更加热爱眷恋，更想回来看看，更喜欢自己的家乡。这一点我们从白克明书记收到华侨的信中就可以看出。

因此，创建文明生态村是海南省工作的一个亮点，是党代会的要求，是干部群众实践"三个代表"的一个有效方式，是塑造本地区形象的一个重要渠道和重要措施。地区形象不仅要建设好城市，也要建设好农村，我们的工作不但要重视城市也要重视农村。通过文明生态村的建设塑造了农村方方面面的形象。当然，就全局来说文明生态村的建设刚刚起步，目前的影响仅仅是表面的、初步的。它的影响和所带来的变化还有赖于我们各位领导认真地调查研究。

文明生态村建设应注意的几个具体问题

第一，一定要因地制宜、从实际出发，这是我们把实事办好、好事办实的一个重要方面。第二，千万不要强迫命令，一定要建立在农民群众自觉自愿的基础上。第三，一定要让农民群众自己干自己的事，我们要很好地引导，让农民用自己的双手建设家园。当然，他们的经济条件不够，我们要给予帮助和支持，提供必要的资金。第四，我们在整个创建过程中要多种树，多种有效益的树，将来在每一条村路上形成林荫大道，保证农民兄弟在炎热的天气中走路享受清凉。第五，我们要进一步教育村民打破旧的传统，更新思路，更新观念。

文明生态村是建设
社会主义新农村的重要载体 *

我们的第一课，想谈谈创建文明生态村何以是建设社会主义新农村的重要载体。以下我讲五个问题。

党中央提出建设社会主义新农村是
落实科学发展观的重大战略决策

新中国成立以来，尤其是改革开放以来，我国广大农村有了很大的发展，海南也是如此。为了农村的发展，中央采取了许多措施和重大的决策。大家知道，城乡的差别是历史形成的，而且是国际性的。所以我们党一夺取政权，就把消灭三大差别作为我们的重要任务提出来，就一直围绕着如何把农村的事业发展上去，带领我们奋斗了 50 多年。特别是改革开放以来，中央对农村的发展更是煞费苦心。

＊ 本文是作者 2006 年 1 月 10 日在海南省委党校干部培训班上的讲话。

　　大家还记得吗？从 1982 年开始，为了农村的发展，每年中央一号文件都是关于农村的，1982 年、1983 年、1984 年、1985 年、1986 年，然后 2003 年一号文件，也是关于农村的。一共是 6 个一号文件。此外，近几年中央对农村的发展又作出了非常重要的安排。比如，1998 年党的十五届三中全会审议通过了《中共中央关于农业和农村工作若干重大问题的决定》；2004 年发布的《中共中央　国务院关于促进农民增加收入若干政策的意见》；2005 年发布的《中共中央、国务院关于进一步加强农村工作提高农业综合生产能力若干政策的意见》；直到党的十六届五中全会专章阐述社会主义新农村建设，从而正式吹响了建设社会主义新农村的全国性的"进军号"。2006 年春节之后，中央办的省部级主要负责同志培训班，就是关于新农村的问题。

　　由于中共中央、国务院的高度重视，广大的农村有了很大的发展，但总体上农村仍然远远落后于城市。农村的落后，有许多客观的、历史的原因，要短期内解决不大可能，我们应该做好长期准备。但是农村还可以发展得更好更快。原因在哪里呢？就在于多年来，我们在实际工作中，重城市轻农村倾向比较明显。比如，我们在城里修了一条条宽宽的马路，但是农村基本上没有像样的道路。又如，城市搞得灯火通明，农村是漆黑一片。学生上学，城市人有着很好的条件、很好的设施，但是农村就没有。医疗的主要资源集中在城市，农民看病难问题始终没有得到很好的解决。就连我们少数同志搞的"形象工程"，也主要搞在城镇里，农村很少有人问津。建设资金的总盘子，城乡差别如何，我们一看账本就会看出来。城乡人口的人均实际收入，多年来差距一直很大，所以农村相当一部分人还处在相对落后的境地。

我们要全面建设社会主义小康社会，农村这一块发展不上去，全面小康是不可能的。早在 1998 年党的十五届三中全会上中央就明确提出，没有农村的稳定就没有全国的稳定，没有农民的小康就没有全国人民的小康，没有农业的现代化就没有整个国民经济的现代化，就连工业的发展也会受到农业的、农村的重大影响。如果农村的购买力上来了，我们许多工业品的销售还会遇到这么多的问题吗？让广大的农民像城里人一样生活，应该说是我们党为民宗旨的重要内涵和重要历史使命。

从我们党的根基来讲，从共和国的历史来讲，没有农民，没有农村，我们党就没有今天，我们国家也没有今天。中国共产党领导中国人民翻身求解放的历史，主力军就是农民，我们一大批党的领导干部就来自农村。今天我们夺取政权了，我们就应该把农村、农民、农业问题摆在一个极其重要的位置上。在这样一个背景下，党中央作出了建设社会主义新农村的英明决策，提出了科学发展观，要求各级党委、政府，各级领导对城乡实行统筹发展，我们一定要深刻领会，认真贯彻执行，专心致志地加快农村建设，让农民一天一天过上更好的日子。

创建文明生态村是建设社会主义
新农村的重要载体

建设社会主义新农村的内容很广泛，需要做的工作很多。就海南省 5 年来开展的文明生态村建设这一件事情来说，现在上上下下普遍认为我们的文明生态村建设实际上就是建设社会主义新农村。在这个问题上我们需要进一步统一认识。海南省的文明生态村建设，开始于 2000 年下半年。翻看过去的资料我们就可以发现，创建文明生态村从一开始就是作为建设社会主义新农村的重要举措来设计的。文明生态村的建设具有多方面的意义：第一，文明生态村是农村精神文明建设的有效载体。第二，文明生态村是我们建设生态省的细胞。第三，文明生态村是我们建设社会主义新农村的一条重要途径。未来的社会主义新农村是个什么样子，现在虽然难以细致地描绘，但是建设文明生态村无疑是个开端。所以，从这个意义上说，文明生态村是海南建设社会主义新农村的重要途径。

5 年来，文明生态村建设不负众望，生动地展示了海南社会主义新农村的喜人景象。我们只要去文明生态村，就可以看到村里道路整洁、绿树成荫、花草点缀、环境优美，生活条件改观、生活方式文明、文化生活丰富、精神面貌振奋，文明生态村已经引起了社会各界和各级党委、政府的高度重视。无论是从事农村工作的同志，还是没有从事农村工作的同志，几乎都在找机会到文明生态村走一走、看一看，这已经成了海南的一种时尚。参观文明生态村成了我们大家有意义的体验。中央和外省来的同志，无论他有没有提出到农村去看一看，我们很多的接待同志都会把他们带到文明生态村去看一看。文明生态村已经成了海南社会主义新农村建设的一个亮点和骄傲！更为可喜的是，文明生态村作为海南社会主义新农村建设模式已经走向全国，首先在广西创建，然后到广东。

广州市委常委、宣传部部长带领各个区的宣传部部长过来看，那是我们最高兴的一次接待工作，为什么呢？广东是我们的"母胎"。海南建省办经济特区以后，全国各地来了不少干部、工程技术人员，但是广东来得并不多，因为他们太了解我们。所以，广州市的领导带着队伍来参观学习海南的文明生态村，那是我们整个接待工作中最开心、最高兴的一次。回去以后，广州市就开始了文明生态村的建设。

在全国文明生态村的建设过程中，范围最广、力度最大、成效最普遍的，当属河北省。白克明书记从海南赴河北上任以后，就把建设文明生态村作为省委、省政府的一项重要工作。他亲自抓，特别是在唐山搞试点。所以，来参观学习文明生态村的队伍当中，河北省来的次数最多，层次也最高，每次都是一个很大的团队。

当文明生态村开始在海南建设的时候，中宣部、中央文明办就给予了极大的关注，多次让海南在全国性的会议上介绍文明生态村的做法。特别是2005年1月，中宣部、中央文明办在海南省召开全国农村精神文明建设工作座谈会，与会代表高度评价，认为这是一条创建和谐农村社会的新路子。当时安排参观点，我们特别选择了一个没有创建的邻近的村，为的是告诉与会代表，我们现在的文明生态村并不是天生地造，海南农村并非本来就是如此——里面凝结着我们多少人的智慧和汗水。他们看了以后感觉到，创建不创建完全不一样，有天壤之别。

2005年3月的两会期间，中央领导同志在参加海南代表团审议时，高度赞赏了海南全省开展的创建文明生态村活动，认为此举既找到了做好农村工作的重要载体，又找到了生态省建设的有效抓手。同年9月，国务院扶贫办、中央文明办、农业部、科技部、教育部等10个部门联合发文，要求在贫困地区积极倡导文明生态村建设。在我的印象当中，这是首次以国家文件形式面向全国推广建设文明生态村。在2005年12月召开的全国宣传部长会议上，中宣部、中央文明办在下发的《2006年工作要点》中，正式将文明生态村作为一个重要的创建载体向全国推广。刘云山同志专门讲到要总结海南等地的经验，建设文明村镇、文明生态村。最近，贺国强同志在海南考察工作，指出海南省前几年就把创建文明生态村作为"三农"工作的重要举措；建设文明生态村的实质、内涵和意义与建设社会主义新农村是一致的，海南先走一步，有先见之明。我们全体领导同志要认识到，在海南，创建文明生态村实质上就是建设海南社会主义新农村的重要步骤和重大举措。

文明生态村是万众一心用智慧和汗水浇灌出来的农村现代文明之花

五年来，两届省委、四任省委书记，把文明生态村的建设当成了接力棒。人换了，但是建设文明生态村的决心没有变。省政府每年为民办实事，文明生态村的建设一定是其中重要的一项。各市县和乡镇党委更是成了文明生态村建设的一线指挥。为了本市县的文明生态村建设，市县四套班子基本上都蹲点到片，抓一到几个村，付出了艰辛的努力。海南省省直部、办、厅、局各个机关对文明生态村的建设倾注了很大的热情和人力、物力、财力，我们可以把它们说成是文明生态村建设的"增援部队"，没有这支部队，我们也很难打好文明生态村这一仗。尤其是农口的各个部门，把涉农资金捆绑使用，用于文明生态村的建设，等于为文明生态村建设"输血"。没有这样的"输血"，文明生态村也很难有今天的面貌。自从文明生态村这个事物出现以后，驻琼各部队、海南军区、海南武警、海南边防，更是把文明生态村当成军民鱼水情的见证。这些部队都在用自己的力量建设文明生态村，而且建得一个比一个好——文明生态村成了海南新时期军民鱼水情的重要载体。

我们海外的乡亲和村里外出的人员，都用建设文明生态村来表达自己的爱乡情结。特别感人的是，旅泰华侨张切番先生专门给白克明书记写了一封信，他说：去年九月（当时是2002年），他率领海南会馆代表团访问了琼山市。在此期间，最让他感到欣慰的是，参观了全省的文明生态村——琼山市三江镇大湖村，看到大湖村的生态文明建设成果，他意识到海南省委、省政府在抓好城市建设的同时下一步可能要着手抓好农村的生态文明建设工作。果然不出所料，近日有一位好友来泰见面，告知我说，去年年底，省委在文昌市召开了文明生态村建设现场经验交流会。张切番先生在信中继续写道：

　　我到过不少发达国家旅游观光，总觉得它们的城市与农村没有太大的差别，可是，海南的农村，由于受传统的不良陋习的影响，仍存在不文明不卫生的行为。在我的家乡，全村没有一个厕所，也没有一间浴室，村民们如厕时只好到树林草丛之中"打游击"；村民们洗澡时，有时在自家房中应付着洗，有的男人则在水井旁露天冲凉，既不雅观也不卫生。此外，村民们所饲养的牲畜全部自由放养，满村到处都是猪屎粪便，对此不良之陋习我们华侨非常厌恶。我每次回家探亲，最怕的就是如厕和洗澡。我曾多次向乡亲们提出集资改造村庄，改变不良陋习，提倡讲文明讲卫生，但由于传统观念根深蒂固，所以我的提议得不到大家的支持。近日欣闻三江农场为贯彻省委的会议精神决定将我的家乡——大力村作为三江农场生态文明村建设的示范点，非常高兴，我一万个赞成，并愿意以我个人的名义捐助人民币 20 万元，用于大力山村的生态文明建设。今后，我将进一步动员诸多的海南华侨回乡支持生态文明村的建设。

我参加了接受张先生捐款的仪式。据说回去以后不久，张先生就离开了人世。对这样一个爱乡情感很深的华侨，我一直怀念在心。前年到泰国，我还特别提到了这位先生。像张先生这样的琼籍华侨，在海南很多很多，他们为家乡的文明生态村建设慷慨解囊，作出了重大贡献。这次，我们专门设立了一个"功勋建设者奖"，专门表彰海外华侨和捐款的企业家。远离家乡到外地工作的人员，也盼望家乡早一点建起文明生态村，在职在位的人员多方筹资，宣传发动当地百姓。离休退休的人也闲不住，回到乡村带领大家去建设文明生态村。这次表彰的人里也有这样的代表。所以文明生态村寄托着这些人士的爱乡情结，在文明生态村建设过程中，广大的村民更是兴高采烈，他们提出自己的家园自己建，有钱的出钱有力的出力。有位老太太，颤颤巍巍地拿出一个手帕打开，拿出 50 元钱交给村干部，说："这是我的一点心意。"文昌市东阁镇福田村村主任郑春英是位女同志，她带领大家建设文明生态村，那个村里头还写上了外语。第二年，她不幸遭遇了车祸。5 年来海南文明生态村发展到今天已经达到 5300 个，而且一个比一个漂亮，是万众一心用智慧和汗水浇灌出来的农村现代文明之花。如果说有什么重要的事情能够把人心凝聚得这样齐、这样持久、这样高兴，文明生态村就是这样的事情之一。

文明生态村建设是靠大家走到今天的。要把它作为社会主义新农村建设的载体，发展得更快更好，仍然需要万众一心。

把文明生态村作为社会主义
新农村的综合创建载体

　　文明生态村建设才开始，我们也提到了作为建设社会主义新农村的必由之路，主要是从精神文明建设的角度提出的。但是，它产生以后，出现了意想不到的效果。实际上，文明生态村一直在实践着中央一系列的党建要求和发展的新任务。比如，党中央要求各级领导实践"三个代表"，而文明生态村建设就成了我们各级干部实践"三个代表"的好途径、好方式。党中央提出要改善和加强党的作风，而文明生态村建设正是我们转变作风的一种好的方式。党中央、国务院要求我们认真地解决农业、农村、农民问题，文明生态村建设就是为解决这些问题而来的。党中央提出，建设社会主义全面小康，没有农村的小康就没有全国的小康，而文明生态村建设就是迈向农村全面小康的重要一步。党中央提出要坚持以人为本、坚持全面、协调、可持续发展这样一个科学发展观，要求统筹城乡、统筹人与自然的发展，而文明生态村就是落实科学发展观的一项实际行动。党中央吹响了建设社会主义新农村的号角，而文明生态村正在朝着这个目标往前走。实际上，文明生态村一直承担着贯彻落实中央一系列关于党的建设和各项发展要求的载体的任务。

　　此外，文明生态村也成了其他很多项工作的有效载体。过去，当我们就扶贫抓扶贫的时候，我们往往很难看到它的效果。在改厕、改水的时候，它的效益也很难得到全面的发挥。我在东方市就见到一个黎族村庄，整体都是茅草房。但是，家家茅草房的前后都有一个白色的建筑物，远看就像一块块墓碑，近看就像一座座小的土地庙，原来是一个安装了抽水马桶的厕所，再走近看，里面全是草、农具，根本没法用！你想想，农家就是个茅草房，黑乎乎，通风透光，家里什么家当也没有，哪里有钱去买手纸？有钱也舍不得，怎么可能用水去冲这个蹲坑？这就是为了改厕而改厕。当我们孤立地抓一项工作的时候，很难收到实际的效果，所以后来我写了一篇文章，讲改厕也要从实际出发。这个村，是当地各级领导援助修建的，每个厕所上都写着领导的大名，精神可嘉，很感人，但是将来改造的时候，拆也是一项很艰巨的任务。所以，我们辛辛苦苦费了很大的劲，改厕难以收到效果。同样，建沼气，如果我们孤立地建，它的效益也是难以发挥到100%。民房改造、道路建设、生态省建设，各项工作都是这样。大家把这些工作跟文明生态村结合起来，就是事半功倍。所以，早在3年前，省委、省政府就要求各个部门，把资金捆绑使用在文明生态村建设当中，实现自己各自的工作职责。总之，文明生态村能够发展到今天，是各部门把文明生态村作为共同载体所形成的一个结果。

正式把文明生态村作为农村综合创建的载体，是不久前省委书记汪啸风同志提出来的。1月14日，省委书记汪啸风同志将要在《海南日报》发表署名文章，正式阐发他关于综合创建载体这个概念的含义和意义。可以说综合创建载体的提出，是海南省文明生态村建设史上的一个新阶段。

2000年以来，大致划分为5年时间，我们可以发现海南省文明生态村建设经历了三个阶段。

第一个阶段是创建试点阶段。时间从2000年9月到2001年的9月。也就是说，那一年的全国农村精神文明建设现场经验交流会之后，当时的琼山区、文昌市、儋州市，率先承担起建设文明生态村的试点任务。由此，大湖村成了全省第一个文明生态村。2001年年初，我们召开的全省精神文明建设现场会，就是参观大湖村。儋州市成了全省第一个用文明生态村建设现场会的方式来推动这项工作的市，那是2001年4月。文昌市成了全省第一个开展文明生态村建设现场经验交流会的市。这三个市县都不辱使命，很好地完成了创建试点的任务，把文明生态村从概念变成了现实，而且对文明生态村建设的内涵有了发展。当初，文明生态村概念刚提出来的时候，有两个内涵：一个称作"建设生态环境"，另一个称作"发展生态经济"。文昌市在建设过程中提出还要"培育生态文化"，提得相当好，这是一个重要发展，后来就成了全省统一使用的一个概念。

第二个阶段是全面推广阶段。也就是从2001年9月文昌会议直到现在。2002年的中共海南省第四次党代会，提出用5—8年的时间，把全省半数以上的自然村建设成文明生态村。到那时，要实现全省农村面貌的历史性变化。在这个会议后，全省18个市县，国营农场，无一例外地开展了如火如荼的文明生态村建设，成了党委和政府的一项重要工作。就连贫困山区，即使财力紧张，人才匮乏，在文明生态村建设当中也毫不示弱，抓得很辛苦——但是很值得，很有成效。

第三个阶段，是综合创建载体阶段。这就是以即将召开的全省文明生态村建设表彰大会和汪啸风同志的署名文章发表为开端，文明生态村建设进入了第三个阶段——综合创建载体阶段。刚才我说了，5年来，4任省委书记即杜青林同志、白克明同志、王岐山同志、汪啸风同志，都一棒传一棒地建设文明生态村。在这当中，白克明书记把文明生态村从试点推向全面，力度前所未有。汪啸风书记把文明生态村从精神文明建设载体推向农村综合创建载体。在这之前，他就有了这个想法，文明生态村要向问题村、难点村、热点村延伸。在他的具体指示下，澄迈县、陵水县都将干群关系极为紧张、邻里关系极为紧张的村，建成了文明生态村，效果很好。文昌市还有一个村，本来干群矛盾很深，后来建了文明生态村，他们建了一座桥，把这座桥称作"民心桥"。

作为农村综合载体，这个概念到底包括哪些内涵呢？省委书记汪啸风同志提出，它是贯彻落实科学发展观的综合载体，是建设社会主义新农村的综合载体，是建设和谐海南的综合载体。通过这三个建设，把"三个文明"和"四项任务"都统一到文明生态村的建设当中。那就是物质文明、政治文明、精神文明，经济建设、政治建设、文化建设、社会建设，一下子赋予了文明生态村新的历史使命、新的内涵，提高了文明生态村的建设层次。我们一定要认真学习领会省委的这个意图。

加大文明生态村建设力度，掀起
社会主义新农村建设的热潮

我们各级党委、政府和各位领导，尤其是在座的各位领导，首先要把思想认识统一到省委的决定上来，把文明生态村纳入我们的重点工作。要进一步统一认识，这是针对我们的客观实际。

5年来，文明生态村的建设，是在不断地克服各种疑虑当中前进的。我归纳了一下，就文明生态村建设问题，我们在不同的范围、不同的层次上，有过这么几个思想疑虑。

第一，文明生态村是不是在搞形式主义、劳民伤财？这个疑虑，是有历史根据的。因为我们过去做过不少形式主义、劳民伤财的事情。经过一段时间，大家发现，尽管个别地方有形式主义，但总体上跟形式主义、劳民伤财没有关系。

第二，文明生态村建设好是好，像现在部队、政府、机关去帮助农民建设，而不是农民自己建设，这个值不值得提倡？很快，这种想法也自然消失了。因为大家认识到，多年来，农村为城市、为党的事业作出了重大的贡献。

第三，有的同志看到文明生态村以后，他说文明生态村里面也修起了水泥路，这不一定好，弄得城不城、乡不乡。这个疑虑很快也没有了。一是因为很多同志来自农村，大家都知道，农村脏就脏在没有路，枯枝烂叶遍地，污水横流，粪便到处都有，路一修，这些都没有了。二是农民苦就苦在没有路，下雨路滑还要挑担子，过年做双新鞋就盼好天，一场大雨出不了门，有新鞋穿不上，农民一年都感到不高兴。以前农村普遍没有胶鞋。我小的时候，我们家庭条件稍微好一点，有球鞋、有胶皮鞋，大部分农民都赤脚，冬天就是用草做的鞋，下面垫一块木板，前一块，后一块，中间是草做的，就穿着它走路，还要干活。三是农民穷就穷在没有路，要不怎么会有"要致富，先修路"这样的名言呢！大家认识到，修路绝对没错，而且一直在修两种路，一种是各家各户想连通的路，另一种是这个村庄通向附近公路的路。大家也感到，只要路一修，文明生态村就硬件建设来说已经完成了一半。花钱主要在路上，这一点也成为大家的共识。

第四，感觉文明生态村建设只重视硬件建设，文化建设力度不够，也就是精神文明建设，比如思想道德建设还不够。这个观点是非常有道理的，但是性子稍微急了一点。多年来我们忽视过思想教育吗？从来没有忽视过。"文化大革命"时期背诵"老三篇"，每个农民都要背的。到供销社去买东西都要被拦在门口背一背，思想教育不可谓不强啊。但是，农村是不是更加文明了呢？思想家早就有过这样的精彩论述，环境是由人改变的，环境也改变人——这种环境和人的一致，马克思说，这是我们新的历史唯物史观。所以从环境建设入手来带动文化建设、思想教育工作，实践证明，这是一个很好的切入点。让农民生活在"脏、乱、差"的环境里，要他们坚定社会主义的信念，其难度是可以想象的。文明生态村建设过程中，硬件搞好了，环境面貌大变，村民们由衷地感到共产党好、社会主义好、干部好。

文明生态村建设的启示 *

2000 年以来，在中宣部、中央文明办的支持下，海南开展了一场声势浩大的农村"三个文明"建设活动，这就是"文明生态村"的建设。截至今年 5 月底，在全省 22000 多个自然村中，已经建成文明生态村 6000 多个。凡是创建了文明生态村的地方，村庄面貌、农业生产、精神状态、干群关系等，都发生了明显变化，广大农民称这是他们的"又一次解放"，广大干部则视其为"执政为民"的骄人政绩。

海南创建文明生态村活动开展以来，特别是党中央作出建设社会主义新农村的重大部署以后，无论是省内还是省外，领导还是群众，大家都一致认为：第一，海南的文明生态村符合社会主义新农村的目标和要求。第二，海南的文明生态村建设是建设社会主义新农村的有效载体。第三，海南的文明生态村给全国建设社会主义新农村提供了一些有价值的启示。

这里，谈谈我对此的粗浅认识和体会。

---

* 本文是作者 2006 年 5 月 20 日在社会主义新农村与文明生态村建设研讨会（海南海口）上的发言。

文明生态村实现了三个重要内容的统一，
使社会主义新农村建设获得了广泛的思想基础

海南文明生态村创建工作已进入第六年。六年来，文明生态村的创建规模越来越大，创建质量越来越好，创建参与者越来越多。一项工作能得到这样长久的、这么多人的热情支持和参与，是很少见的，其中必有奥秘。我感到奥秘就在于它成功地实现了"三个统一"。没有这些统一，连维持都很困难，更不用说推进发展了。

一是创建动机和创建效果的统一。可以说改变农村面貌，增加农民收入，让农民过上富裕舒适的好日子，一直是我们考虑和开展农村工作的良好愿望。但是有时候，好的愿望收不到好的效果。大的如公社化运动、"农业学大寨"运动，小的如引导农民特色种植与养殖，结果差不多都是事与愿违。比如一些农民认定，上面号召种什么，就千万不能种什么，这是他们从以往的教训中得出的经验。这就是动机和效果的分离。在文明生态村建设中，大家感到动机和效果达到了完美的统一。各级党委、政府，各级领导干部，怀着为农民办实事的良好动机，义无反顾、辛辛苦苦地带领农民创建文明生态村，改变了农村面貌，提高了农民的生活质量，使农民得到了实惠，农民由衷地拥护和感谢——好心得到了好报。

二是农民利益和干部政绩的统一。在以往一些地方的农村工作中，干部的政绩和农民的利益常常不一致，甚至相违背。对农民有利的事情，干部往往认为难以出政绩而不想干；干部觉得有政绩的事，农民往往不支持，干部的政绩有时候是以背离甚至牺牲农民的利益为代价的。这种背离和冲突，很多时候是造成群众对干部不信任、干群关系紧张的原因之一。而文明生态村建设把干部的政绩和农民的利益两个方面很好地统一了起来：既实现了农民改变家乡面貌、过上好日子的愿望，又体现了干部为民办实事的智慧和才能；既让农民得到了实惠，又让干部做出了成绩。

三是物质文明、政治文明和精神文明的统一。尽管文明生态村最初是从农村精神文明建设角度提出的，但是它内涵丰富，这就是"建设生态环境、发展生态经济、培育生态文化"。这三句话包含了物质文明、政治文明和精神文明的内容，从而使文明生态村成了此后落实中央每一个党建部署和每一项发展战略的有效抓手。比如，党中央提出实践"三个代表"，而干部带领农民建设文明生态村就是最好的行动之一；中央要求加强和改善党的作风建设，而建设文明生态村就是干部转变作风的实实在在的表现；中央部署解决"三农"问题，文明生态村正是解决"三农"问题的重要举措；中央提出科学发展观，统筹城乡发展，统筹人与自然的发展，而文明生态村正是要实现这样的发展局面。特别是中央提出建设社会主义新农村以后，海南的干部群众既感到自豪——我们做对了，又因此信心百倍。在这样的大背景下，文明生态村生命力更强了。就这样，六年多来，文明生态村内涵上的物质文明、政治文明和精神文明的统一，还使它成了其他多项工作的综合载体。比如，扶贫的载体、环保的载体、爱国卫生活动的载体、计划生育的载体、科技普及的载体、社会治安的载体、妇联青年工作的载体、农村基层党组织建设的载体。

创建动机和创建效果，干部政绩和群众利益，物质文明、政治文明和精神文明，就这样很好地被统一在文明生态村里，干部抓得情愿，群众干得乐意，社会主义新农村建设获得了广泛的思想基础。

文明生态村建设的工作思路，成为
建设社会主义新农村的宝贵经验

海南文明生态村建设的工作思路，从全省总体来看，有以下五条。

一是精心组织领导。文明生态村连续多年越抓越好，这是各级党委和政府精心组织领导的结果。为了做好这项工作，海南做了大量的组织领导工作，如宣传发动，制定规划，颁布标准，培训骨干，成立领导机构，市县四套班子抓点包片、机关结对支持，每年年初下计划、年中督促检查、年末评比奖励，全省每年一次现场经验交流会，涉农资金捆绑使用，等等。一环扣一环，一招接一招，一波推一波，充分验证了这样一句话："千难万难，领导重视就不难。"

二是典型示范引路。从事实际工作的同志都知道，农民是讲实惠的，只有能给他们带来实惠的事情才会得到他们的响应和支持。因此，在文明生态村建设过程中，海南不搞行政命令，而是靠教育引导，靠典型示范。全省有省级的示范，市县有市县的示范，甚至乡镇还有乡镇自己的示范。你说好，农民还不信，村里的农民自发地组织起来，集体参观文明生态村；男的看过了，女的还要看。大家都看了，回来一拍桌子：干，我们也建文明生态村！典型示范的作用，使文明生态村早已成为海南农民普遍期盼实现的心愿之一。

三是调动各方支持。海南经济总量小，财政更是捉襟见肘，但是海南能够在全省推动文明生态村建设这样花大钱的事情，就在于有效地调动起了方方面面的积极性：政府财政投入、党政机关包点、军警民共建、华侨捐助、企业支持、在外工作的干部筹措资金、农民投工投劳甚至捐款捐物，等等。所以，新农村建设不仅取决于经济总量和财政收入，更取决于态度，即事在人为。近几年，在中央"三农"工作指示精神指引下，海南尽管经济总量小，但在全国第一个免除中小学生的学杂费，第一个免除农业税，第一个实现全省城乡工资标准统一，还加大力度建设农村医疗卫生体系和农村文化基础设施。特别要提及的是，海南的文明生态村建设得到了中宣部和中央文明办的大力支持。

四是坚持因地制宜。无数教训说明，任何好事，只要搞"一刀切"，非办砸不可。海南始终强调，文明生态村建设一定要因地制宜，即因市县制宜、因乡镇制宜、因村制宜。坚持"有标准但不搞达标；有要求但不强求；动员群众但不摊派群众"。这是六年来海南文明生态村建设如火如荼的重要原因。

五是宣传鼓劲推动。文明生态村建设需要举全社会之力。因此，海南特别注意利用各种会议、媒体，广泛宣传发动，适时交流推动，营造浓厚氛围，每年都要策划多次专项宣传战役。

文明生态村建设的上述工作思路，为我们做好新农村建设的其他工作提供了有价值的经验。

文明生态村的建设历程，为社会主义
新农村建设提供了一些普遍适用的道理

在海南，建设文明生态村就是建设社会主义新农村。这是上上下下非常一致的认识。当然，我们不能说建设社会主义新农村就是建设文明生态村，因为还有其他许多工作要做。对于做好其他各项工作，文明生态村提供了三条普遍适用的道理。

一是许多工作，光有想法、号召还不行。凡是想干成的事情，都要精心设计载体。比如，文明村镇的建设，我们在此前已经抓了十多年，但是往往停留在打扫卫生、整治环境的水平上，评比检查一过，农村还是那个农村，农民还是那个农民，一切照旧。自从文明生态村这个载体出现后，情况立马变了。人改变了环境，环境也改变了人。人的改变和环境的改变是一致的，这个新的唯物史观，在海南的文明生态村得到了很好的体现和印证。其他如发展经济、思想教育等，都需要精心设计切合实际的载体，载体就是抓手、措施、手段等；没有这些载体，再好的想法也只能是口号，没有效果。

二是许多工作需要多年持续不断的努力。凡是有利于老百姓的事必须当作"接力棒"持续下去。海南开展文明生态村建设活动至今，历经两届省委、四任省委书记。如果一个人一个口号，一个人一个战略，一套班子一个规划，文明生态村可能早就夭折了。幸运的是，两届省委、四任省委书记都把文明生态村作为"接力棒"一个一个地往下传，而且力度越来越大。这是一场非常可贵的"接力"。省政府历年都把文明生态村建设作为"为民办实事"的实事之一。省人大、省政协为文明生态村建设做了大量推动工作。

三是许多工作难免让人七嘴八舌。凡是看准了的事必须统一思想，态度坚决。这就是海南省委一位领导同志常说的"咬定青山不放松"！实际上，创建文明生态村的最初两三年，干部群众中经常出现一些疑虑或讨论，我归纳了一下，至少有这么几种。第一，文明生态村是不是形式主义、表面文章、劳民伤财？开始很多人在观望，经过严格地考察思考后，大家消除了疑虑。第二，文明生态村如果是农民自己建的，值得推广；如果是政府建的，企业帮的，机关支持的，就没有推广的价值了。这种疑虑很快就没有了，因为大家逐步认识到，几十年来农民为社会主义建设，包括为城市建设作出了很大贡献甚至是牺牲，而我们对"三农"的投入却太少了。现在该是向农民提供回报的时候了，政府应该出资建设乡村，而且政府应该像建设城市那样建设乡村。这样，大家理直气壮：建设文明生态村，政府必须投入！开始连投入都不敢说，都说是农民花钱自己建的。实际上，农民靠一亩三分地，一条路都修不起，靠他们很难建设起新农村。农民的优势即投工投劳，建设资金要靠各方面支持。政府在这方面应该做三件事：最大限度地加大政府财政投入；动员各方支持农村建设；制定优惠政策，引导和鼓励人们参与农村建设。第三，就是感到村里修了水泥路，有点城不城、乡不乡的。这种担心很快也消失了，大家一致认识到，路对于农村太重要了，因为农村的脏就在于没有路，农民的苦就在于没有路，农民的穷就在于没有路。所以，在文明生态村的建设过程中，海南提出三句话：先规划，后修路，再种树，把村路建设作为文明生态村建设的最重要的工程之一。第四，文明生态村硬件抓得不错，软件不够，觉得思想教育等文化含量不够。这个意见不能说没有道理，但是新农村建设应当从硬件建设入手，因为新农村建设首先也是物质建设，农民期盼的首先也是物质条件的改善：有好房子住，有好路走，有医院看病，有学校上学，有干净水喝。建设新农村固然不能归结为建新村，但是，一定包含建新村；没有新村哪来新农村？所以，文明生态村建设首先是硬件建设。应当认识到，软件的东西往往不是教育就能奏效的。多年来，有些地方把工夫花在教育别人说我们好上，而没有花在我们做得让你不得不说好上。建设文明生态村以后，干部群众发自内心地说共产党好、政府好！这是过去单纯的教育所做不到的。至于生活文明，有的地方现在农民也搞"门前三包"了，农民也饭后散步了，也不随地乱扔瓜皮果壳了……环境变了，人也随着变了。随着硬件的建设，许多不良习惯也会随之迎刃而解。当然，集中力量进行硬件建设是第一步，而且硬件建设过程已经包含思想发动等教育过程。往后，文明生态村建设成果的巩固和提升，肯定要把软件建设作为重点工作。

海南文明生态村对全国具有广泛的示范价值

海南创建文明生态村有其得天独厚的自然条件：四季常青、遍地葱绿。中国幅员辽阔，气候、地理条件差异很大。有的地方土质差、缺水严重、寒冷时间长。那么，文明生态村到底有没有全国性的推广价值？到目前为止，省外绝大多数同志持肯定意见。尽管在全国很多地方由于气候和地理条件的原因，文明生态村建设难以出现海南这样的效果，但文明生态村建设的思路和经验，具有普遍适用的意义。综合大家的议论，主要有以下三个理由。

第一，无论是热带地区、温带地区，还是严寒地区，没有一个地方不存在生态问题，没有一个地方不需要重视生态问题。因此，海南以生态为符号、为切入点的新农村建设活动，对各地都是有借鉴价值的，而且越是自然条件比海南差的广大北方地区，越要重视生态，越要想方设法改善生态状况。

第二，海南创建文明生态村的实质，是改善农民的生产生活环境，促进经济发展，提高农民素质，提高农民的生活质量，而这正是全国社会主义新农村建设的共同任务。可以说，全国没有一个地方的农村不需要这样做。

第三，6年来，海南各级党委和政府，各级领导干部创建文明生态村所表现出来的真心实意爱农民、扎扎实实建农村的精神，也是各地区所需要的。没有这种精神，海南的文明生态村建设就达不到今天的样子，面貌也改变不到今天这个样子。

中央领导同志一再充分肯定海南的文明生态村建设。今年4月，中共中央政治局常委、国家副主席曾庆红同志在海南考察工作时说，通过文明生态村建设，有力地推动了海南农村经济和社会的全面发展，提高了农村的文明程度和农民的文明水平，同时也为进一步建设好社会主义新农村打下了扎实的工作基础。中央政治局常委、中央政法委书记罗干同志在海南考察工作时说，我们在海口看了文明生态村，给我留下深刻印象，海南以文明生态村建设为载体，逐步推进社会主义新农村建设，取得了显著成效，你们还把文明生态村与社会治安综合治理工作结合起来，促进了平安建设。中共中央政治局委员、书记处书记、中宣部部长刘云山同志今年2月在海南专程考察文明生态村时指出，创建文明生态村符合海南实际，符合建设社会主义新农村的目标和方向。文明生态村已成为建设社会主义新农村的有效载体，也成为全国精神文明建设的一个品牌。在刘云山同志的安排下，中央主要媒体连续用3天时间集中宣传报道了海南的文明生态村。中央有关领导同志考察了海南文明生态村后指出，海南文明生态村的创建，跟党中央提出的社会主义新农村是完全一致的，海南有先见之明，先走了一步，走在全国的前面。现在，文明生态村已经在河北、广东、广西等省区推广开来。

对于中央领导同志的肯定和鼓励，海南干部群众既感到自豪，态度也更加坚定，决心在省委、省政府的领导下，用社会主义新农村建设的"五句话"总要求充实文明生态村的内涵，并把文明生态村作为海南建设社会主义新农村的综合创建载体，抓出新的规模和水平。

对新农村建设的几点思考 [*]

　　把和谐社会看作社会主义社会的本质属性，是党的十六届六中全会的重大理论突破。新农村建设是构建和谐社会的一项重要任务。没有农村的全面小康就没有整个社会的全面小康，没有新农村的出现就难以实现社会的和谐。新农村建设的目标之一是既要达到自身的和谐，又要达到包括人与自然关系在内的社会大系统的和谐。从哲学上讲，和谐是相对的，不和谐是绝对的，所以不和谐也是永远存在的。关键在于我们要重视，努力化解矛盾，消除不和谐。这样，和谐的因素就会增加，我们的社会就会在新的层次上达到和谐。

　　对当前的新农村建设，我们必须有以下三点基本认识。

新农村建设是一项系统的、艰巨的庞大工程

　　当前的新农村建设，把四项任务即经济建设、政治建设、文化建设和社会建设集于一身、融为一体。这就决定了新农村建设是一

---

　　* 本文是作者 2006 年 12 月 27 日在海南"构建社会主义和谐社会与新农村建设"理论研讨会上的讲话。

项系统的、艰巨的庞大工程。

首先，新农村建设是一项系统工程。这项系统工程使我们得出两个结论。一要统筹规划。系统的事，就要系统地做，用系统的思维，进行系统的规划，防止片面发展。在这方面我们是有教训的，就是很容易抓住一个方面而忽视其他方面。二要加强要素建设。一个事物之所以成为系统，是因为系统由各种不同的要素以一种特有的方式组合而成。这些要素大致可以看作系统的细胞。我们要建设一个系统工程，就一定要从细胞抓起，狠抓要素建设，一项一项地抓。

其次，新农村建设是一项艰巨工程。说它艰巨，是因为城乡二元结构是一个历史性的问题，人类社会最初没有农村与城市之分，只是后来随着生产力的发展，社会大分工的出现，使手工业从农业中分离出来，然后商业又从农业和手工业中分离出来，于是就逐渐地出现了产品交换的最初区域，这些区域就是后来城市的雏形。自从有了城市，就拉开了城乡的距离，因此城乡的差距不是一天两天形成的，城市的历史有多长，城乡的差距就存在多久。想要消除这样一个历史悠久的差距，那不是短时期就能办完的事情。

同时，城乡差距也是一个全球性的问题。不仅中国的城乡有差距，世界各国的城乡都有差距。没有差距，就构不成城乡之别。城市之所以称为城市，农村之所以称为农村，就是因为它们不同，无论在欠发达国家还是发达国家，城乡差距都是客观存在的。我们对城乡二元结构就不应该感到特别奇怪，而应当放在国际城乡融合的潮流之中，以这个为背景、为参照，加快我们的建设。

正因为新农村建设是项艰巨的工程，所以我们应从这里得出两个结论。第一，不能急于求成。历史经验证明，凡是急于求成，往往物极必反。道理很简单：一旦急于求成，往往就会做出违背客观规律的事情，这样不仅不能达到目的，而且效果可能恰恰相反。第二，加大力度、加快步伐。我们不能因为任务艰巨就畏首畏尾，越是艰巨的事情，越是要加大力度、加快步伐，这需要全党重视、举国努力。

新农村建设必须寻准载体，找好突破口

新农村建设的系统性、艰巨性，决定了必须寻准载体，找好突破口。多年的工作经验告诉我们，任何工作都要有载体。比如，我们要加强道德建设，怎样完成这个任务呢？我们通过评比，如评选德艺双馨文艺工作者、评选"三好学生"、争创文明班级这样一些活动进行，这些活动就是载体。我们通常讲发展经济也是这样，需要载体，比如，调整经济结构、开展增产节约运动、改良土壤结构、兴修水利等。只有目标任务，没有载体，再好的设想都容易落空。当前正在开展的社会主义新农村建设，同样需要载体。我说的这个载体是一个承载物，是一张皮，"皮之不存，毛将焉附？"这个载体，既是手段又是途径，我觉得应当从这个角度来理解它。这个载体应当具备以下三个特征。

第一，必须与农民的切身利益紧密相关。它是农民群众最想解决的、农民普遍支持的事。这个载体如果没有这个特征，你搞不搞，农民无所谓。有些事情尽管从未来看是好事，但是，农民目前没有将其提上议事日程。比如你搞一个健身体育馆，农民不一定很兴奋，但你修好乡间道路，农民可能很兴奋，这是他们目前最想解决的。所以，我们的这个载体必须是农民最迫切需要解决的问题。

第二，必须切实可行，一抓见效。新农村建设一定要有长远目标，但事情必须从身边小事、从容易做到的事做起。难以做到，那就很难成为现实的载体。能做到，但是时间很长，短期内看不到效果，农民也没有这个耐心。农民是最讲实惠的群体，跟你干上一年两年没有效果，他也就没热情了。所以载体应该是一抓就见效的事情。

第三，必须有综合联动、牵一发而动全身之效。比如扶贫，也应该被看作建设新农村的举措，但是年年扶贫年年贫，什么原因？因为单打一。再如，农村的卫生工作、精神文明建设等工作，我们苦苦搞了一二十年，但是农村还是农村，农民还是农民，"脏、乱、差"问题依然没有解决。原因是什么呢？单打一。检查、评比一过，一切照旧。凡是单打一，效果都不好。我们有的地方修自来水、改厕所，结果也是这样，原因就在于所有这些事情都没有综合联动、牵一发而动全身的效果。

那么，作为新农村建设的载体，应该是什么好呢？各地有各地不同的情况，载体也会有所不同。即使是同样的载体，其特征也不尽相同。海南经过多年的摸索，终于找到了文明生态村这个载体。文明生态村，从6年前的海南精神文明建设的载体，到现在自然地演变和提升为社会主义新农村建设的综合载体，完美地实现了"三个统一"。"三个统一"即动机与效果的统一；干部政绩与群众利益的统一；物质文明、政治文明、精神文明、生态文明的统一。正因为这"三个统一"，它自从诞生以来，就成为我们海南执行党的各项党建任务的载体，比如实践"三个代表"重要思想、改善党的作风、保持和发扬党员的先进性，都在文明生态村中得到了体现。同时，6年以来，它也是海南贯彻落实党中央、国务院作出的一切关于发展问题的载体，比如解决"三农"问题、"五个统筹"、落实科学发展观、建设社会主义新农村。这几年，每一次中央全会的决定都可以从文明生态村中得到落实。实践证明，文明生态村这个载体确实好。各地可能有不同的载体，但海南的实践证明，文明生态村是建设社会主义新农村一个很好的、综合性的、能传承的载体。

新农村建设需要理论和实践的双重支持

新农村建设归根结底是一个实践问题。新农村建设要下硬功夫，但是硬功夫也必须有正确的理论作指导。要使我们的实践不走弯路，始终保持着这么一股子热情，始终不断地增加投入，就必须解决思想认识、建设思路等问题。这既是党和政府的责任，也是理论界的责任。理论工作者要把党中央、国务院建设新农村的构想转变为干部群众能普遍接受的思想体系；要不断地总结全国各地社会主义新农村建设的宝贵经验，使之上升为科学理论；还要有针对性地对干部群众当中出现的疑虑、迷惘、误解给予正确的引导、释惑和说明。所以，我们理论工作者在新农村建设中的舞台很大，大有可为。

在新农村建设中，理论界要做好三件事。

一是营造浓郁氛围。做什么事冷冷清清不行，需要热热闹闹。办喜事要喜气洋洋，过春节要团团圆圆，建设新农村需要轰轰烈烈，没有足够的气氛调动不了千家万户，感染不了干部群众。理论工作者应围绕中央和省委的部署，越发热火朝天地营造建设新农村的精神氛围。

二是提供正确思路。这就需要我们从理论和实践的结合上研究，不断提出问题和解决问题。前不久，新农村建设刚刚提出后，有些同志包括一些理论工作者提出新农村建设的主体问题。新农村建设的主体是谁，中央文件讲得很清楚：政府是主导、农民是主体。但是，如果我们仅仅就新农村建设的主体这一单一问题来研究时，往往就会脱离中央文件的精神，把新农村建设的责任推到农民身上。城市建设搞了这么多年，有哪位学者研究过城市建设的主体是谁？城里的道路、广场、大厦，又有哪个是市民建设的呢？恐怕没有人能回答上来。既然如此，就不能把新农村建设的责任都推到农民身上。靠农民很难，因为农民只有一亩三分地，连条路也修不起，更不要说建设现代化了。所以，建设新农村主要靠政府主导，农民只是出力干活，你来指挥我来干。想要指望农民通过增产增收、节衣缩食来解决修路问题是做不到的，因为农民的收入是很有限的。华西村只是少数，要都是华西村那就不是农村，而是城市了。所以，理论界一定要结合实际，深刻领会中央的文件精神，选准课题，找准思路，给予正确的解答。

三是动员全民支持。理论工作者既要解决好理论研究成果如何转化为实践、如何转化为生产力的问题，也要学会运用媒体发挥舆论的作用，通过我们的理论工作，让全社会的力量都来支持新农村建设。从这一角度来说，经常召开一些有关新农村建设内容的研讨会是有好处的。

文明生态村建设要上规模上水平[*]

下面，我回顾总结一下 2006 年以来的工作，并就进一步推动全省文明生态村建设提出一些具体意见。

2006 年全省文明生态村建设成效显著，
成为社会主义新农村建设的重要载体

2006 年 1 月，全省文明生态村建设现场大会召开以来，各市县认真落实党的十六届五中全会和李长春同志、刘云山同志视察海南时的重要讲话精神，把文明生态村作为新农村建设的重要载体，加强领导，加大投入，连片创建，在创建中不断总结经验，使农村面貌发生了新的变化。2006 年，全省共建成 82 个规模不一的片区，新建成文明生态村 1223 个，使全省文明生态村总数达到 6523 个，占全省自然村总数的 28.1%。文明生态村建设，形成了品牌和特色，在全国产生了重要影响。中央有关领导人先后到文明生态村视察并给

　　＊　本文是作者 2007 年 7 月 13 日在海南省文明生态村建设现场经验交流会上的报告。

予高度评价。以全国政协副主席周铁农为团长的视察团和全国人大部分常委视察组先后视察了海南省文明生态村，也给予了充分肯定。回顾一年来文明生态村的创建工作，主要有如下几个特点。

第一，**各方大力支持**。文明生态村的创建继续得到各方力量的大力支持。驻琼各部队、武警官兵把建设文明生态村与争创"全国双拥模范县"结合起来，出资出力，帮助当地农民修路、种树、清理杂物，建篮球场、生态广场，建沼气池、改厕、改猪圈、改牛栏，作出了重要贡献。海口驻军投入 500 多万元、上万人次支持文明生态村建设，参与创建的团以上单位多达 36 个，与驻地村民共同创建了 72 个文明生态村。省军区炮兵团帮助琼山区太乙村兴建了香蕉园、杧果园。驻龙华区部队帮助羊山地区农村发展"一村一品"经济，使有的村庄成了扫帚村、槟榔村，农民人均收入由 2800 多元提高到 4000 元左右。港澳台同胞、海外侨胞惦记着家乡，为文明生态村建设出钱出力，香港商人邢李原支持文昌市 120 多万元建设文明生态村。企业家们也是慷慨解囊、赞助支持。海南大印贸易有限公司总经理王棒捐款100 多万元给琼海搞创建；海口市龙华区有 50 多家企业赞助 6000 多吨水泥，3 家企业捐资 30 多万元支持文明生态村建设。鸿启公司沙河水泥厂捐助 1000 吨水泥支持昌江搞创建。文昌、琼海等市的华侨、企业也纷纷捐款帮助搞创建。

省文明委各成员单位大力支持文明生态村建设，以"无毒村""共青号文明生态村""计划生育先进村""卫生村""法律进乡村""创绿色家园、建富裕新村""美德在农家"等为载体，广泛开展多种形式的共建活动，扩大了文明生态村创建成果。

第二，**大规模推进连片创建**。各市县结合实际，把连片创建作为重点，推动文明生态村建设深入发展，这是 2006 年以来的一个显著特点。据统计，到今年 5 月底，全省共建成 85 个规模不一的片区。连片创建达到"五个明显"：环境整治明显改观，农民素质明显提高，农村经济明显发展，农民收入明显增加，农民生产生活条件明显改善。连片创建使昌江文明生态村建设取得了突破，今年它将率先在全省完成过半任务，这既是一次跨越，也是一个号角，标志着海南省文明生态村建设，正在向深度和广度发展。

第三，文明生态村的内涵不断丰富和深化。按照中央新农村建设"20 字"要求，各市县坚持因地制宜、面向市场，指导农民调整农业产业结构，大力发展生态循环经济，增加农民收入；不少企业，如海南永青集团公司采取"公司 + 基地 + 农户"模式，开办养鸡场、养猪场，组织 8000 个农户养殖，带动了白鹭湖文明生态村片区农村经济发展。各地认真贯彻党中央、国务院《关于进一步加强农村文化建设的意见》，突出抓好文明生态村文化建设，重视丰富文化内涵，提高农民素质。利用中宣部、中央文明办资助资金和省财政配套资金，建成 23 个乡镇宣传文化站和 108 个文明生态村宣传文化室。各市县挖掘本土文化资源，建设"历史文化名村""琼剧文化镇"等，组建各种文体队伍，引导农民开展健康向上的文化娱乐活动。省委宣传部、省文明办与海南电信公司合作，建立"天涯农浓情"网站，以市场、科技、教育、政务四类信息为重点，有效整合"三农"信息资源，采集各类涉农服务与管理信息，充实农业信息数据库，实现资源共享，成为面向新农村建设的综合信息服务平台。在中宣部、中央文明办的关怀下，组织实施了"万村书库工程"，建立了 150 个农村图书室，发动机关、企业为农民送书、送报。组织实施了"电视进万家工程"，给革命老区、少数民族地区贫困农民赠送 1 万台电视机。开展了"百部科教电影农村行"活动，为农村放映电影 12454 场。组织部分村委会党支部书记到河北、山东两省参观学习。在全省农村基层干部中开展"新农村理论之星"读书竞赛活动，进一步提高了广大基层干部和农民群众的素质。创建工作向问题村、难点村、贫困村延伸，增强了解决农村、农民实际问题的能力，促进了农村社会和谐。

第四，加强文明生态村的理论研究和宣传。召开"全国文明生态村与社会主义新农村建设"理论研讨会，召开中国生态文化建设论坛、中国（海南）生态省建设论坛，一批中央和国家机关部委领导、部分省市领导和国内外知名专家学者参加了研讨，扩大了文明生态村的影响。组织编写了《文明生态村建设教程》和《社会主义新农村建设的理论和实践》两本专著，对文明生态村建设在理论层面上进行了总结和升华。人民日报、新华社、中央电视台、光明日报等中央各大媒体，把海南省文明生态村建设作为全国社会主义新农村建设的重大典型推出，在重要版面或黄金时段进行了全方位、多角度的集中宣传报道。中央电视台《新闻联播》《焦点访谈》《新闻调查》等节目还作了专题报道。中共中央党校、北京大学等多个院校邀请海南省领导和专家作文明生态村情况的报告。

第五，建立保障机制，确保创建任务落到实处。各市县实行市县领导包片包点、镇领导包示范村、村支部书记和村委会主任包村的"三包"责任制，组织市县直属机关包点帮扶，把创建工作纳入各级领导干部年终考核内容，促进创建任务在基层的落实。

开创文明生态村建设新局面

省第五次党代会报告明确提出："大力推进文明生态村、文明生态集镇、文明生态社区和文明生态城市建设，全方位推进生态文明建设。把生态文明建设与人居环境建设结合起来，打造人与自然和谐相处的人居环境。"各级党委、政府和各级领导干部要认真领会，进一步提高认识，坚持科学发展，建设和谐乡村，努力开创文明生态村建设新局面。

进一步认识创建文明生态村的作用和意义，提高加大创建力度的积极性。建设文明生态村，关键是思想认识问题。我们的认识有多深，创建的力度就有多大；重视的程度有多高，创建的质量就有多好。在文明生态村进入持续创建的第七个年头，我们要进一步认识文明生态村的作用和意义，主要体现为"四个载体"：农村精神文明建设的载体，生态省建设的载体，建设新农村的载体，落实科学发展、和谐发展的载体。下面我一一加以阐述。

作为农村精神文明建设的载体，文明生态村的作用和意义就在于，它把农村精神文明建设由虚变实，由无形变有形，由单一进入综合，成为海南省精神文明建设的第一个品牌。作为生态省建设的载体，文明生态村的作用和意义就在于，它广泛普及了生态概念，培养了生态意识，健全了生态省的细胞。作为社会主义新农村建设的载体，文明生态村的作用和意义就在于，它促进了村庄的改造、环境的改善、农民生活质量的提高，它凝聚了社会力量支援农村，推动形成了共谋农村发展的新气象，带动了农村各项工作的展开，它使广大农民看到了希望，增强了对党和政府走社会主义道路的信心和决心，激发了他们内在的积极性。作为落实科学发展、和谐发展的载体，文明生态村建设的意义就在于，体现了以人为本的核心思想，贯彻了城乡统筹、城乡一体化推进的发展思路，促进了人与自然的和谐相处，营造了稳定、良好的农村秩序。

经过七年的创建，文明生态村的意义和作用正在进一步地凸显出来。今天，可以说，即使我们不想创建也已经不行了，就是我们小步伐创建，农民也会不满意。华侨、干部、企业家，他们也不赞成。所以，它的作用和意义已经广泛地深入人心。我们作为创建工作的组织者、指挥者、参与者一定要充分认识到这一点，加大创建力度，提高积极性和主动性。

认清形势，乘势而上，把文明生态村建设抓出新的规模和水平。我们要认清的是一个什么样的形势呢？

第一，中央关于社会主义新农村建设的伟大部署，要求我们加强文明生态村建设。建设新农村是党的十六届五中全会作出的战略部署，是在新形势下加强"三农"工作、更好地推进全面建设小康社会和现代化建设的战略举措，它既是全党工作的重中之重，也是一项长期任务和一个历史过程。这几年，我们通过文明生态村建设，有力地推动了农村经济社会发展，提高了农村的文明程度和农民的文明水平，找到了建设社会主义新农村的重要载体。但这只是初步的，我们要清醒地看到，不论是创建的数量还是质量都是低水平的，与新农村建设的目标要求还有很大差距，创建任务仍然繁重。因此，坚定不移地贯彻落实中央关于新农村建设的战略决策，就要大力推进文明生态村建设。我们曾经一再强调，在海南建设文明生态村，就是建设新农村。所以，我们要贯彻中央关于建设新农村的战略部署，一定要抓住文明生态村建设不放松。

第二，中央领导的肯定和鼓励，要求我们加强文明生态村建设。几年来，经过各级党委、政府，各部门和社会各界的共同努力，文明生态村建设取得了良好效果，已形成品牌和特色。中央领导给予充分肯定，李长春同志在 2006 年在海南考察时说，海南把文明生态村建设作为推动社会主义新农村建设的综合载体，有力地带动了农村的精神文明建设、基层文化建设，取得了很好的效果；刘云山同志专程来海南进行文明生态村调研，帮助我们总结经验，指点方向；中央有关领导同志到海南视察工作时也说，海南省委把创建文明生态村作为"三农"工作的重要举措，建设文明生态村的实质、内涵和意义，与建设社会主义新农村是一致的，海南先走了一步，有先见之明，要认真总结经验，结合贯彻党的十六届五中全会精神，把创建文明生态村工作扎扎实实向前推进，长期坚持。中宣部、中央文明办的文件反复强调要学习海南的经验，中央主要媒体也进行了全方位集中的宣传报道和推广。中央领导的肯定和中央媒体的宣传，既是对我们工作的鼓励，也是对我们的鞭策。这种厚望和厚爱既鼓舞人心，坚定我们加快创建的信心，又令人倍感责任重大。我们要紧紧抓住难得的历史机遇，乘势而上，抓出新的规模和水平，不要辜负中央领导同志的期望。

第三，文明生态村建设的有利条件和难度都明显增加，要求我们加大建设力度。今天，我们要加快建设文明生态村有许多有利条件。一是省委、省政府一心一意谋发展，经济实现了由恢复性增长向平稳较快增长转变，全省进入新的历史发展时期，经济实力在增强。二是经过几年努力，群众从创建中得到实实在在的好处，广大群众真心拥护、主动参与，文明生态村建设有了广泛的群众基础。三是文明生态村建设已走过了7年的历程，在这个过程中，我们积累了不少好的做法和经验。这些条件，为我们加快建设奠定了良好基础。同时，文明生态村建设的难度也越来越大，要求我们投入更多的精力和财力。这是因为，过去几年创建的村庄，条件相对较好，经济基础好，资金筹措起来较容易。今后我们创建的重点是向中西部地区市县的村庄推进，向问题村、难点村、贫困村延伸。一方面，中部和西部地区市县，特别是贫困市县，地方财力有限。另一方面，村庄规模大、人口多，基础条件差，需要投入大，资金短缺，有一些乡村因征地、环境污染、干群关系等问题引发的矛盾较复杂，这些因素使我们搞好创建工作的难度会很大。所以，可以说，建设文明生态村从现在开始真正进入了攻坚阶段，能否持续推进、加快发展，这是检验每一个党组织和每一位党员干部执政能力的重要标志。

各级党委、政府一定要按照省委的要求全面认清形势，增强紧迫感和责任感，牢牢地把这项工作抓在手上，持之以恒地抓推动、抓落实。重点要抓好四个环节：一是要加强领导。二是加大投入。政府投入这一块，在我们创建工作刚开始的时候，一方面，投入比较少。另一方面，投入之后不敢说。因为有一种观点认为，文明生态村不过是政府拿钱的、机关支持的、企业帮助的、华侨捐助的，不值得推广，只有群众自己的家园自己建，这才是应该的。党中央作出新农村建设的战略部署以后，现在大家已经一致认识到，建设新农村关键在政府。我们城市建设搞了这么多年，城里的每一条马路、每一个广场、每一座大厦，很少是市民自己建设的，为什么新农村建设就要靠农民自己来建呢？政府不投入，新农村建设绝对搞不成。因为，农民靠一亩三分地，修一条路都很困难，更不要说在农村搞现代化。建设新农村，政府就是主导。所以，我们各级政府要将创建经费纳入财政预算，发挥政府投入主渠道作用。同时，动员各方支持农村。制定优惠政策，吸引各方到农村大显身手。所以，我们应该责无旁贷地加大力度。三是要坚持连片创建、规模推进，扩大文明生态村的覆盖面。四是创新创建机制，继续坚持过去行之有效的做法。

按照社会主义新农村建设总体要求，提高文明生态村建设水平。 我们要按照中央新农村建设"20字"总体要求，进一步深化文明生态村建设的内涵。

第一，文明生态村建设，要突出抓好生态环境建设，打造人与自然和谐相处的人居环境。文明生态村是生态省的细胞，创建的初衷首先就是建设生态环境，就是利用海南得天独厚的生态条件，以治理"脏、乱、差"为突破口，为农民创造一个良好的生活环境。今天，我们仍然要突出强调这一点。因为农民居住环境"脏、乱、差"在没有创建的村庄仍然是普遍问题，仍然是迫切需要我们花大气力解决的突出的民生问题，不抓农村硬件建设，光强调重视软件，这是我们过去重复了多少年而没有多少成效的老路。文明生态村建设必须突出抓好村庄建设，重点放在规划、整治和完善设施上，切实抓好农民最急需的饮水、道路、能源、电力和环境卫生等基础设施建设。与此同时，各地要因势利导，强调种树。特别是果树，组织农民在村庄周围、村路两旁、庭院内外多种树，让农家庭院掩映在绿树丛中。要大力发展农村沼气，加快普及沼气的规模，把沼气建设与农村改圈、改厕、改厨结合起来，改变农村人畜同住的状况和农民砍树烧柴的习惯，提高农民生活品质，把农民烧树的习惯彻底扭转过来。

第二，文明生态村建设，要紧紧抓住发展生态经济，增加农民收入这一中心环节。各市县要从各地区、各村的实际出发，突出生态特色，抓生产、促创建。一是按照构建具有海南特色的经济结构要求，发展现代农业。要进一步调整农业结构，着力发展特色农业、无公害农业和品牌农业。加快农业科技推广和创新，继续实施农业科技"110"工程，确保每个乡镇、每个建制村都有一个农村科技"110"服务站、服务点。二是因地制宜发展生态旅游、林业和农产品加工等特色经济，加快产业脱贫。对于基础条件差的村庄要加强指导和服务，加大对劳动力转移培训的支持力度，发展打工经济，增加农民收入。三是加强引导，让农民把庭院充分利用起来，发展庭院经济，使庭院经济成为文明生态村建设的单元。四是重视和扶持农村集体经济发展。

第三，文明生态村建设，要努力建设生态文化，倡导新风尚。一是实施农村文化工程，完善文体设施。继续实施好广播电视"村村通"工程，解决农村看不到电视、听不到广播的问题。电视、广播是农民联通全省、联通全国、联通世界的媒体渠道，广播电视对于启发农民、建设新农村的意义，一定要高度重视，要下决心搞好。加快乡镇宣传文化站、文明生态村文化室和农家书屋建设。用2—3年时间完成全省乡镇宣传文化站建设，每个站300平方米（两层小楼），中央和省里支持一部分资金，市县配套一部分资金，各市县要认真抓好落实。文化对经济发展具有重要意义，就经济抓经济，不抓文化是抓不上去的，而且文化在某种意义上就是经济。积极开展"送电影下乡"活动，逐步实现一个行政村一个月放映一场电影的目标。自今年起连续3年，金光集团资助300万元支持"送电影下乡"。省委组织部也将拿出部分党费给农村党员送电影。积极开展"送科普下乡"活动，狠抓农村科技普及和新技术的传授；定期开展"送戏下乡"活动，丰富农民群众精神文化生活。二是普及法律知识。针对农民法律意识淡薄，农村法制建设薄弱现状，建立和完善农村普法体系，通过"送法下乡"、法制文艺演出、集市咨询等多种形式的宣传教育，提高农村基层干部群众的法制观念和法律意识。省司法厅主持实施的"法律进乡村"策划周密，工作扎实，效果很好，要继续坚持与深化。最近，省司法厅、省监狱管理局组织了一个"高墙之声"艺术团来进行法制的教育。大家看了以后觉得很震撼。我们准备在各市县巡回演出。三是建设乡土文化，保护和弘扬民族民间文化。保护好织锦文化、琼剧文化、冼夫人文化等民族民间文化，积极培育一批文化镇、农村文化特色村。对非物质文化遗产，如具有地方特色的绘画、雕刻、剪纸以及山歌、民歌、龙舟等民间艺术和民俗表演项目，要积极抢救、挖掘、整理，实现活化传承。要发现、培养农民群众中的艺人，发挥他们活跃农村文化生活的作用。四是倡导文明新风。要建立健全红白理事会、道德评议会、运动协会、文明督导队等，引导农民崇尚科学，抵制迷信，移风易俗，纠正陋习。现在，我们有些陋习已经到了不近人情的地步。比如，村里有人去世个个都不敢靠近，就像躲什么似的躲着，叫人寒心不寒心？别人都会想到，我以后怎么办？怎么能这样呢？而且当中很多都是长者，有的是作过很重要贡献的人，你这样对待他的身后事怎么行呢？有的是在医院去世的，不让进村，不让回家。老年人有个愿望，过世之后在家里放一放，回家看看，停一下。但是有些地方就有这个陋习，不准进村，这就太不近人情了。还有过"公期"，耗费钱财，老百姓过年舍不得花钱，给孩子上学没有钱，但是"公期"的气氛迫使他不拿钱就说不过去，否则就在这个村坐不住、立不住脚，这个风气还得了？我们少数的家庭，就被过"公期"过穷了。所以，我们一定要抓文明新风的树立。

第四，文明生态村建设，要在培育新农民上下功夫。抓好农民思想教育，提高农民科学文化素质，增强农民科技致富能力。要加强以乡镇卫生院为重点的农村卫生基础设施建设的力度，规范农村医疗服务。积极推进新型农村合作医疗制度建设，扩大新型农村合作医疗试点，使农民享受基本的公共卫生服务，让患病的农民都能看得起病、及时得到治疗。

文明生态村建设应注意几个问题。

一是生态与环保问题。要保护好海防林、天然林，植树造林。海南离开了这些树林，就不是海南了。要多种树，多种有效益的树，少种花草。要加强对农民的环保、生态教育，广泛开展清除"白色污染"活动，禁止生产、销售、使用没有环保部门认可的一次性不可降解塑料袋、塑料餐具。

二是一定要因地制宜，作好规划。村道硬化不要追求路面宽大，一般在3米左右。农村的水泥路面过宽，不生态、不好看，我们也做不起，一定要从实际出发。另外，我非常赞成对农村的支持主要是提供水泥和修路的技术。我建议少用或者不用工程队，农民虽然一条路都修不起，但是他们有的是劳动力，农民参与新农村建设关键就是干活。这个活，我们不能包办代替。包办代替不仅花钱多，也没好处。

文明生态村创建活动，是一个深刻改变海南农村面貌的创举，是海南新农村建设的必由之路。让我们全面贯彻落实省第五次党代会精神，鼓足干劲，加大力度，乘势而上，努力开创文明生态村建设新局面！

为百姓和后代植树造荫 *

今天召开城乡绿化座谈会的目的，是要把城乡绿化工作从舆论话题转向实际操作。参加今天会议的有关部门、单位和领导都是改善城乡绿化的关键部门、关键单位、关键领导，也有专家、企业家和市民代表。我之所以用弘陶的笔名在《海南日报》提出绿化"有绿无荫"问题，既是我的亲身感受，也是群众的反映、群众的意见。利用这个机会，我讲四个问题。

有绿无荫——一个关注太晚的话题

有绿无荫，早在 17 年前我就注意到了。来到海口，美丽的椰子树吸引了我们的眼球，一派南国风光，但是绿荫太少。椰子树要达到一定的密度才能有绿荫，那个时候我们骑着自行车从省政府出发到新华南路买办公用品，一路饱受太阳的炙烤。后来，我下乡去作计划生育的调研，沿路发现海南到处都是绿色的海洋，但公路两旁并不漂亮，除了农场的一些成片橡胶树外，其他的基本上是自然长

＊ 本文是作者 2006 年 6 月 20 日在海南城乡绿化工作座谈会上的讲话。

成的椰子树和灌木，不像北方，公路两旁都是几排人工栽的树，整个一片绿色的林带。

对我触动最大的就是南山。我被南山美丽的景色吸引，但是上午9点钟以后，行人就处在烈日的暴晒之下，光有绿色没有阴凉，欣赏的兴致很快就消失了。从海南气候的角度来讲这是失败的绿化，尽管从园林学的角度来讲有诸多亮点。后来，我见到了许多的大院小区，草多、树少，有树也是树冠小、树荫少的树种。

从2000年开始，我们开展了文明生态村建设活动。这种绿化风格也被带到了村庄，村路旁花坛、小树丛一个又一个，就是没有树冠大的树。所以，我到每一个村庄都苦口婆心地说，一定要打造林荫大道，少种花、少种草，多种树。我在全省文明生态村建设现场会上不止一次提出过。再后来，就是研究省文化公园建设的建筑造型及绿化，建筑造型我没有提什么意见，但在绿化环境的设计上，我提了不同意见。我建议种上满院子的大树，既实用，又是一道独特的景观。

这种"有绿无荫"的绿化趋势，大有愈演愈烈的趋势，产生了一个个跟海南气候条件严重不相适应的绿化地带。像一些酒店、会展中心、大学校园，大家白天去走一走，看你能走多远？太阳晒得你没法走，也没法停车。

绿化如果与海南气候不相适应，造成的后果相当严重，市民、游客饱受烈日的炙烤，不要说人的皮肤受到影响，衰老加剧，就连汽车、空调也跟着倒霉。司机打开空调等人两三个小时是常见的，消耗能源、财力，磨损空调。绿化上带来的方方面面的损失是极其巨大的，害人、害物、害形象，是"三害"。我觉得，在海南就是建篮球场、排球场时，也应考虑在场边种上几排大树，让学生、运动员观看、休息时有个树荫。所以，当我主持建设李向群广场时，我就非常强调一定要绿树成荫，让学生、军人、机关干部来这里搞活动时不至于被晒昏，于是在广场中间种了 20 棵大树，现在很茂盛，起了大作用。

虽然这个话题提出来受到大家的一致赞成，但是提得太晚了。2005 年通过新闻媒体解决了桉树的认识问题，今年要通过新闻媒体的关注来解决绿化问题。桉树面对的是很多干部群众的思想顾虑，而绿化的宣传基础要好得多，干部群众赞成，不用说服教育，无论是市民，还是我们的各级领导，包括绿化主管部门领导，大家都感到说出了他们的心里话。既然大家的认识很统一，那问题究竟是出在哪里呢？

认识误区——造成城乡有绿无荫的深层原因

行为上的失误总是产生于认识上的失误，认识上的误区有四个。

一是目的错位。造景替代造荫成为第一目的。本来城乡绿化应把造荫作为第一目的。古人就说："前人栽树，后人乘凉。"我们讲的是在有人居住活动的地方绿化，不是治理沙漠化，不是造海防林、防风林、防沙林、涵水林。海南城乡绿化，造荫应该是第一目的。

二是审美错位。即使绿化重在景观，那么审美观念也错位了，错在哪里？有人认为美景就是盆景，因此行动上不是造园林，而是造盆景；绿化就是画画，所以种树、种草、种花全部服从于画面的需要，而不是服从于生活的需要。什么为"美"？古人造字认为"羊大为美"。远古羊充当过物物交换的一般等价物的作用，所以羊大换的东西就多，所以羊大为美。可见中国的"美"一开始就有实用价值。西方也是如此，马克思曾经说，忧心忡忡的穷人甚至对最美丽的景色都无动于衷。阳光暴晒下大汗淋漓，景色再美，我们也会失去欣赏的兴致。离开了实用，去谈什么绿化的美，那是美学上的空想，充其量是满足设计者的美学概念，而不是美的生活。所以在错误的审美观念的指导下，美的变成了丑的，丑的变成了美的，造成了绿化决策上的错位。

三是理解错位。作为城乡绿化的教科书，一定要讲得全面。比如，树木、花草要有适当的比例，道路要考虑到树木根系没有危害，要注意生物品种的多样化……作为教科书、文件，少提一样都是片面的，但我们不能生吞活剥，不能机械照搬。我们一定要根据海南的实际抓住主要的东西，抓住对海南实用的东西。海南是热带，种树造荫是第一需要，在这个前提下，我们考虑抗风性，考虑多样性。面面俱到等于什么都没到位，丢掉了重点，会搞成绿化的"四不像"。

四是动机错位。动机就是出发点，绿化在有些人眼里就是为了花钱，造景就是为了工程，至于是否符合热带地区群众、游客的需求不去考虑。

有绿无荫是有深层原因的，有认识上的误区，有责任心上的，有不以人为本上的，有审美素质上的，有思想上的，还有动机上的原因。这是我的分析。

返璞归真——为百姓为后代植树造荫

把文化公园设计成到处都有枝繁叶茂的绿树，中间是鹅卵石铺就的小道，有椅子，有名人雕像，走进林子不直接见阳光，凉风习习，要多么实用有多么实用，要多么惬意就多么惬意，要多么漂亮就多么漂亮，这才是美。那些只造景不顾百姓感受的绿化，是暴发户式的浅薄。所以我提出，返璞归真，为百姓、为后代植树造荫。

我们的绿化要达到什么目标呢？城乡居住地、街道、村道，走到哪里，哪里都有绿荫避阳，就像在一座有中央空调的大楼里，走到哪里都有冷气。功能第一，实用第一。为此我提出以下三条绿化原则，供大家参考。

一是凡能种树的地方都要种树，无法种树的地方才用花草点缀。在海南一定要多种树、少种草；树为主、草为辅。树多就是美景，树老就是历史。

二是凡是种树，都要选择枝繁叶茂树冠大的树种。专家们讲了很多，庭院树、行道树、园林树、防风树、防沙树、小叶榕、印度紫檀、古巴紫檀等。小叶榕、印度紫檀在我心中很有地位，印度紫檀很便宜，长得快，缺点是容易被吹断。不要紧，台风来之前，提前修剪就是了。

三是凡是本地有的都尽量选用本地树种。

我希望在大家的共同努力之下，凡是有人经过的地方，整条大道都是林荫大道，整个小区都要绿树成荫，整个村庄都被绿树丛掩映，整个海南都要成为绿树的海洋。

如果这些意见得到贯彻，我们海南的绿化工程可以省下很多钱来办其他的事。

措施到位——严堵绿化上的形式主义花架子

城市绿化涉及的部门不多，建设部门、园林部门、林业部门、交通部门，再加一个规划部门，只要这几个部门配合起来，尽到责任，这个事情就很好做。因为你们是权力部门，规划、方案都是要经过你们审批的，绿化搞成今天这个样子，你们是有责任的。第一，要出台一个规范性的文件或规范指导绿化行为，绿化要有依据，要对海南有利，要对群众负责。第二，抓住骨干，对建设系统、园林系统的全体干部、业主和设计机构的人员进行培训，明确海南需要什么样的绿化。第三，审查把关，检查验收，绿化方案的审批部门要切实负起责任。要知道你是"一夫当关，万夫莫开"呀！第四，改造完善，特别是补种树。万绿园就是绿地太多，要补种树、造绿荫，所有的路应补种树，使这里都是林荫大道。

如何绿化，用什么思想指导绿化，绿化得到什么结果？这关系到民生、民心，关系到人与自然的关系是否和谐，关系到以人为本是否得到落实。我希望各级政府，特别是分管领导，各级建设、林业、交通等部门要认真领会科学发展观，切实负起各自的责任，让海南树更多，树荫更多，让绿树成荫，绿树成海，这就是海南特色。

后 记

　　我的《宣传工作：忠诚与创新》一书推出仅仅半年，这本书又与读者朋友们见面了。我首先要感谢中央党校出版集团副董事长、大有书局（北京）有限公司总经理张作珍同志的重视，感谢责任编辑张媛媛、李盛博，复审陈科，终审刘韫劼同志付出的辛劳。

　　这本书记录的主要是 2002 年 7 月—2009 年 3 月，我在担任中共海南省委常委、宣传部部长期间，对文化工作的所思所为，大部分属于工作讲话。也正因为如此，书中内容对于从事实际工作的同志，具有一定的可参考性、可操作性，对于从事理论研究和教学的同志，也能提供一些来自一线的素材。第一部分"宣传思想战线的战略任务"中的几篇文章，是在北京这几年新写的。此外，第三部分"新兴的文化产业"也收入了近年的两篇演讲稿。

　　读者如发现有什么缺点错误，请不吝指教。

周文彰

2021 年 9 月 7 日（农历八月初一）

于北京寓所